BAND 2

SICHER REDEN

DEUTSCHLAND · SCHWEIZ · ÖSTERREICH

Dieses Buch entstand in Zusammenarbeit zwischen dem Falken Verlag
und Reader's Digest Deutschland · Schweiz · Österreich,
Verlag Das Beste GmbH Stuttgart, Zürich, Wien

© 2001 Falken Verlag
Sonderausgabe für Reader's Digest Deutschland · Schweiz · Österreich
Verlag Das Beste GmbH, Stuttgart, Zürich, Wien

Falken Verlag
Projektkoordination: Herta Winkler
Bildredaktion: Silke Kirsch
Herstellungskoordination: Harald Kraft
Producing: Sabine Vogt dtp, Freising
Druck: Druckerei Parzeller GmbH & Co. KG, Fulda

Reader's Digest Deutschland · Schweiz · Österreich
Projektbetreuung
Koordination: Erwin Tivig
Grafik: Peter Waitschies
Bildbeschaffung: Christina Horut
Prepress: Andreas Engländer

Fotos: action press, Hamburg: 253 (ISO PR.); AKG, Berlin: 20, 23, 91, 92; Bavaria Bildagentur, Gauting: 124 (VCL), 242 (TCL); dpa, Frankfurt: 26, 29, 93; 19 (Uwe Gerig), 21 (Steiner), 25 (Goettert), 30 (Klaus Franke), 44 (Heinz Hirndorf), 47, (Röhnert), 64 (Goettert), 71 (Egon Steiner), 86 (Gero Breloer), 87, (Andreas Altwein), 100 (Herbert Spies), 105 (Wolfgang Kluge), 191 (Oliver Berg), 215 (Yuri Kochetkov), 234 (Waltraud Grubitzsch); Dürichen, L., München: 156, 189, 245; Feiler, Wolfgang und Christel, Karlsruhe: 131; Fotografie Friedemann Rink/Susa Kleeberg, Naurod:10-11, 15, 34-35, 38, 39, 43, 49, 50, 52, 54, 57, 62, 65, 67, 69, 75, 79, 82, 83, 84, 85, 94-95, 118, 137, 138, 152, 166, 168, 170, 172-173, 176, 179, 185, 195, 196-197, 200, 203, 206, 207, 216-217, 230, 231; Grauel und Uphoff, Hannover: 107, 181; IFA-Bilderteam, Frankfurt: 155 (FUFY); Kleinhans, Lutz/Frankfurter Allgemeine Zeitung: 33; Mauritius, Mittenwald: 96 (Hubatka); Photo Illustration Ltd., Jersey: 45, 135 oben; Picturepress, Hamburg: 110 (Stolt); Prior, Klaus J., Wiesbaden: 99; Reader`s Digest: 13, 16, 41, 15, 135 unten; Reinhard-Tierfoto, Heiligenkreuzsteinach: 162; Rincón^2, Design & Produktion, Köln: 111, 112, 113, 114, 115; Scholzen, Bernd, Mönchengladbach: 117; Schwarz, H.-J., Idstein: 121; Silvestris GmbH, Kastl: 125 (Siegfried Kerscher), 178 (Heiner Heine), 237 (Lenz Leonhard); The Stock Market, Düsseldorf: 198 (Larry Williams); Studio Tessmann und Endress, Frankfurt/Main: 132; TLC Foto-Studio GmbH, Velen-Ramsdorf: 126, 209; TOZIP Torsten Zimmermann Photografie, Mainz: 116, 141, 143, 159, 163, 164, 165, 192, 218, 220, 223, 225, 233, 241, 249; Wauer, Christian, Wiesbaden: 204; Zorn, Michael, Wiesbaden: 119, 134

Das Werk einschließlich aller seiner Teile ist urheberrechtlich geschützt. Jede Verwendung außerhalb der engen Grenzen des Urheberrechtsgesetzes ist ohne Zustimmung der Verlage unzulässig und strafbar. Das gilt insbesondere für Vervielfältigungen, Übersetzungen, Mikroverfilmungen und die Verarbeitung in elektronischen Systemen.

ISBN 3 87070 923 5

Inhalt

8 **Sicher reden kann man lernen**

11 **Einleitung**

12 Reden – warum?
14 Reden – für wen?
16 Reden – wie?
18 Reden – gestern und heute
22 **Historische Reden**
22 *Mirabeaus Erwiderung vor den französischen Ständen*
24 *Rede Thomas Manns*
25 *Rede John F. Kennedys vor dem Schöneberger Rathaus in Berlin*
28 Welcher Rednertyp sind Sie?
28 *Der Schüchterne*
28 *Der Distanzierte*
29 *Der Überlegene*
30 *Der Mitteilungsfreudige*
32 *Der Theatralische*
32 *Der Kommunikative*

35 **Reden schreiben – Reden halten**

36 Vorbereitung und Planung
36 *Wann beginnen?*
38 *Worauf vorbereiten?*
40 *Auswahl der Hilfsmittel*
42 Die Form des Manuskripts
46 Die Elemente der erfolgreichen Rede
48 Vor dem ersten Wort
48 *Stoffsammlung, Ideenfindung und Recherche*
50 *Das Internet nutzen*
51 *Mind-mapping*
53 *Vorbereitung der Hilfsmittel*
54 *Strukturelemente der Kommunikation*
58 Gliederung
58 *Das AHA-Prinzip*
59 *Das ABBA-Prinzip*
60 *Das AAAA-Prinzip*
60 *Das AEIOU-Prinzip*
61 *Das GGGG-Prinzip*
62 *Strukturieren und Gliedern*
65 *Redephasen: Steigerung und Spannung*
68 Formulierung
68 *Für das Ohr schreiben*
70 *Gestisch schreiben*
70 *Dialogisch schreiben*
74 *Stilfiguren*

Inhalt

78 Lernen und Memorieren	108 Erwachsenengeburtstag
78 *Erster Versuch*	111 Tierkreiszeichen sind beliebt
78 *Zweiter Versuch*	116 Verlobung
78 *Dritter Versuch*	118 Polterabend
80 Vortrag	120 Hochzeit
80 *Vom Blatt*	130 **Toasts und Trinksprüche**
83 *Freie Rede*	132 Feste im Jahreslauf
84 *Der Kompromiss*	132 *Muttertag*
85 *Gestik, Mimik, Körpersprache*	134 *Weihnachten und Neujahr*
86 *Auftreten und Erscheinungsbild*	136 **Kleine Vorträge und Gedichte für Kinder**
88 *Lampenfieber und Redeangst?*	
90 **Die Entwicklung der Redekunst**	140 Auf dem beruflichen Weg
	150 Errungenschaften und Anschaffungen
90 *Antike*	156 Trauerfall
91 *Mittelalter und Neuzeit*	162 Konflikte mit dem Nachbarn
	162 *Konfliktmanagement am Maschendrahtzaun*
	164 *Konflikte entschärfen*
95 **Reden im privaten Kreis**	166 **Drohung und Beleidigung**
	168 Nein sagen lernen
	169 *Einladungen ausschlagen*
	171 *Besuch wieder ausladen*

96 Geburt und Taufe
100 Kommunion, Konfirmation, Jugendweihe
106 Kindergeburtstag

173 **Im Berufsleben und bei Behörden**

174 Am Arbeitsplatz
174 *Das Bewerbungsgespräch*
176 *Gehaltsverhandlungen*

Inhalt

180	Reden auf Kollegen und Vorgesetzte
190	Bei Behörden
190	*Wie kommunizieren Sie?*
192	*Wie entsteht Informationsverlust?*
193	*Kommunikationsregeln beim Umgang mit Behörden*
194	Handwerker und Dienstleister
194	*Ärger vermeiden – präzise Aufträge erteilen*
195	*Ärgernisse ausräumen*

197 Reden des Arbeitgebers

198	Ein Vorstellungsgespräch führen
200	Ein Mitarbeitergespräch führen
202	Ein Konfliktgespräch führen
202	*Im Meeting*
202	*Im Einzelgespräch*
204	*Kritik und Tadel – sachlich und konstruktiv*
206	Reden auf Mitarbeiter
214	**Ghostwriter**

217 Vereinsleben und Öffentlichkeit

218	Vereinsgründung
220	Grundsteinlegung, Einweihung, Enthüllung
226	Versammlungen und Wahlen
230	**Versammlungen leiten**
230	*Die Leitung der Diskussion und die Rechte des Versammlungsleiters*
231	*Wie wird abgestimmt?*
231	*Was muss ein Versammlungsleiter noch beachten?*
232	Ehrungen und Würdigungen
234	Feste und Veranstaltungen – Kunst und Kultur
242	**Smalltalk**
242	*Was ist Smalltalk?*
243	*Wie beginnen?*
243	*Wie enden?*
244	*Welche Themen sind geeignet?*
246	Jubiläen und besondere Ereignisse
250	Wettkämpfe, Bälle, Basare und Partys
254	Zum Nachlesen
255	Stichwortregister

Sicher reden kann man lernen

Was ist Rhetorik? Und wozu kann ihre Kenntnis und Beherrschung uns verhelfen? „Auch ein Mensch mit rhetorisch mittelmäßiger Begabung kann eine hervorragende Rede halten, wenn er über etwas spricht, das ihn bewegt", behauptet der amerikanische Verhaltenstrainer Dale Carnegie. Wer einen Gegenstand hat, der ihn begeistert oder erschüttert, der spricht oft mit Engelszungen, wie der Volksmund sagt. Wessen Überzeugung sich als Leidenschaft äußert, eine Sache zu vertreten oder zu verteidigen, dem wachsen auch rhetorische Fähigkeiten zu. Oder, wie wie es schon in Matthäus 12,34 heißt: „Wes das Herz voll ist, des gehet der Mund über."

Die erste Voraussetzung für sicheres Reden ist das Vertrauen auf die eigenen, naturgegebenen Fähigkeiten. Sie verfügen über einen entwickelten Wortschatz. Sie besitzen Kenntnisse. Sie haben den festen Willen, ein Ziel zu erreichen – und zwar mit rhetorischen Mitteln. Selbst der geübteste Parlamentsredner hat keine anderen Voraussetzungen als Sie, er hat nur reichlich Gelegenheit gehabt, seine Fähigkeiten zu trainieren und in der Praxis zu erproben. Es gibt also objektiv gar keinen Grund, angesichts der Redesituation Hemmungen zu haben.

Auch Sie können Ihre rhetorische Fähigkeiten trainieren und sich Fertigkeiten aneignen. Sie können Lehrbücher und

Sicher reden kann man lernen

theoretische Traktate studieren; das kann nicht schaden, aber wirkliche Sicherheit gewinnen Sie nur anhand konkreter Redesituationen, anhand von Themen, die fesseln oder die zumindest so wichtig sind, dass es sich lohnt, darüber zu reden.

Auf den folgenden Seiten werden Wege aufgezeigt, wie Sie Ihre rhetorischen Fähigkeiten verbessern und Ihre natürlichen Anlagen zum Reden entwickeln können. Die Beispieltexte zu den unterschiedlichsten Themen und Anlässen verstehen sich als Material- und Ideensammlungen, die Sie Ihren eigenen Bedürfnissen anpassen und mit eigenen Ideen bereichern können.

Das Wissen und die Erfahrung zahlreicher Redner, Redenschreiber und Rhetoriktrainer ist in die Tipps und Hinweise eingegangen, die Ihnen in allen Lebenslagen, in denen es aufs Reden besonders ankommt, Hilfe und Orientierung sein werden. Das Wichtigste aber, was Ihnen das Buch vermitteln will: Es ist schön, wenn man anderen Menschen etwas zu sagen hat, und es macht Spaß und stärkt das Selbstvertrauen, wenn man es in einer angemessenen Form sicher und überzeugend vortragen kann.

Die Herausgeber

Einleitung

Am Anfang der Vorbereitungen auf eine Rede stehen Fragen, die für Sie von entscheidender Bedeutung sind. Warum hat man gerade Sie gebeten zu sprechen? Was ist der Anlass und wer wird Ihr Publikum sein? Welche Form und welchen Inhalt könnte Ihre Rede haben, um der Person oder dem Anlass gerecht zu werden?

Einleitung

Reden – warum?

Sie haben sich entschlossen, eine Rede zu halten, öffentlich zu sprechen. Ob Taufe oder Hochzeit, ob vor Kollegen oder im Familienkreis – solche Anlässe treten immer wieder auf.

Sie sind aufgeregt und etwas ratlos, denn das ist etwas ganz anderes, als Ihre Tätigkeit im Alltag. Jedenfalls scheint es Ihnen so. Sie sehen sich auf völlig andere Weise gefordert als durch das Gespräch in der Familie, anders als im Dialog mit den Kollegen, die Ihnen im Büro begegnen, anders als bei der Beschwerde, die Sie gegenüber der Politesse vorbringen, weil Sie sich ungerecht behandelt fühlen. Wenn Sie als Redner einige Übung haben, werden Sie feststellen, dass der Unterschied zu diesen Situationen der alltäglichen Kommunikation gar nicht so groß ist. Aber am Anfang Ihrer Rednerlaufbahn wird er Ihnen gewaltig vorkommen.

Aber vielleicht wollen Sie ja gar nicht so hoch hinaus? Nicht in der Öffentlichkeit als Redner auftreten, sondern nur im Familienkreis? Unter Kollegen oder im Verein?

Über den Redeanlass sind Sie sich eigentlich im Klaren, wenn Sie zum Reden aufgefordert werden oder sich von selbst entschlossen haben, eine Ansprache zu halten. Ist das aber tatsächlich so?

Warum hat der Gastgeber oder der Veranstalter gerade Sie ausgewählt? Was erwartet man von Ihnen? Welchen „Platz an der Tafel" werden Sie einnehmen. Und damit ist nicht in erster Linie die Sitzordnung gemeint, sondern die Rangordnung oder Reihenfolge auf der Rednerliste. Für bestimmte Feiern gibt es überlieferte Regeln: Bei einer Hochzeitsfeier zum Beispiel redet traditionell der Vater der Braut zuerst.

Sind Sie der Hauptredner, von dem einige grundlegende Betrachtungen zum Anlass des Tages erwartet werden? Oder sind Sie ein dem Anlass oder der Hauptperson nicht ganz so nahe Stehender, sodass man nur ein paar passende Worte von Ihnen erwartet?

Voraussetzung für den späteren Erfolg der Rede ist die genaue Analyse des Redeanlasses.

Fragen, die Sie vorab klären sollten

- Warum fragt man mich?
- Welches Ziel verfolgt der Veranstalter oder Gastgeber?
- Was wird von mir erwartet?
- Sind Anlass und Thema genau definiert?
- Welches Ziel setze ich mir selbst?
- Wer spricht außer mir noch?
- An welcher Stelle der Rednerliste stehe ich?

Reden – warum?

Rangordnung und Platz auf der Rednerliste werden in vielen Fällen durch Tradition und Konvention bestimmt.

Einleitung

Reden – für wen?

Die zweite Frage, die über Ihren künftigen Redeerfolg entscheidet, lautet: Wer ist Ihr Publikum? Was wissen Sie über die Menschen, die während der Rede vor Ihnen sitzen werden?

Ohne genaue Informationen über Ihr Publikum zu besitzen, sollten Sie mit den Redevorbereitungen nicht beginnen.

Sprechen Sie offiziell zum 50. Geburtstag des Bürgermeisters oder Vereinsvorsitzenden oder eröffnen Sie mit ein paar Worten die Kaffeetafel im Familienkreis? Sprechen Sie vor sittenstrengen Pietisten oder vor ausgelassenen Skatbrüdern? Stehen Sie einem Publikum von Vegetariern gegenüber, das Ihnen allzu fleischliche Vergleiche übel nehmen könnte? Sind unter Ihren Zuhörern Menschen, die Ihre politischen und moralischen Ansichten nicht teilen? Mit denen Sie schon einmal einen Zusammenstoß hatten? Oder können Sie sich im Kreis der Freunde oder der Familie sicher und entspannt fühlen? Und wenn Sie nicht wissen, welches Publikum Sie erwartet? Auch dieser Fall kann eintreten. Schlimmstenfalls bemerken Sie erst, wenn Sie für den ersten Satz Luft holen, dass Sie offensichtlich nicht richtig vorbereitet sind. So erging es einmal dem Redner, der gebeten worden war, über die musikalische Romantik zu sprechen und der Meinung war, junge Musiker und Geisteswissenschaftler anzutreffen. Er musste aber überrascht feststellen, dass er einem Kreis von Senioren gegenüberstand, die vom Referenten einen unterhaltsamen Abend mit Anekdoten aus dem Leben großer Komponisten erwarteten. Gegen diese Unwägbarkeit des Geschehens gibt es zwei Mittel: *Erstens:* Beherrschen Sie Ihr Thema! Dann können Sie Ihre Rede auch ohne große Probleme den Erwartungen Ihres Publikums anpassen, zum Beispiel populärer formulieren und auf wissenschaftli-

---

Was Sie über Ihr Publikum wissen sollten

- Wer ist Ihr Publikum?
- Was weiß und erwartet das Publikum von Ihnen?
- Wie wurde das Publikum über das Thema informiert?
- In welcher Stimmung und Verfassung sind die Zuhörer?
- Haben Sie persönliche, geschäftliche oder politische Differenzen mit Teilen des Publikums?
- Hat sich das Publikum freiwillig versammelt oder aus geschäftlicher Rücksichtnahme oder politischer Loyalität?

Reden – für wen?

Häufig weiß man nicht genau wer das Publikum ist. Sie sollten gut auf Ihre Rede vorbereitet sein.

che Vertiefung des Themas verzichten. *Zweitens:* Lassen Sie es gar nicht erst so weit kommen! Fragen Sie den Gastgeber oder Veranstalter, der Sie um einen Redebeitrag gebeten hat, gründlich über alle Einzelheiten aus. Mitunter wird ihm erst durch Ihr nachdrückliches Nachfragen klar, was er mit Ihnen und dem Publikum eigentlich vorhat. Klären Sie noch vor Beginn Ihrer Vorbereitungen möglichst detailliert, wie Ihr Publikum zusammengesetzt ist.

Das Publikum, zu dem sich Privatleute freiwillig, das heißt ohne geschäftliche und politische Rücksichten, zusammenfinden, ist immer das wertvollste. Die von diesem Publikum freiwillig hergestellte Aufmerksamkeit Ihrer Rede und Ihrer Person gegenüber sollten Sie immer zu würdigen wissen und niemals missbrauchen.

Einleitung

Reden – wie?

Welche Art Rede ist dem Anlass angemessen? Dieses Wie leitet sich direkt aus dem Warum und dem Für wen ab. Welches Ziel verfolgen Sie mit Ihrer Rede, und mit welchen Mitteln können Sie es am besten erreichen?

Reicht es aus, in einem kurzen Toast oder einem Grußwort die besten Wünsche auszudrücken? Müssen Sie in einer gründlich vorbereiteten Überzeugungsrede die Mehrheit der Zuhörer erst für sich gewinnen? Haben Sie Vorgänge in der Vergangenheit kritisch aufzuarbeiten oder sind Sie zum Laudator berufen worden, um zu einem Jubiläum oder einer Preisverleihung zu sprechen?

Wie schwierig das *Wie* einer Rede zu treffen ist und wie gründlich die Vorbereitungen unter Umständen sein müssen, darüber gibt eine bekannte Anekdote Auskunft.

Auf einem Fest wurde ein Schriftsteller gebeten, eine kurze Ansprache zu halten.

„Bedauere", sagte der Mann. „Wenn ich zehn Minuten sprechen soll, muss ich das zwei Wochen vorher wissen."

Die Art und Weise Ihres Auftretens hängt von der Form und vom Typus Ihrer Rede ab.

Reden – wie?

Der Gastgeber fragte verwundert: „Wie lange brauchen Sie denn zur Vorbereitung, mein Lieber, wenn Sie eine Stunde sprechen sollen?"

„Drei Tage", erwiderte der Schriftsteller.

„Und wenn die Rede drei Stunden dauern soll?", fragte der Gastgeber.

„Da kann ich sofort beginnen."

Es ist ein altes Geheimnis, dass eine kurze Ansprache oder ein Grußwort mehr Überlegung und Vorbereitung braucht, als wenn Ihnen unbegrenzte Redezeit zur Verfügung stünde. Auch wenn Sie viel Zeit hätten, wäre es nicht fair gegenüber Ihren Zuhörern, diese Unbegrenztheit zügellos auszuleben.

Entwickeln Sie eine Strategie, wie Sie das, was Sie sagen wollen, unter Berücksichtigung aller Rahmenbedingungen am besten „verkaufen" können und wählen Sie danach den entsprechenden Redetyp aus.

Mit den Mustertexten, die Ihnen der Band für die verschiedenen Anlässe anbietet, werden Sie dann souverän umgehen können und sie so nehmen, wie sie gemeint sind – als Vorschläge, Anregungen, Material- und Ideensammlungen, die Sie bedenken, akzeptieren, verändern oder verwerfen dürfen, ja sollen! Den Mustertexten sind jeweils Informationen zu Anlass, ungefährer Dauer, Stil und Typus der Rede

Verschiedene Redetypen	
● Rede	5–10 Minuten
● Ansprache	3– 5 Minuten
● Toast/Grußwort	1– 3 Minuten
● Vortrag	2– 6 Minuten
● Erwiderung	1– 3 Minuten

angefügt. Die Typen, nach denen die Texte eingruppiert sind, richten sich danach, ob Sie zum Hauptredner berufen sind und längere Redezeit beanspruchen dürfen (Rede), ob Sie als zusätzlicher Redner weiter hinten auf der Rednerliste stehen. Vielleicht wollen Sie eine kürzer gefasste Rede halten (Ansprache), einen Trinkspruch ausbringen oder im Namen Ihres Vereins oder Unternehmens ein Grußwort sprechen (Toast). Stil und Typus der Rede hängen auch davon ab, ob Sie sich in gereimter, heiterer Form dem Anlass widmen (Vortrag), oder ob Sie sich als Gefeierter mit einer rhetorischen Verbeugung bei den Gratulanten bedanken (Erwiderung).

Im vorliegenden Band sind aus Gründen der Lesbarkeit in den Mustertexten fiktive Namen eingesetzt worden, die Sie dann entsprechend ersetzen können. Ebenso lassen sich in den meisten Fällen die – hier willkürlich gewählten – weiblichen und männlichen grammatikalischen Formen austauschen.

Je kürzer die Rede, desto länger kann die Vorbereitung sein. Ein bestimmtes Thema kurz zu fassen, ist oft schwierig.

Einleitung

Reden – gestern und heute

Die Ersten, die uns Deutschen das Reden lehren wollten, versuchten das auf Latein. Erst seit dem 16. Jahrhundert wurde die deutsche Sprache auch von Gelehrten und Rednern anerkannt.

Martin Luther (1483–1546) und Philipp Melanchthon (1497–1560) waren Weggefährten. Die beiden Reformatoren gelten als Begründer der deutschen Redekunst.

Melanchthon schrieb, noch auf Latein, die Rhetorik sei die Kunst, welche die Art und Weise, recht und zierlich zu reden, lehre. Seinem Zeitgenossen Luther hingegen ging es weniger um die humanistische Aufklärung als um praktisch lebbare Theologie. Von ihm lernten nicht nur seine Zeitgenossen die Art und Weise deutsch und zugleich wirkungsvoll zu predigen und zu reden.

Was eine gute, rechte, angemessene, „zierliche" Rede sei, darüber gingen die Meinungen schon immer weit auseinander. Bereits im Altertum wurde die Redekunst des römischen Staatsmannes Cicero (106–43 v. Chr.) mit der des Atheners Demosthenes (384–322 v. Chr.) verglichen. Während sich nach den Reden Ciceros die Zuhörer zerstreuten und einander beteuerten: „Nie hat jemand schöner gesprochen!", liefen die Zuhörer des Demosthenes auseinander und riefen: „Zu den Waffen! Krieg! Krieg!" Die Überlieferung charakterisiert offenbar sehr unterschiedliche Redeziele und Redestrategien. Cicero, der Meister der Überredungskunst. Demosthenes, der Meister der Überzeugung und Redner aus politischer Überzeugung.

Auch Georg Christoph Lichtenberg (1742–1799) kannte die klassische Anweisung, dass man das Publikum überzeugen solle und nicht überreden: „Es ist ein großer Rednerkunstgriff, die Leute zuweilen bloß zu überreden, wo man sie überzeugen könnte; sie halten sich alsdann oft da für überzeugt, wo man sie bloß überreden kann."

Der britische Politiker und Schriftsteller Philip Dormer Stanhope Earl of Chesterfield (1694–1773) gab in seinen berühmten Briefen an seinen Sohn einen nützlichen Rat: „Sieh allzeit den Leuten, mit denen du sprichst, ins Gesicht! Tut man das nicht, so bilden sie sich ein, man habe ein böses Gewissen. Zugleich verlierst du dabei den Vorteil, auf ihrem Gesicht zu bemerken, welchen Eindruck deine Rede macht."

Auch hochqualifizierte Experten auf ihrem Gebiet sahen sich nicht selten herbem Spott hinsichtlich ihrer rhetorischen Qualitäten ausgesetzt. Ein Beispiel: Als der berühmte Gelehrte, Naturforscher und Weltreisende Alexander von Humboldt – dessen anstrengender Redestil bekannt war – in Wien einen seiner

Reden – gestern und heute

Ratschläge bedeutender Redner von einst und jetzt

Die gute Rede hat einen Anfang und ein Ende und einen möglichst kleinen Abstand zwischen diesen beiden.
Jupiter Cumulus

Ihr könnt predigen, über was ihr wollt, aber prediget niemals über vierzig Minuten!
Martin Luther

Wer vor andern lange allein spricht, ohne den Zuhörern zu schmeicheln, erregt Widerwillen.
Johann Wolfgang von Goethe

Eine Rede ist wie eine Liebesaffäre: Jeder Dummkopf kann sie beginnen; sie zu beenden erfordert jedoch einige Geschicklichkeit.
Lord Mancroft

Die wahre Beredsamkeit besteht darin, das zu sagen, was zur Sache gehört, und eben nur das.
François de La Rochefoucauld

Viele Worte machen im Munde einen anderen Eindruck als im Ohr.
Alessandro Manzoni

Reden sind immer schädlich. Vor dem Essen verderben Sie den Appetit, nach dem Essen die Verdauung.
Sandro Pertini

Jedes überflüssige Wort wirkt seinem Zweck gerade entgegen.
Arthur Schopenhauer

Wer überhaupt lernt reden aus dem Papier, aus der toten Schrift? Hören muss und gehört werden, wer sprechen lernen will.
Adam Müller

Eine gute Rede soll das Thema erschöpfen, nicht die Zuhörer.
Winston Churchill

Als Gast bei einer Einladung sollte man vernünftig, aber nicht zu gut essen – und man sollte gut, aber nicht zu vernünftig reden.
Peter Ustinov

Die Zuhörer zu gewinnen und zu fesseln ist nicht immer ganz einfach. (Speaker's corner, Londoner Hyde Park)

Einleitung

naturwissenschaftlichen Vorträge hielt, kommentierte ein Witzbold dies etwas respektlos so: „Der Saal fasste nicht die Zuhörerinnen, und die Zuhörerinnen fassten nicht den Vortrag."

Die Männer des geschriebenen Wortes, die Schriftsteller, standen den Männern des gesprochenen Wortes oft sehr kritisch gegenüber. „Menschen, die etwas zu sagen haben, werden keine Redner", meinte kurz und entschieden der amerikanische Schriftsteller Finley Peter Dunne (1867–1936).

Aber auch die professionellen Redner selbst gingen nicht immer fein miteinander um. So sagte der britische Labour-Politiker Bevan (1897–1960) über seinen konservativen Kollegen, den Premierminister Chamberlain (1869–1940): „Einer Rede von Chamberlain zuzuhören ist wie ein Besuch bei Woolworth; jedes an seinem Platz und nichts über Sixpence." Er wollte wohl damit sagen, dass Chamberlains Reden zwar recht ordentlich aber belanglos gewesen seien. Manchmal waren die Politiker aber auch nicht frei von den Anfechtungen der Selbstkritik: „Beim Reden kommen die Gedanken – aber sie gehen auch." So äußerte

Winston Churchill war für seine brillanten und zuweilen scharf formulierten Reden bekannt.

Reden – gestern und heute

Richard von Weizsäcker, Bundespräsident von 1984–1994, bestach durch seine durchdachten und ausdrucksstark vorgetragenen Reden.

sich ein anderer Brite, der auch einmal Premierminister war – Edward Heath.

Und der frühere baden-württembergische Ministerpräsident Lothar Späth sagte einmal: „Es gibt Politiker, die meinen, von nichts etwas verstehen zu müssen, weil man nur so über alles Mögliche reden könne."

Winston Churchill (1874 – 1965), als Politiker Sieger des Zweiten Weltkriegs, als Schriftsteller Nobelpreisträger und als Redner brillant wie kein Zweiter zu seiner Zeit im Empire, war der Ansicht, dass er seine Fähigkeiten nur ständigem Üben zu verdanken hatte. Eines Tages hörte der Butler, der seinen Herrn in der Badewanne vermutete, aus dem Badezimmer lautes und entschiedenes Sprechen. Dienstbeflissen eilte er zu Sir Winston.

„Sie haben einen Wunsch, Sir?"

„Nein", erwiderte Churchill, „ich rede gerade im Unterhaus."

Historische Reden

Graf Mirabeau, Thomas Mann, John F. Kennedy – drei Redner voller Geist und rhetorischer Kraft in ganz unterschiedlichen Redesituationen

Graf Mirabeau, einer der Führer der französischen Revolution von 1789 (Abbildung rechts), war auch als glänzender Redner berühmt. Ein Beispiel dafür ist seine Rede vom 23. Juni 1789 vor der französischen Nationalversammlung. Was sie so außergewöhnlich und historisch beispielhaft machte, schilderte der deutsche Dichter Heinrich von Kleist in seinem Aufsatz „Über die allmähliche Verfertigung der Gedanken beim Reden".

Mirabeaus Erwiderung vor den französischen Ständen

Ich glaube, dass mancher große Redner, in dem Augenblick, da er den Mund aufmachte, noch nicht wusste, was er sagen würde. Aber die Überzeugung, dass er die ihm nötige Gedankenfülle schon aus den Umständen und der daraus resultierenden Erregung seines Gemüts schöpfen würde, machte ihn dreist genug, den Anfang, auf gutes Glück hin, zu setzen. Mir fällt jener „Donnerkeil" des Mirabeau ein, mit welchem er den Zeremonienmeister abfertigte, der nach Aufhebung der letzten monarchischen Sitzung des Königs am 23. Juni, in welcher dieser den Ständen auseinander zu gehen anbefohlen hatte, in den Sitzungssaal, in welchem die Stände noch verweilten, zurückkehrte und sie befragte, ob Sie den Befehl des Königs vernommen hätten. „Ja", antwortete Mirabeau, „wir haben des Königs Befehl vernommen" – ich bin gewiss, dass er bei diesem Anfang noch nicht an die Bajonette dachte, mit welchen er schloss: „ja, mein Herr", wiederholte er, „wir haben ihn vernommen" – man sieht, dass er noch gar nicht recht weiß, was er will. „Doch was berechtigt Sie" – fuhr er fort, und nun plötzlich geht ihm ein Quell ungeheurer Vorstellungen auf – „uns hier Befehle anzudeuten? Wir sind die Repräsentanten der Nation." – Das war es, was er brauchte! „Die Nation gibt Befehle und empfängt keine" – um sich gleich auf den Gipfel der Vergessenheit zu schwingen. „Und damit ich mich Ihnen ganz deutlich erkläre" – und erst jetzo findet er, was den ganzen Widerstand, zu welchem seine Seele gerüstet dasteht, ausdrückt: „so sagen Sie Ihrem Könige, dass wir unsre Plätze nicht anders als auf die Gewalt der Bajonette verlassen werden." – Worauf er sich, selbst zufrieden, auf einen Stuhl niedersetzte. – Wenn man an den Zeremonienmeister denkt, so kann man sich ihn bei diesem Auftritt nicht anders als in einem völligen Geistesbankrott vorstellen; nach einem ähnlichen Gesetz, nach welchen in einem Körper, der von dem elektrischen Zustand Null ist, wenn er in eines elektrisierten Körpers Atmosphäre kommt, plötzlich die entgegengesetzte Elektrizität erweckt wird. Und wie in dem elektrisierten dadurch, nach einer Wechselwirkung, der ihm innewohnende Elektrizitätsgrad wieder verstärkt wird, so

Historische Reden

Einleitung

ging unseres Redners Mut, bei der Vernichtung seines Gegners, zur verwegensten Begeisterung über. Vielleicht, dass es auf diese Art zuletzt das Zucken einer Oberlippe war oder ein zweideutiges Spiel an der Manschette, was in Frankreich den Umsturz der Ordnung der Dinge bewirkte. Man liest, dass Mirabeau, sobald der Zeremonienmeister sich entfernt hatte, aufstand und vorschlug: 1) sich sogleich als Nationalversammlung und 2) als unverletzlich zu konstituieren. Denn dadurch, dass er sich, einer kleistischen Flasche gleich, entladen hatte, war er nun wieder neutral geworden und gab, von der Verwegenheit zurückgekehrt, plötzlich der Furcht vor dem Chatelet, und der Vorsicht, Raum.

Im Weißen Saal des Weimarer Schlosses hielt Thomas Mann (Abbildung oben) anlässlich der Verleihung der Ehrendoktorwürde und der Begründung des Thomas-Mann-Archivs die folgende Rede.

Rede Thomas Manns, Weimar 1955

Meine Damen und Herren!

Soll ich reden? Soll ich schweigen? Es ist schwer, Worte zu finden für all die Güte und all die Ehre, die mir in diesen Tagen gewährt worden ist.

Vor allen Dingen danke ich der Philosophischen Fakultät der Universität Jena von ganzem Herzen für die hohe Ehre, die sie mir erwiesen hat mit der Ernennung zum Ehrendoktor. Dieser Universität, der Friedrich-Schiller-Universität Jena, wo Schiller Geschichte lehrte, anzugehören, das wird mir für den Rest meines Lebens ein Gefühl des Stolzes und der Freude geben.

Und wie außerordentlich ist die Ehre, die mir geschieht mit der Errichtung dieses Komitees, dass mein Lebenswerk bewachen soll – um diesen naiven Ausdruck zu gebrauchen –, es pflegen, es rein erhalten, sprachlich es den Menschen so übermitteln soll, wie ich es gewollt habe. Das ist meines Wissens in der Geschichte der modernen, der lebenden Literatur noch nicht dagewesen, und ich bin tief gerührt und beschämt, dass mir diese Auszeichnung zuteil werden soll. Viel Beschämung, viel Bescheidenheit protestiert beinahe gegen all das, was mir im Alter, was mir noch zu meinen Lebzeiten an Ehre, an Ehrerweisung geschieht.

Sie haben eine Laudatio meines Lebenswerkes gehört, die wirklich im höchsten Grade ihrem Namen gerecht wurde. Als ich lauschte, da war es mir, als ob mein Sein und Tun in einer festlichen Verklärung erschien, die mich rührte und auch wieder ungläubig stimmte, ob denn das alles wirklich meinem Werk gebühre.

Nun, die Kunst ist ein schwebendes Angebot immer nur an die Menschen, an die Mitwelt, und wenn nun der Geber, der Anerbieter das Glück hat, dass die Menschen Freude daran haben – denn Freude zu erregen ist schließlich das Ziel der Kunst als einer Verstärkerin und Erhöherin des Lebens –, wenn er dieses Glück hat, so kann er nur aufs Tiefste dankbar sein, auch wenn er bei dem, was er tat, nicht im Entferntesten daran glauben konnte, dass diese Arbeit der Welt etwas bedeuten könne.

Ich habe gesprochen, so gut ich's im Augenblick konnte. Ich bin ein bisschen strapaziert schon von den Erregungen und Bewegungen und Eindrücken dieser Reise, aber ich bin froh, vor allen Dingen wieder in Weimar zu sein, dieser vom Genie geadelten Stadt, der ich die Freude habe als Ehrenbürger anzugehören. Als Ihr Mitbürger also grüße ich Sie von Herzen, danke Ihnen, dass Sie bei dieser schönen Feier zugegen waren, und sage: Auf Wiedersehen!

Rede John F. Kennedys vor dem Schöneberger Rathaus in Berlin

Meine Berliner und Berlinerinnen!

Ich bin stolz, heute in Ihre Stadt zu kommen als Gast ihres hervorragenden Regierenden Bürgermeisters, der in allen Teilen der Welt als Symbol für den Kampf und den Widerstandsgeist Westberlins gilt. Ich bin stolz, auf dieser Reise die Bundesrepublik Deutschland zusammen mit Ihrem hervorragenden Herrn Bundeskanzler besucht zu haben, der während so langer Jahre die Politik bestimmt hat nach den Richtlinien der Demokratie, der Freiheit und des Fortschritts. Ich bin stolz darauf, heute in Ihre Stadt in der Gesellschaft eines amerikanischen Mitbürgers gekommen zu sein, General Clay, der hier tätig war in der Zeit der schwersten Krise, durch die diese Stadt gegangen ist, und der wieder nach Berlin kommen wird, wenn es notwendig werden sollte.

Einleitung

Vor zweitausend Jahren war der stolzeste Satz, den ein Mensch sagen konnte, der: Ich bin ein Bürger Roms! Heute ist der stolzeste Satz, den jemand in der freien Welt sagen kann: Ich bin ein Berliner! Wenn es in der Welt Menschen geben sollte, die nicht verstehen oder die nicht zu verstehen vorgeben, worum es heute in der Auseinandersetzung zwischen der freien Welt und dem Kommunismus geht, dann können wir ihnen nur sagen, sie sollen nach Berlin kommen. Es gibt Leute, die sagen, dem Kommunismus gehöre die Zukunft. Sie sollen nach Berlin kommen! Und es gibt wieder andere in Europa und in anderen Teilen der Welt, die behaupten, man könne mit den Kommunisten zusammenarbeiten. Auch sie sollen nach Berlin kommen! Und es gibt auch nicht wenige, die sagen, es treffe zwar zu, dass der Kommunismus ein böses und ein schlechtes System sei; aber er gestatte es ihnen, wirtschaftlichen Fortschritt zu erreichen. Aber lasst auch sie nach Berlin kommen!

Ein Leben in der Freiheit ist nicht leicht und die Demokratie ist nicht vollkommen. Aber wir hatten es nie nötig, eine Mauer aufzubauen, um unsere Leute bei uns zu halten und sie daran zu hindern, woanders hinzugehen. Ich möchte Ihnen im Namen der Bevölkerung der Vereinigten Staaten, die viele Tausend Kilometer von Ihnen entfernt auf der anderen Seite des Atlantiks lebt, sagen, dass meine amerikanischen Mitbürger sehr stolz darauf sind, mit Ihnen zusammen selbst aus der Entfernung die Geschichte der letzten 18 Jahre teilen zu können. Denn ich weiß nicht, dass jemals eine Stadt 18 Jahre lang belagert wurde und dennoch lebt mit ungebrochener Vitalität, mit unerschöpflicher Hoffnung, mit der gleichen Stärke und mit der gleichen Entschlossenheit wie heute Westberlin.

Die Mauer ist die abscheulichste und die stärkste Demonstration für das Versagen des kommunistischen Systems. Die ganze Welt sieht dieses Eingeständnis des Versagens. Wir sind darüber keineswegs glücklich, denn, wie Ihr Regierender Bürgermeister gesagt hat, die Mauer schlägt nicht nur der Geschichte ins Gesicht, sie schlägt der Menschlichkeit ins Gesicht. Durch die Mauer werden Familien getrennt, der Mann von der Frau, der Bruder von der Schwester; Menschen werden mit Gewalt auseinander gehalten, die zusammenleben wollen.

Was von Berlin gilt, gilt von Deutschland: Ein echter Friede in Europa kann nicht gewährleistet werden, solange jedem vierten Deutschen das Grundrecht einer freien Wahl vorenthalten wird. In 16 Jahren des Friedens und der erprobten Verlässlichkeit hat diese Generation der Deutschen sich das Recht verdient, frei zu sein, einschließlich des Rechts, die Familien und die Nationen in dauerhaftem Frieden wieder vereint zu sehen im guten Willen gegen jedermann.

Sie leben auf einer verteidigten Insel der Freiheit. Aber Ihr Leben ist mit dem des Festlandes verbunden, und deswegen fordere ich Sie zum Schluss auf, den Blick über die Gefahren des Heute hinweg auf die Zukunft des Morgen zu richten: über die Freiheit dieser Stadt Berlin, über die Freiheit ihres Landes hinweg auf den Vormarsch der Freiheit überall in der Welt, über die Mauer hin-

Historische Reden

weg, auf den Tag des Friedens in Gerechtigkeit. Die Freiheit ist unteilbar, und wenn auch nur einer versklavt ist, dann sind nicht alle frei. Aber wenn der Tag gekommen sein wird, an dem alle die Freiheit haben und Ihre Stadt und Ihr Land wieder vereint sind, wenn Europa geeint ist und Bestandteil eines friedvollen und zu höchsten Hoffnungen berechtigenden Erdteils, dann können Sie mit Befriedigung von sich sagen, dass die Berliner und diese Stadt Berlin 20 Jahre lang die Front gehalten haben. Alle freien Menschen, wo immer sie leben mögen, sind Bürger dieser Stadt Westberlin, und deshalb bin ich als freier Mann stolz darauf, sagen zu können: Ich bin ein Berliner!

Einleitung

Welcher Rednertyp sind Sie?

Nicht nur die äußeren Faktoren sind bei der Vorbereitung einer Rede zu berücksichtigen; auch Ihre persönlichen Eigenarten und Vorlieben, Ihr Charakter und Ihr Temperament spielen eine große Rolle.

Gehen Sie offen auf andere zu, freuen Sie sich, wenn Sie jemandem etwas mitteilen können? Oder ist es für Sie eher eine Qual, öffentlich reden oder schwierige Gesprächssituationen überstehen zu müssen? Macht es Ihnen Spaß, sich spontan in eine Debatte einzubringen oder verschafft es Ihnen eher Befriedigung, nach langer Vorbereitung einen Vortrag in wohlgesetzten Worten zu halten? All diese Fragen geben über Ihre Grundveranlagung als Redner Auskunft. Was für ein Typ sind Sie? Wie wirken Sie auf das Publikum?

Das Bild, das Sie von sich selbst haben, kann sich von dem Bild, das die anderen tatsächlich von Ihnen haben, beträchtlich unterscheiden. Scheuen Sie sich deshalb nicht, Ihre Bekannten und Freunde oder Ihren Lebenspartner zu fragen, wie Sie als Redner ankommen. Es gibt viele verschiedene Temperamente, die sich auch auf die Art, wie jemand in der Öffentlichkeit redet, auswirken. Vielleicht entdecken Sie ja an den hier beschriebenen Rednertypen die eine oder andere Eigenschaft, über die Sie auch verfügen.

Fragen Sie Freunde und Bekannte, wie Sie als Redner wirken.

Der Schüchterne

Schüchternheit bringt manchem Redner meist einen Mitleidbonus der Zuhörer. Dieser Bonus wächst mitunter schnell zu einem beachtlichen Sympathieguthaben an. So hilflos sich ein Redner auch fühlt, merkt er doch, ob ihm Sympathie entgegenschlägt oder nicht. Aus dem schüchternsten Jüngling wird ein sicherer Redner, wenn er merkt, dass er gut ankommt.

Zuhörer erwarten von einem Redner durchaus nicht die Selbstsicherheit eines Versicherungsvertreters, sondern Glaubwürdigkeit und Engagement. Eine gewisse Unsicherheit, ja Schüchternheit, die erkennen lässt, dass der Redner nicht nur routiniert sein Programm abspult, sondern vor dem Thema und dem Publikum Respekt hat, schafft eine Basis der Sympathie, die sich manch perfekter und sicherer Redner, der allzu glatt wirkt, erst erkämpfen muss.

Der Distanzierte

Selbst wenn er die perfekte Rede hält, hat es der distanzierte Typ besonders schwer, beim Publikum anzukommen. Oft werden sich viele Zuhörer die Frage stel-

Welcher Rednertyp sind Sie?

len, ob sie überhaupt gemeint sind. Am distanzierten Typ fällt auf, dass er seine Stimme zurückhaltend einsetzt, sehr sparsam mit Gesten umgeht, die instinktive Neigung hat, die Arme hinter dem Rücken zu verschränken und dass er sehr häufig seinen Blick über die Köpfe der Zuschauer hinweg schweifen lässt, anstatt ihnen in die Gesichter zu schauen. Distanzierte Redner verlassen nur selten und äußerst ungern das schützende Rednerpult – und wenn, dann mit Zeigestab oder Ähnlichem „bewaffnet", als diente dieser tatsächlich dazu, sich beim Publikum Respekt zu verschaffen.

Distanz erwächst zum einen aus einer Unsicherheit, die zum Beispiel den Redner dazu veranlasst, seinen Redetext vom ersten bis zum letzten Wort abzulesen. Sie kann zum anderen Ausdruck eines bestimmten Rollenverständnisses sein, das von einer strikten Trennung in Redner und Zuhörer ausgeht. Schließlich kann auch die Gewöhnung an äußere Gegebenheiten (Mikrofon, Beleuchtung, Teleprompter, Abstand zum Publikum) dazu führen, dass eine bestimmte Distanz von vornherein, gewissermaßen technisch, hergestellt wird.

Auch der distanzierte Typ hat, denkt man zum Beispiel an die Nachrichtensprecher im Fernsehen, seine Situationen und seine Berechtigung. Mitunter wünscht das Publikum auch nichts anderes als den distanzierten Stil, zum Beispiel bei der Vermittlung exakter wissenschaftlicher Fakten in einem Fachvortrag, die möglichst ohne Beimischung von Emotionen an das Publikum gebracht werden sollen. In den alltäglichen Redesituationen dürfte der distanzierte Typ allerdings eher weniger erwünscht sein.

Helmut Schmidt bewies: Selbstsicherheit und überlegene Ausstrahlung können dem Publikum Kompetenz vermitteln.

Der Überlegene

Der Typus des Überlegenen lässt die Zuhörer wissen, dass er es besser weiß als alle anderen. Das kann eine durchaus ange-

Einleitung

Die Politikerin Regine Hildebrandt gehört zu den Mitteilungsfreudigen. Sie können, oft in bester Absicht, Widersacher und auch Partner niederreden.

messene Haltung sein, wenn man zum Beispiel einen Referenten genau aus dem Grund eingeladen hat, weil er sich zu einem bestimmten Thema am besten auskennt.

Auf freiwilliger Basis stellt sich dann ein Lehrer-Schüler-Verhältnis her. Auch Regierungsvertreter im Parlament versuchen so die Opposition auf Distanz zu halten. Bei einer privaten Feier, im Betrieb oder im Vereinsleben dürfte ein solches Verhältnis aber eher selten sein. Im Gegenteil: Gesten der Überlegenheit gefährden hier die Basis der Kommunikation.

Der Mitteilungsfreudige

Der mitteilungsfreudige Redner neigt dazu, dem Zuhörer alles mitzuteilen, was er weiß und was er für wichtig hält. Er ist in Gefahr, sich in Exkursen und Nebenbemerkungen zu verlieren, selbst wenn er nach einiger Zeit den Faden wiederfindet. Sein Problem besteht nicht darin, Kontakt zu

Welcher Rednertyp sind Sie?

seinen Zuhörern aufzubauen, sondern umgekehrt den Kontakt wieder abzubrechen, das heißt zum Schluss zu kommen. Für diesen Typ ist es besonders wichtig, sich streng an seine Rededisposition zu halten. Denn wer sein Thema erschöpfend behandeln will, erschöpft meist nur sein Publikum.

Matrix zur Selbstanalyse

	−5	−4	−3	−2	−1	0	+1	+2	+3	+4	+5
Neigen Sie zu Schüchternheit, Unsicherheit und Unbeholfenheit?											
Bleiben Sie lieber in sicherer räumlicher und emotionaler Distanz zum Publikum?											
Fühlen Sie sich dem Publikum fachlich oder aufgrund Ihrer Position überlegen?											
Neigen Sie dazu, ein Übermaß an Informationen und Wissen auszubreiten?											
Betrachten Sie das Rednerpult als Bühne für Ihren persönlichen Auftritt?											
Gehen Sie auf Ihr Publikum ein und nehmen dessen Reaktionen und Anregungen auf?											

Tragen Sie Ihre Selbsteinschätzung von −5 („Nein, überhaupt nicht!") bis +5 („Ja, stimmt vollkommen!") auf der Skala ein. Verbinden Sie die Felder. Sie erkennen anhand des Kurvenverlaufs, welche Fähigkeiten bei Ihnen besonders ausgeprägt sind und was Sie sich zutrauen können.

Einleitung

Amüsant und immer lesenswert ist die Kurzerzählung Kurt Tucholskys „Ratschläge für einen schlechten Redner".

Kurt Tucholsky hat in seinen *Ratschlägen für einen schlechten Redner* diesen Typus treffend karikiert: „Kündige den Schluss deiner Rede lange vorher an, damit die Hörer vor Freude nicht einen Schlaganfall bekommen. ... Kündige den Schluss an, und dann beginne deine Rede von vorn und rede noch eine halbe Stunde. Dies kann man mehrere Male wiederholen."

Diese Variante sollten Sie wohl besser nicht wählen, wenn Sie sich beim Publikum nicht unbeliebt machen wollen.

Ihnen steht – je nach Anlass und der gesellschaftlichen Stellung, die Sie aktuell einnehmen – eine Redezeit von drei bis fünf, im höchsten Falle von zehn Minuten zur Verfügung. In dieser Zeit können Sie sehr viel sagen! Wenn Sie Schwierigkeiten haben, mit Ihrer Zeit hauszuhalten, sollten Sie ganz besonders viel Sorgfalt für die Gliederung der Rede aufwenden.

Der Theatralische

Der theatralische Typ des Redners liebt die großen Gesten und schreckt vor großen Worten nicht zurück. Er ist im Grunde durch nichts zu erschüttern. Fällt das Mikrofon aus – nicht so schlimm, geht er eben ein bisschen näher an sein Publikum heran und spricht ein wenig lauter. Selbst wenn das Festzelt zusammenbricht, ist das noch Anlass für eine Betrachtung über die Vergänglichkeit alles Irdischen.

Für den Theatralischen unter den Rednern ist das Pult die Bühne. Aber nicht immer hält es ihn am Pult, mitunter geht er auf dem Podium ein paar Schritte, spricht im einen Moment scheinbar Nebensächliches im Plauderton vor sich hin, um sich im nächsten Moment auf dem Absatz zum Publikum zu kehren und mit ausholender Gestik zahlreiche Pointen und Sentenzen zum Besten zu geben.

Die Zuhörer haben am theatralischen Typ fast immer ihre Freude, denn er lässt keine Langeweile aufkommen. Es sei denn, er treibt seine Selbstdarstellung so weit, dass er das Publikum aus dem Blick verliert. So etwas merken Zuhörer sofort und reagieren entsprechend kühl und distanziert.

Der Kommunikative

Im Kommunikativen begegnet uns der Idealtyp des Redners. Er ist derjenige, der auf sein Publikum zugeht, Impulse aus dem Publikum aufnimmt, ja Reaktionen der Zuhörer regelrecht herausfordert. Im vollsten Bewusstsein seiner Rolle als Kommunikator gestaltet er auch einen akademischen Stoff spannend. Er unterstützt das Publikum in jeder Wei-

Welcher Rednertyp sind Sie?

se, damit es ihm folgen kann. Seine Auffassung von einer Rede ist, dass er in einem Dialog mit seinen Zuhörern steht. Er vereinigt die positiven Eigenschaften der fünf vorangegangenen Typen auf sich und bereichert sie um eine wichtige sechste: die Fähigkeit, mit den Reaktionen des Publikums produktiv umzugehen. Sogar wenn diese Reaktionen in Form von Zwischenfragen oder Zwischenrufen seine Rede stören, bewahrt er Souveränität und das Gefühl für die angemessene Reaktion.

Wenn Umberto Eco redend zitiert, schreiben seine Hände „Gänsefüßchen" in die Luft.

Reden schreiben – Reden halten

Von der ersten Idee, die man sich notiert, bis zum Schlussapplaus nach einem erfolgreichen Vortrag kann es unter Umständen ein langer Weg sein. In diesem Kapitel erfahren Sie, wie wichtig eine gründliche Vorbereitung ist und was Sie tun können, um nicht nur eine gute Rede zu schreiben, sondern Ihre Rede auch gut vorzutragen.

Vorbereitung und Planung

Vertrauen Sie nicht auf die Eingebung in letzter Minute und verlassen Sie sich nicht darauf, dass es schon irgendwie laufen wird. Eine gründliche Vorbereitung ist eine Voraussetzung für Ihren Erfolg.

Beginnen Sie Ihre Vorbereitungen nach der Bestandsaufnahme mit der strategischen Planung des Themas, des Redeziels und der organisatorischen Details.

Stehen Sie vor der Aufgabe, eine Rede zu halten, schieben Sie die notwendigen Vorbereitungen nicht so lange vor sich her, bis Sie unter Zeitdruck geraten.

Wann beginnen?

Dorothy Sarnoff, langjährige Redenberaterin des Weißen Hauses, hält die langfristige Vorbereitung auf eine Rede für existenziell wichtig: „Viele, die am Schreibtisch König sind, werden am Rednerpult zu armseligen Figuren. Das liegt meist daran, dass sie mit der Vorbereitung ihrer Rede zu lange warten. Bedeutungsvolle Einzeiler und bewegende Worte, die in die Geschichte eingehen, sind meist nicht das Produkt von Geistesblitzen in der letzten Minute. Gerade hinter den besonders gewandt und flüssig vorgetragenen Reden, die sich ganz spontan anhören, stecken oft viele Stunden harter Arbeit."

Eine großzügig bemessene Vorbereitungszeit ist also wichtig. Beginnen Sie mit den Vorbereitungen mindestens drei Wochen vor dem Tag der Rede.

Oft wird angenommen, dass eine kurze Rede oder eine Grußansprache weniger Vorbereitungszeit benötigt als eine große Festrede oder ein Grundsatzreferat – diese Auffassung erweist sich oft als falsch. Wenn Sie zum Beispiel nur eine streng begrenzte Redezeit von fünf Minuten zur Verfügung haben, in denen Sie sehr viel sagen wollen, erfordert das eine weit gründlichere Überlegung, als wenn Sie eine halbe Stunde frei und offen plaudern dürfen.

In manchen Gremien und Vereinen wird jedem Mitglied oft nur eine einzige Wortmeldung gestattet. Das Gleiche trifft zu, wenn Sie auf einer Konferenz reden, die eine sehr lange Rednerliste aufweist. In diesem Fall sollten Sie beispielsweise einen Antrag mit einem einzigen Redebeitrag so stark, umfassend und überzeugend begründen, wie Sie es vermögen; eine Chance, später noch einmal in die Diskussion einzugreifen, haben Sie nicht mehr. Dazu ist es nützlich, die anderen Redner und deren mögliche Argumente schon im Vorfeld zu kennen.

Grundsätzlich werden Sie in eine wichtige Rede mehr Zeit investieren als in eine weniger wichtige – unabhängig von der Länge der Redezeit, die Sie zu füllen haben. Aber in der Regel

Vorbereitung und Planung

Beginnen Sie rechtzeitig mit Ihren Vorbereitungen

- **21 Tage**
Bestandsaufnahme: Zusammenfassung aller Informationen zu Anlass, Publikum und Stil Ihrer Rede.

- **20 Tage**
Entwurf einer Rededisposition; Ergänzung der Materialsammlung, Beginn der Nachrecherche und Datenbeschaffung.

- **18 Tage**
Die erste Rohfassung des Redemanuskripts liegt vor.

- **14 Tage**
Dies ist der späteste Termin, um dem Veranstalter Ihre Wünsche, Forderungen und Vorschläge zu übermitteln.

- **10 Tage**
Fertigstellung der Endfassung des Redemanuskripts.

- **7 Tage**
Lernen der Rede, erste Sprechproben vor dem Spiegel und mithilfe eines Kassettenrekorders.

- **6 Tage**
Die Klärung aller organisatorischen Fragen bestätigen lassen.

- **3 Tage**
Letztmalige Durchsicht des Redemanuskripts auf inhaltliche Korrektheit und Aktualität, gegebenenfalls Ergänzungen.

- **2 Tage**
Rückruf beim Veranstalter; gegenseitige Bestätigung aller Abmachungen, die zuvor getroffen wurden.

- **1 Tag**
Letzte Sprechprobe vor Bekannten oder Lebensgefährten. Check der Garderobe, der Redeunterlagen, gegebenenfalls auch aller Reisedokumente und Hilfsmittel.

Reden schreiben – Reden halten

Wenn Sie alle grundsätzlichen Fragen hinsichtlich Anlass, Publikum und Art der Rede für sich geklärt haben, sollten Sie bei Ihrer Redeplanung vor allem auf die folgenden Punkte achten:

Thema und Redeanlass

Worüber wollen Sie sprechen? Welcher Teilaspekt des Themas passt am besten zum bevorstehenden Anlass? Ist Ihr aktueller Kenntnisstand ausreichend, um sich zum Thema umfassend und kompetent zu äußern oder müssen Sie noch recherchieren? Sind Sie über die regionalen und lokalen Besonderheiten des Veranstaltungsortes genügend informiert? Brauchen Sie vielleicht noch die Unterstützung eines Sachverständigen oder die Auskunft einer Institution? Vielleicht kommen Ihnen diese Fragen etwas zu großspurig vor; Sie wollen doch schließlich nur eine Ansprache zum 60. Geburtstag Ihres Schwiegervaters halten. Dennoch ist es zu empfehlen, die Vorbereitungen darauf nach den gleichen Kriterien zu organisieren, als hätten Sie ein Fachreferat zu halten. Der Geburtstag ist das Thema, die 60 ist ein Teilaspekt des Themas, das Wissen, das Sie über den Jubilar besitzen, bildet die Substanz Ihrer Rede. Die Besonderheiten sollten Sie aus dem familiären, freunschaftlichen und beruflichen Umfeld des Jubilars recherchieren.

Planen Sie für die Erarbeitung Ihrer Rede unbedingt genügend Vorbereitungszeit ein und recherchieren Sie gründlich.

verhält sich die Vorbereitungszeit nicht proportional zur verfügbaren Redezeit, sondern eher umgekehrt.

Worauf vorbereiten?

Genügend Vorbereitungszeit haben Sie eingeplant. Womit aber sollen Sie beginnen?

Vorbereitung und Planung

Denken Sie über Ihr Redeziel gründlich nach. Je klarer Sie es definiert haben, desto leichter werden Ihnen die Formulierungen fallen.

■ Tipp:

Prüfen Sie rechtzeitig, ob Ihre Materialsammlung ausreicht; gehen Sie diese nochmals durch. Recherchieren Sie jetzt, falls Ihnen aktuelle Informationen fehlen, denn mitunter ist in einer Bibliothek ein Buch oder eine Zeitschrift nicht verfügbar. Besorgen Sie sich vom Veranstalter oder Gastgeber möglichst viele Informationen über die regionalen und lokalen Besonderheiten, um gegebenenfalls darauf Bezug nehmen zu können.

Redeziel

Die Fixierung eines Redeziels ist von entscheidender Bedeutung! Unterlässt man sie – in der Annahme, die dargelegten Argumente sprächen für sich – nimmt man den Argumenten und der gesamten Rede ihre Wirkung.

Besteht das Ziel der Rede darin, eine Diskussion herbeizuführen oder sollen Problemlösungen aufgezeigt werden?

Unter verschiedenen Umständen bedient sich ein Redner für beide Strategien oft derselben Fakten, wählt aber andere Worte und Begriffe, um diese Fakten zu bewerten. In der politischen Debatte wird die in der Opposition befindliche Gruppe immer bestrebt sein, Konfliktstoff ausfindig zu machen und Differenzen zur regierenden Gruppe darzustellen.

Erinnern Sie sich noch einmal an das Beispiel „60. Geburtstag des Schwiegervaters". Das Ziel Ihrer Rede kann – bei gleichem Anlass – ganz unterschiedlich formuliert werden, zum Beispiel:

Für den gleichen Anlass können Sie ganz unterschiedliche Redeziele festlegen.

- Würdigung des Schwiegervaters als Familienoberhaupt;
- Würdigung der beruflichen und gesellschaftlichen Karriere;
- Würdigung der Frau und der Familie des Jubilars;
- Wertung der Zeitereignisse, deren Zeuge der Jubilar wurde.

Ohne weiteres ist einzusehen, dass jedes dieser Ziele eine andere Strategie der Aufbereitung der Fakten erfordert.

■ **Tipp:**

Was wollen Sie erreichen und was wollen Sie vermeiden? Diese Fragen sollten am Anfang der Planung Ihres Redeziels stehen.

Organisation

Schon im kleinen, familiären Rahmen spielen organisatorische Fragen eine nicht zu unterschätzende Rolle. Wann findet die Feier statt? Welchen Platz nehmen Sie auf der Rednerliste ein? Soll die Rede mit der Übergabe eines Geschenks verbunden werden?

Um vieles größer können die organisatorischen Probleme bei öffentlichen Auftritten sein. Stellen Sie bereits in einer frühen Phase der Vorbereitung eine Checkliste zusammen, auf der Sie alle organisatorischen Fragen aufnehmen und deren Klärung überwachen.

Auswahl der Hilfsmittel

In einem relativ frühen Stadium Ihrer Vorbereitungen sollten Sie entscheiden, ob und welche Hilfsmittel Sie verwenden wollen. Denn diese Entscheidung beeinflusst Ihre weitere Arbeit am Manuskript und an diesen Hilfsmitteln selbst. Hilfsmittel sind jedoch nicht dazu da zu beweisen, dass Sie technisch auf dem aktuellsten Stand sind. Wenn Sie der Versuchung erliegen, Ihre Zuhörer mit solchen Spielereien zu beeindrucken, werden Sie es wahrscheinlich eher ablenken als auf die wesentlichen Punkte Ihrer Ausführungen aufmerksam zu machen.

Dorothy Sarnoff zitiert den Geschäftsführer eines Unternehmens: „Ich bin es Leid, bei Vorträgen mit Anschauungsmaterial bombardiert zu werden. Ich gehe danach, welchen Eindruck der Vortragende auf mich macht."

Visuelle Hilfsmittel sollen dem Vergessen entgegen wirken. Dem

Vorbereitung und Planung

Visuelle Hilfsmittel können bestimmte Sachverhalte veranschaulichen und den Vortrag auflockern.

Langzeitgedächtnis prägt sich ca. 15 Prozent dessen ein, was man nur hört, ca. 25 Prozent dessen, was man nur sieht, hingegen ca. 60 Prozent dessen, was man gleichzeitig hört und sieht. Um dem gesprochenen Wort eine bestimmte Langzeitwirkung zu verschaffen, sind Hilfsmittel also hervorragend geeignet.

● Wenn Sie einen Tageslichtprojektor verwenden wollen, müssen die entsprechenden Folien angefertigt werden. Wenn Sie bereits fertige Folien haben, überprüfen Sie, ob sie richtig sortiert sind.

● Schreiben Sie für den Einsatz von Dias und Videoeinspielen ein regelrechtes Drehbuch und beschränken Sie sich auf die Stellen, wo der Einsatz am wirkungsvollsten ist.

● Tabellen oder Grafiken, die Sie zeigen wollen, sollten professionell angefertigt werden; Strichmännchen und improvisierte Diagramme und Schemata sollten Sie lieber „live" am Flipchart zeichnen.

■ **Tipp:**
Wählen Sie nur die Hilfsmittel aus, die Sie wirklich brauchen. Vermeiden Sie, Ihr Publikum und sich selbst mit technischen und multimedialen Spielereien abzulenken.

Die Form des Manuskripts

Zur Form des Manuskripts gibt es Grundsätzliches zu sagen, das für alle Redeanlässe gilt. Reden zu privaten Feiern oder zu humorvollen Anlässen können auch besondere Formen des Redemanuskripts erfordern.

Zunächst sollten Sie entscheiden, welche grundlegende Art des Redemanuskripts Sie ausarbeiten wollen; danach richtet sich die Art Ihrer Vorbereitung:

Über Mindmapping erfahren Sie mehr ab Seite 51.

● Die Ausarbeitung in Stichworten: entweder mittels Mind-mapping oder auf übersichtlichen Stichwortkarten.
● Die wortwörtliche Ausarbeitung des Hauptteils als Teilmanuskript.
● Die wortwörtliche Ausarbeitung der Rede als Gesamtmanuskript.

Die Ausarbeitung in Stichworten setzt voraus, dass Sie als Redner schon über einige Erfahrung und Sicherheit verfügen; sie wird deshalb hier vernachlässigt.

Die wortwörtliche Ausarbeitung, die Ihnen in diesem Buch auch in Form von Musterreden angeboten wird, ist weder ein Makel noch ein Zeichen von rhetorischer Unfertigkeit, sondern im Gegenteil der Beweis dafür, dass Sie sich auf die Rede gründlich vorbereitet haben. Unter Umständen genügt es sogar, nur den Hauptteil der Rede auszuarbeiten. Wenn Sie bereits etwas Sicherheit auf dem Rednerpodium gewonnen haben, wird es Ihnen sicher leicht fallen, eine originelle, vielleicht mit einer Anekdote gewürzte oder persönlich gefärbte Einleitung frei zu sprechen; den Übergang zum sachlichen Hauptteil, bei dem Sie dem Manuskript folgen, wird man dann wie selbstverständlich hinnehmen. Auch für den Abschlussteil sollten Sie sich dann wieder vom Manuskript lösen und sich für die Schlusssätze auf Stichworte stützen. Das wird Ihnen umso leichter fallen, als Sie ja den Hauptteil gerade nach dem Manuskript vorgetragen und die Kernsätze wahrscheinlich noch in Erinnerung behalten haben.

Vielleicht helfen Ihnen folgende Hinweise bei der Ausarbeitung Ihres Redemanuskripts:
● Beginnen Sie nicht ausgerechnet jetzt mit dem Papiersparen! Schreiben Sie (auf der Schreibmaschine) mit zweizeiligem Abstand und stellen Sie den Rand so ein, dass die Zeilenlänge nicht mehr als 60 Anschläge umfasst. Längere Zeilen bergen die Gefahr, dass Sie sich beim Lesen in der Zeile verirren.
● Verfahren Sie bei der Ausarbeitung am Computer genauso; wählen Sie einen großzügigen Zeilenabstand und eine für Sie gut lesbare Schriftart.

Die Form des Manuskripts

- Verzichten Sie auf Worttrennungen am Zeilenende, vor allem auf solche, die in die Irre führen könnten, wie Urin-formation.
- Verzichten Sie auf Abkürzungen, deren Sinn sich Ihnen in der Aufregung der Redesituation vielleicht nicht mehr erschließt.
- Zerlegen Sie kompliziert zusammengesetzte Worte wie Geburtshilfekursangebot, die Ihnen beim Lesen Schwierigkeiten machen könnten, durch Bindestriche, z. B. Geburtshilfe-Kurs-Angebot, auch wenn das nicht den Dudenregeln entspricht.
- Achten Sie bei der Schreibmaschine auf saubere Typen und ein frisches Farbband. Wenn Sie am Computer arbeiten, stellen Sie die beste Druckqualität ein und verwenden Sie weißes, nicht zu dünnes Papier und drucken Sie schwarz, nicht farbig.
- Nummerieren Sie Ihre Manuskriptseiten fortlaufend.

Für Ihre Ausarbeitung können Sie von folgender Berechung der Redezeit ausgehen: Im Deutschen entsprechen etwa 150 Worte einer Minute Redezeit. Ungefähr 150 Worte stehen auf 20 Zeilen einer Manuskriptseite (Maschinenschrift mit 60 Anschlägen pro Zeile bzw. Computerausdruck mit 60 Zeichen), d. h. zwei Manuskriptseiten à 30 Zeilen entsprechen ungefähr drei Minuten Redezeit.

Stehen Sie vor besonderen Anforderungen, zum Beispiel ein

Beitrag im Rundfunk oder eine Rede im Freien, sollten Sie auch Ihr Manuskript diesen Besonderheiten anpassen.

Wenn Sie im Rundfunk sprechen: Die ungewohnte Situation eines Aufnahmestudios, die Beleuchtungsverhältnisse, die möglicherweise nicht dem Standard entsprechen, den Sie erwarten, legen es nahe, den Zeilenabstand

Gestalten Sie den Text Ihres Manuskriptes großzügig in Schrift und Zeilenabstand, damit er gut lesbar ist.

Reden schreiben – Reden halten

Bei Reden im Freien, zum Beispiel bei einem Richtfest oder einer Einweihung, ist es am besten, ganz ohne Manuskript zu sprechen.

etwas zu vergrößern. Wählen Sie am besten eine große Schrift und begrenzen Sie die Zeilenlänge auf etwa 50 Zeichen. Vermeiden Sie Worttrennungen, die den Redefluss unterbrechen, und verwenden Sie keine Abkürzungen.

Papier macht beim Blättern vor dem Mikrofon Störgeräusche. Der Fernsehpublizist Günter Gaus klebte seine Manuskriptblätter für die Sendereihe „Zur Person" auf festen Karton, den er den Strumpfverpackungen seiner Frau entnommen hatte. Gewöhnliche Karteikarten im A4-Format dürften für Sie aber das geeignete Medium gegen das Papierrascheln sein.

Wenn Sie zu offiziellen Anlässen sprechen: Ganz gleich, ob Sie frei, nach Stichworten oder nach einem wörtlichen Gesamtmanuskript sprechen, stehen Sie bei offiziellen Anlässen meist vor der Aufgabe, zahlreiche Ehrengäste zu begrüßen. Um niemanden zu vergessen, lesen Sie die Begrüßung vorsichtshalber ab oder lassen Sie sich vom Veranstalter eine Gästeliste geben.

Wenn Sie im Freien sprechen: Im Freien kann Ihnen zum Beispiel ein Windstoß die Manuskriptblätter durcheinander bringen. Aber selbst, wenn es Ihnen gelingt, die Blätter festzuhalten, ist es im Freien immer etwas

Die Form des Manuskripts

schwierig, von A4-Seiten ablesen zu müssen. Für diesen Fall empfiehlt es sich, die ausgedruckten Seiten zu halbieren und die A5-Teile auf entsprechend große Karteikarten zu kleben; das ist stabil und verhindert das Umknicken oder Wegflattern.

Bei bestimmten privaten Feiern – Hochzeiten, Geburtstagen und vergleichbaren Anlässen – haben Sie bei der Manuskriptgestaltung natürlich größere Freiheiten. Hier bietet sich zum Beispiel farbiges Papier oder eine klassische Pergamentrolle an. Den Text für einen humoristischen Vortrag können Sie auch sehr gut in den Requisiten unterbringen, mit denen Sie eventuell auftreten. Ihrer Fantasie sind da keine Grenzen gesetzt. Wenn Sie aus dem Verlesen Ihrer Ansprache einen Auftritt machen, sind Sie der Notwendigkeit des Auswendiglernens enthoben.

Auch die Geburtstagsansprache für einen Vorgesetzten kann, auf schönem Büttenpapier gedruckt und gut vorgetragen, wirklich Eindruck machen.

Ein schön gestaltetes Rede-Dokument, das der Hauptperson anschließend übergeben wird, macht Freude und ist eine bleibende Erinnerung.

Besonders schön sind Reden oder persönliche Glückwünsche auf dekorativ gestaltetem Papier.

Die Elemente der erfolgreichen Rede

Seit der Antike hält man fünf Elemente für besonders wichtig, wenn es um die Wirkung und den Erfolg einer Rede geht.

Die Situationen, in denen eine Rede gehalten wird, und die Wirkungen, die mit einer Rede in bestimmten Situationen erzielt werden, stehen in einer gewissen Beziehung. Aus diesen Relationen hat man seit dem Altertum Regeln abgeleitet. Klingen diese Regeln auch heute wie selbstverständlich, ist es dennoch nützlich, sie sich immer wieder zu vergegenwärtigen. Denn in der alltäglichen Praxis geschieht es häufig genug, dass der Redner sie außer Acht lässt. Das Selbstverständliche nennt Cicero die „fünf Glieder der Beredsamkeit: finden, was man sagen soll; das Gefundene gliedern; dann stilistisch ausformen; danach dem Gedächtnis einprägen; zum Letzten auftreten und die Rede vortragen."

Regeln sind also kein Selbstzweck, sondern sie dienen dazu, mit einer Rede die größtmögliche Wirkung zu erzielen.
„Die Volksversammlung bietet Raum für die volle Leidenschaft der Rede und verlangt Gewicht und Mannigfaltigkeit", heißt es bei Cicero.

Die grundlegenden Regeln der Rhetorik haben sich seit 2 500 Jahren bewährt.

Und Aristoteles stellt fest: „Eine Rede besteht nämlich aus dreierlei: einem Redner, einem Gegenstand, worüber er spricht, und einem Publikum; und der Zweck der Rede ist auf ihn, den Zuhörer, ausgerichtet."

In der klassischen griechischen Zeit entstand zum ersten Mal jene demokratische Öffentlichkeit, die eine wesentliche Voraussetzung für die Entwicklung der Redekunst ist. Als der römische Staatsmann Cicero seine Werke über die Redekunst schrieb, konnte er schon auf die rhetorische Erfahrung von drei Jahrhunderten zurückblicken. In dieser Zeit standen besonders die Gerichtsrede und die politische Rede in der Blüte. Die Redner versuchten sich gegenseitig in der Wirkung zu überbieten; die Besten unter ihnen formulierten ihre Erfolgsrezepte zur Theorie. Daraus entstand die antike Redekunst.

Die Erkenntnisse aus dem Altertum gelten im Grunde noch heute. Um eine gute Rede zu halten, bedarf es erstens der Stoffsammlung, zweitens der Gliederung des Stoffes, drittens der Formulierung, viertens des Lernens und Memorierens und fünftens des gelungenen Vortrags. Zweieinhalbtausend Jahre sind die Redner mit diesem Fünfpunkteprogramm gut gefahren. Darum wird es auch hier im Einzelnen dargestellt.

Die Elemente der erfolgreichen Rede

Persönlichkeiten der Antike, die sich um die Rhetorik besonders verdient gemacht haben

- **Isokrates** (436–338 v. Chr.)
Redner, Rhetoriklehrer und Schriftsteller aus Athen, gilt als Vater der Allgemeinbildung. Seine Rhetorikschule war über die Grenzen Griechenlands hinaus berühmt.

- **Demosthenes** (384–322 v. Chr.)
Redner und Politiker aus Athen, galt als der bedeutendste Redner seiner Zeit.

- **Aristoteles** (384–322 v. Chr.)
griechischer Philosoph, bedeutendster und einflussreichster Denker der Antike. In seiner *Rhetorik* fasste er das überlieferte rhetorische Wissen seiner Zeit zusammen.

- **Cato der Ältere** (234–149)
römischer Staatsmann, wurde bekannt durch sein Ruf „Ceterum censeo Carthaginem esse delendam", mit dem er regelmäßig die Zerstörung Karthagos forderte.

- **Cicero** (106–43 v. Chr.)
römischer Redner, Politiker und Schriftsteller, hinterließ mehrere wichtige rhetorische Schriften.

- **Quintilian** (um 35–um 96)
erster staatlich besoldeter Rhetoriklehrer Roms. Besonders seine *Unterweisung in der Redekunst* wirkte bis in die europäische Aufklärung im 18. Jahrhundert fort.

Ciceros Lehren galten bis ins 18. Jahrhundert als verbindlich für die Rhetorik.

Reden schreiben – Reden halten

Vor dem ersten Wort

Seit dem Altertum hat sich die Regel eingebürgert, dass man wissen soll, worüber man spricht, bevor man anfängt zu reden, wenn man nicht als eitler Schwätzer gelten will.

Schon Cato der Ältere (234 bis 149 v. Chr.) meinte: „Halte dich an die Sache, die Worte werden dann folgen." Leider fügt es sich in der Praxis nicht immer so leicht wie im Ausspruch des römischen Staatsmannes. Daher tut man gut daran, sich die „Sache zunächst einmal gründlich anzuschauen".

Je sicherer Sie Ihr Thema beherrschen, desto souveräner können Sie damit umgehen und desto leichter werden Sie sich von Redeangst befreien.

Stoffsammlung, Ideenfindung und Recherche

Das erste Element und zugleich die erste Voraussetzung einer erfolgreichen Rede ist, dass Sie Ihren Stoff beherrschen. Nichts kann peinlicher enden, als wenn Sie Fachleuten etwas über ihr Fachgebiet erzählen, das Sie selbst nur vage vom Hörensagen oder aus oberflächlicher Durchsicht eines Handbuches kennen.

Auch wenn Sie in einer halb öffentlichen Situation – zum Beispiel im Rahmen eines Betriebsfestes oder in Ihrem Verein – oder auf einer privaten Feier – zum Beispiel anlässlich von Geburt und Taufe oder eines Hochzeitsfestes – zu sprechen beabsichtigen, sollten Sie nicht einfach aus dem Bauch heraus reden. Auch in Ihrem Unternehmen gibt es Fakten und Verhältnisse, die Sie kennen sollten, wenn Sie das Wort ergreifen, denn in der Belegschaft gibt es ganz sicher Experten, die Ihnen gnadenlos jeden Fehler ankreiden würden. In einem Verein wird oftmals sehr viel Wert auf die Tradition gelegt; da sollte Ihnen besser kein Irrtum unterlaufen, sei er auch noch so klein.

Auch die Familie ist gewissermaßen ein „Experte", der das, was Sie sagen, beurteilt. Selbst wenn Sie auf einer Tauffeier über das neugeborene Kind sprechen, das noch gar keine eigene Lebensgeschichte hat, sollten Sie über familiäre Gegebenheiten informiert sein: Das wievielte Kind ist es? Wie lange bestand der Kinderwunsch des Elternpaares? Wie haben die „werdenden Großeltern" reagiert? Wer sind die Paten und welche Lebensgeschichten und Erfahrungen bringen Sie für den Täufling mit? Kenntnisse solcher Art geben den Stoff für Ihre Rede; hieraus können Sie die meisten Ideen gewinnen.

Auch im Zeitalter des Computers ist der Zettelkasten oder die Sammlung von Stichwortkarten nicht überholt. Besonders wenn Sie häufiger Reden halten, kann es passieren, dass Ihnen die beste Pointe erst am Tag nach der Rede einfällt, dass eine wichtige

Vor dem ersten Wort

Information leider eine Woche zu spät in der Zeitung steht usw. Wer sich aber systematisch mit Informationen versorgt, erleichtert sich die Vorbereitung für alle späteren Reden. Die Vorteile der Karteikarte: Sie brauchen erstens nicht das System des Computers hochzufahren, um drei Stichworte und eine Quelle zu einem Thema zu notieren. Und Sie können zweitens die Stichwortkarten direkt beim Reden als Gedankenstütze verwenden.

Am besten, Sie stellen sich einen Fragenkatalog zusammen und sammeln die Informationen systematisch ein. Für alle über den engeren Rahmen hinausgehenden Fragen stehen Ihnen die öffentlichen Bibliotheken zur Verfügung.

Recherchieren Sie gründlich, bevor Sie damit beginnen Ihre Rede zu konzipieren bzw. aufzuschreiben. Nutzen Sie so viele Quellen wie möglich. Heute bietet auch das Internet viele Möglichkeiten.

Reden schreiben – Reden halten

Das Internet nutzen

Wer über die entsprechende Technik verfügt, kann auch im Internet zu seinem Thema zahlreiche Quellen finden. Zu den ergiebigsten Quellen gehören die Online-Archive der großen Zeitungen und Zeitschriften. Bei der speziellen Themensuche wird man aber ohne Kataloge und Suchmaschinen nicht auskommen. Die Suchmaschine von *altavista.de* zum Beispiel listet unter den Suchwörtern „taufe +christ +feier" insgesamt 1074 Webseiten auf, die alle drei Suchworte enthalten.

Noch vor wenigen Jahren unterschied man so genannte Web-Kataloge sehr deutlich von Suchmaschinen (Crawlern). Während Suchmaschinen automatisch das Netz nach immer neuen Seiten durchsuchen und sie in einer Datenbank ablegen, bieten Kataloge redaktionell ausgewertete Seiten, die unter bestimmten Stichworten abgelegt worden sind. D. h. eine Suchmaschine bietet Ihnen zwar eine riesige Auswahl von Seiten, von denen aber manchmal nur ein Bruchteil für Sie nutzbar ist; diesen Bruchteil zu finden, kann sehr viel Zeit kosten. Ein Katalog hingegen liefert Ihnen gewissermaßen handverlesene Informationen zum gesuchten Thema, dafür ist die Wahrscheinlichkeit, dass Sie überraschende Entdeckungen machen, geringer. In letzter Zeit haben sich die Unterschiede zwischen Suchmaschinen und Katalogen verwischt, weil die meisten Kataloge inzwischen auch mit Volltextsuchmaschinen ausgerüstet worden sind.

Yahoo! gilt als die Mutter aller Web-Kataloge und verfügt auch über eine ausgezeichnete Suchmaschine.

50

Vor dem ersten Wort

Suchmaschinen, Metacrawler & Kataloge

● **Deutsche Suchmaschinen**
www.altavista.de
www.excite.de
www.infoseek.de
www.lycos.de
www.web.de
www.yahoo.de
www.dino.de
www.fireball.de
www.nettz.de
www.klug-suchen.de
www.abacho.com
www.google.com

● **Internationale Suchmaschinen**
www.altavista.com
www.excite.com
www.infoseek.go.com
www.lycos.com
www.web.com
www.yahoo.com

Besonders interessant ist die Suche mit *Infoseek*. Diese Suchmaschine erlaubt es, in der jeweiligen Ergebnisliste mit neuen Suchkriterien weiterzusuchen und die Ergebnisse immer besser zu spezifizieren. So bringt die Stichwortsuche „taufe" bei *infoseek* 58979 Treffer, mit „feier" schränkt man das Ergebnis auf 3349 Treffer ein, mit dem Suchwort „christ" reduziert man weiter auf 749 Treffer usw.

Da die Suchmaschinen zwar häufig übereinstimmende Resultate zeigen, viel öfter jedoch auch sehr unterschiedliche Seiten in ihren Datenbanken ablegen, werden bei Web-Surfern die so genannten Meta-Suchmaschinen (Metacrawler) immer beliebter, die gleichzeitig mehrere andere Suchmaschinen nach dem gewünschten Begriff abfragen.

Sie müssen aber gar nicht unbedingt zahlreiche Metacrawler, Suchmaschinen und Kataloge bemühen; manchmal reicht es auch schon, Ihren Browser (d.h. die Software, mit der Sie ins Internet gehen) zu befragen. Die beiden am meisten verbreiteten Browser – der *Netscape Navigator* und der *Internet Explorer* – bieten die Möglichkeit, Begriffe direkt über die Eingabe in das Adressfeld zu suchen. Meist wird man hier schnell fündig.

Mind-mapping

Wenn Sie bei der Ideenfindung Schwierigkeiten haben, verwenden Sie die Technik des „Mind-mapping". Nehmen Sie ein Blatt

Reden schreiben – Reden halten

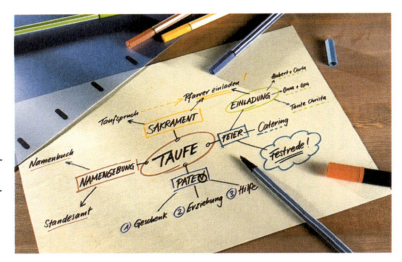

So eine Gedankenlandkarte hilft, das Redeziel klar zu erfassen und Fakten zu sortieren.

Papier und schreiben Sie den zentralen Begriff, der für Ihre Rede infrage kommt, in die Mitte des Blattes. Schreiben Sie zum Beispiel „Taufe". Ziehen Sie dann von diesem zentralen Begriff „Äste" nach den Seiten und schreiben Sie ans Ende dieser Äste neue Begriffe, die mit dem Zentralbegriff in Zusammenhang stehen, z. B. „Feier", „Sakrament", „Paten", „Namengebung". Verfahren Sie mit den Astworten ebenso, ziehen Sie weitere „Zweige", die neue Begriffe tragen. Zum Beispiel trägt der Ast „Paten" Zweige mit den Begriffen „Geschenk", „Erziehung", „Hilfe". Auch an diesen Zweigen können wieder neue Zweige und Blätter hängen usw. Begriffe, die für Ihre Rede Vorrang haben sollen, können Sie farbig markieren. Auch die Querverbindungen zwischen den verschiedenen Ästen können Sie farbig hervorheben und mit symbolhaften Illustrationen ergänzen. Auf diese Weise entsteht eine Gedankenlandkarte, mit deren Hilfe Sie viel sicherer auf Ihr Redeziel zusteuern, Informationen einholen und Fakten sortieren können. Und unter Umständen halten Sie am Ende schon eine Art Redemanuskript in der Hand, denn für kürzere Ansprachen kann ein Blatt mit einer „Gedankenlandkarte" zur Orientierung und Erinnerung durchaus ausreichen.

■ **Tipp:**

Ein praktikables Programm, um am Computer Mind-mapping zu betreiben, ist MindMan. Aktuelle Informationen zur neuesten Version und Tipps finden Sie unter www.mindman.com/german/faq.html im Internet.

Vor dem ersten Wort

Vorbereitung der Hilfsmittel

Zu den wichtigen, oft vernachlässigten Maßnahmen im Vorfeld einer Rede gehören die Vorbereitung und Kontrolle der Technik und der Hilfsmittel.

Wenn Sie eine Rede halten, möchten Sie erreichen, dass Ihr Publikum Sie versteht – im akustischen wie im gedanklichen Sinne. Um das gegenseitige Verständnis zu verbessern, wird in der Regel eine Reihe von Hilfsmitteln eingesetzt. Der Charakter Ihrer Rede und die Zusammensetzung Ihres Publikums entscheiden über den Einsatz dieser Hilfsmittel. Ihre Vollständigkeit und Funktionstüchtigkeit sollte unbedingt überprüft werden, bevor Sie zu reden beginnen. Selbst erfahrenen Rednern passiert es, dass die Folien, die zum Vortrag verwendet werden sollen, nicht in der richtigen Reihenfolge liegen, sondern möglicherweise so chaotisch, wie sie nach dem letzten Vortrag eilig zusammengerafft wurden. Sie können eine glänzende Jubiläumsrede vorbereitet haben; wenn die ersten zwei Minuten Ihrer Redezeit damit vergehen, dass Sie mit den Rückkopplungen der Tonanlage oder mit dem Stativ des Mikrofons zu kämpfen haben, wird nicht nur Ihr rhetorischer Elan leiden, sondern auch die Wirkung Ihrer Worte beim Publikum verloren gehen. Und was geschieht, wenn es im Raum so dunkel ist, dass Sie Ihre sorgsam ausgearbeitete Rede nicht lesen können? Informieren Sie sich vorab, welche Akustik Sie vorfinden werden und mit welcher Beleuchtung Sie zu rechnen haben. Hinsichtlich der Lichtverhältnisse sollten Sie auch die Tageszeit berücksichtigen.

Vergessen Sie bei der Vorbereitung Ihres Manuskripts – ganz gleich ob ausgearbeiteter Text oder Stichwortkarten – nicht, Hinweise auf den Einsatz Ihrer Hilfsmittel zu Ihrer eigenen Orientierung anzubringen.

Die rechtzeitige Kontrolle der Technik und der verwendeten Hilfsmittel hilft Redepannen zu vermeiden.

Checkliste der Hilfsmittel

- Beleuchtung (Raum, Pult)
- Tontechnik (Mikrofon, Lautsprecher, Tonband)
- grafische Hilfsmittel (Schaubilder, Folien, Charts)
- Tafeln (Wandtafel, Flipchart, Magnettafel, Pinnwand)
- technische Geräte (Overheadprojektor, Videotechnik)
- Manuskripte (Redemanuskript, Stichwortkarten, Mind-map)
- Material (Stifte, Zeigestab, Pins, Magnete)

Reden schreiben – Reden halten

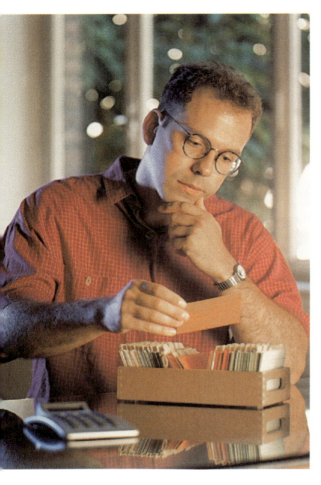

Der nächste Schritt: Das Material sortieren und dem Stoff Struktur geben.

Strukturelemente der Kommunikation

Der nächste Schritt, der sich oft aus der Stoffsammlung und der Ideenfindung ergibt, ist die Strukturierung des Materials.

„Ein Zuhörer muss mitdenken oder urteilen, urteilen entweder über Vergangenes oder Künftiges. Wer über Künftiges urteilt, ist z.B. Mitglied einer Volksversammlung, wer über Vergangenes, z.B. Richter, wer nur das rednerische Vermögen beurteilt, ein bloßer Betrachter, daher wird man wohl von drei Redegattungen sprechen müssen, der Beratungs-, Gerichts- und Festrede", schrieb Aristoteles. Diese Einteilung der Rede-Arten mutet – obwohl fast 2 400 Jahre alt – sehr modern an. Heute würde man das Verfahren „zielgruppenorientiert" nennen.

Zur Zielgruppenorientierung passt ein Verfahren, das die Rhetorik vom modernen Marketing hat – die AIDA-Methode. Es stellt zunächst nur eine strategische Orientierung dar. Was sich beim Verkauf von Produkten bewährt hat, das kann auch dem „Verkauf" einer Idee, einer Meinung oder Ihrer Persönlichkeit als Ganzes dienen.

AIDA

Die so genannte AIDA-Methode steht für **A**ttention (Aufmerksamkeit erregen), **I**nterest (Interesse wecken), **D**esire (den Wunsch nach etwas erwecken) und **A**ction (eine Aktion oder Reaktion hervorrufen). Auf diese vier Strukturelemente stützt sich fast jedes Verfahren, das darauf abzielt, etwas an den Kunden zu bringen. Also können sie auch die Eckpfeiler einer Überzeugungsstrategie sein.

Vor dem ersten Wort

Beispiel:
Stellen Sie sich eine Situation vor, wie Sie Ihnen heute in einem Verein begegnen könnte. Sie sind mit der Effektivität der Versammlungen Ihres Vereins unzufrieden. Genau das wollen Sie den anderen mitteilen, einen Verbesserungsvorschlag machen und erreichen, dass die anderen Ihnen zustimmen. In den folgenden vier Beispielen wird der jeweils erste Versuch erfolglos sein, der jeweils zweite ist aussichtsreich.

A = Attention – 1. Versuch: „Ich möchte hier mal eine Frage aufwerfen, und zwar, ob wir eigentlich alle der Meinung sind, dass wir unsere Versammlungen in jedem Falle effektiv nutzen …"

2. Versuch: „Arbeit lässt sich wie Gummi dehnen, um die Zeit auszufüllen, die für Sie zur Verfügung steht. Sollte dieses von Cyril Parkinson entdeckte Grundgesetz auch für unsere Vereinsversammlungen gelten?"

I = Interest – 1. Versuch: „Ich meine, wir sollten mal etwas anderes probieren, damit wir nicht immer so viel Zeit damit verbrauchen, uns erst mal zu einigen, worüber wir eigentlich reden wollen."

2. Versuch: „In Großunternehmen wie IBM, Motorola und Siemens werden so genannte Kompetenznetzwerke genutzt. Deren Aufgabe ist es unter anderem, Sitzungen qualifiziert vorzubereiten, damit sich alle ohne Zeitverlust einigen und sich wieder ihrer eigentlichen Arbeit zuwenden können."

D = Desire – 1. Versuch: „Wir könnten das doch alle mal ausprobieren. Dann hätten wir doch alle mehr davon."

2. Versuch: „Studien bei großen Sportvereinen haben ergeben, dass solche Kompetenznetzwerke die Effizienz und Wirtschaftlichkeit des Vereinslebens wesentlich erhöhen. Außerdem stärken sie die engagierten Vereinsmitglieder gegenüber den bloßen Beitragszahlern. Und was für die großen, finanzstarken Vereine gut ist, müsste doch für uns erst recht nützlich sein."

A = Action – 1. Versuch: „Ich könnte ja ein bisschen Literatur zum Thema besorgen. Dann könnten wir uns schlau machen und dem Vorstand was zeigen."

2. Versuch: „Ich schlage vor, dass wir den Vorstand beauftragen, ein Netzwerk einzurichten. Ich werde bis nächste Woche das entsprechende Material zusammenstellen. Wer ist dafür?"

Fünf-Finger-Formel

Eine weitere Methode den Stoff zu strukturieren, ist die Fünf-Finger-Formel, die von der AIDA-Methode abgeleitet wurde. Die fünf Finger der Hand bilden dabei eine Art Merkhilfe. Der **kleine Finger** bedeutet: Aufmerksamkeit wecken, das Publikum für das Thema interessieren. Der

Das AIDA-Prinzip wurde aus dem Bereich des Marketing übernommen und hat die Rhetorik bereichert.

Ringfinger bedeutet: Inhalt präsentieren, die wesentlichen Aspekte des Themas darstellen. Der **Mittelfinger** bedeutet: argumentieren, eigene Positionen untermauern, Gegenargumente entkräften. Der **Zeigefinger** bedeutet: auf Beispiele und konkrete Fälle verweisen, etwas zeigen. Der **Daumen** schließlich sagt: Okay, Übereinstimmung herstellen, zu Aktivitäten aufrufen.

Mit verschiedenen Methoden können Sie Ihr Material sortieren und Ihre Rede strukturieren.

6-W-Methode

Die **6-W-Methode** ist dem Journalismus entlehnt. (Man kennt sie auch in den Varianten 4-W-, und 5-W-Methode.) Sie besagt, dass jede gut formulierte Nachricht die sechs Fragen nach dem **Wer, Was, Wann, Wo, Warum** und **Wie** beantworten soll. Die Reihenfolge ist dabei nicht entscheidend, sondern ausschließlich der Gehalt.

Beispiel:
„Gestern Abend (wann) fand im Steinsaal des Hygienemuseums (wo) eine außerordentliche Versammlung (was) des Faustballvereins *Schwarz-gelb* (wer) statt, die einen Weg aus der Krise des Vereins suchen (warum) und dafür den Weg für die Neuwahl des Vorstandes frei machen sollte (wie)."

Beispiele für die Anwendung

AIDA-Prinzip: Es empfiehlt sich überall dort, wo die Zuhöher zunächst für Ihr Anliegen gewonnen und von einer Sache überzeugt werden müssen, zum Beispiel bei einer Verhandlung oder im Berufs- und Vereinsleben.

Fünf-Finger-Formel: Wenn Sie mit einer Vielzahl von Beispielen arbeiten und argumentieren, sollten Sie sich an diese Formel halten, zum Beispiel im Berufsleben

6-W-Methode: Sie eignet sich zur systematischen Beweissicherung oder Beweisführung, zum Beispiel bei Nachbarschaftsstreit und in gerichtlichen Auseinandersetzungen.

Drei-Zeiten-Formel: Sie gliedert den Stoff, indem sie dessen historische Perspektive aufzeigt, und eignet sich darum besonders für Gedenkveranstaltungen, Jubiläums- und Einweihungsfeiern im öffentlichen ebenso wie im privaten Bereich.

Plusminus-Formel: Wenn die Zuhörer Einblicke in den Entscheidungsprozess nehmen oder selbst zur Entscheidung aufgerufen werden sollen, ist diese Formel angebracht, zum Beispiel bei Vereins- oder Betriebsversammlungen.

Vor dem ersten Wort

Für die Strukturierung Ihres Stoffes kann es wichtig sein, dass Sie diese sechs Ws nicht aus den Augen verlieren. Besonders, wenn Sie in Ihrer Rede wichtige Informationen vermitteln wollen, fragen Sie sich immer: Wer ist die Person, über die ich spreche? Was ist der Gegenstand? Wann und wo fand das Ereignis statt? Warum geschah es so? Und wie ist es vor sich gegangen?

Zwei weitere Möglichkeiten, den Stoff Ihrer Rede in sich zu strukturieren, sollen hier erwähnt werden. Zum einen ist es die **Drei-Zeiten-Formel (gestern, heute, morgen)**. Sie besteht zunächst in der Beschreibung der Vorgeschichte, sodann in der Darlegung des gegenwärtigen Standes, der aktuellen Diskussion usw. und schließlich in der Formulierung von Zukunftszielen, Forderungen, Beschlussvorlagen und Ähnlichem.

Zum anderen kann sich die **Plusminus-Formel** anbieten. Besonders bei sachbezogenen Ansprachen und Überzeugungsreden rechnen Sie Vor- und Nachteile gegeneinander auf, lassen Pro-und-Kontra-Argumente gegeneinanderwirken, um dem Zuhörer den Entscheidungsprozess deutlich zu machen oder ihn zu einer Entscheidung zu veranlassen.

Bevor Sie also Ihre Rede konkret in einzelne aufeinander folgende Abschnitte gliedern, sollten Sie

Ihren Stoff so strukturieren, dass Sie den roten Faden – das Thema, das Ziel Ihrer Rede – nicht aus den Augen verlieren.

So brachte die britische Marine vorzeiten einen roten Faden in sämtliches Tauwerk ein, um es, unter den Tauen anderer Nationen, jederzeit wiedererkennen zu können.

Im folgenden Abschnitt soll untersucht werden, an welchen Stellen des „Taus" man zweckmäßigerweise „Knoten" machen sollte. Diese Knotenpunkte werden dann die Gliederung Ihrer Rede sein.

Für Struktur und Gliederung Ihrer Rede sollten Sie sich genügend Zeit lassen.

Gliederung

Über die richtige Gliederung einer Rede sind sich alle Weisen der Redekunst im Prinzip seit zweieinhalbtausend Jahren einig. Die Schwierigkeit besteht nun freilich darin, das, was im Prinzip richtig ist, oft zur konkreten Situation anscheinend nicht recht passen will.

Es gibt verschiedene Möglichkeiten, eine Rede zu gliedern. Wenn Sie sich auf eine Rede vorbereiten, stehen Sie zunächst vor dem Problem, womit Sie beginnen sollen. Außerdem werden Sie sich bald darüber Gedanken machen, wie Sie Ihre Rede effektvoll beenden können. Schließlich müssen Sie die Gedanken für den Hauptteil der Rede ordnen.

Die antiken Rhetoriker gingen von der Gerichtsrede, der Beratungs- oder Senatsrede und der Lobrede oder Festrede aus. Das sind zwar – bis auf die Festrede – nicht die typischen Situationen, in denen man heute im Regelfall das Wort ergreift, dennoch haben sich einige grundsätzliche Überlegungen der alten Rhetorikmeister in der alltägliche Redepraxis bewährt.

Es gibt verschiedene Möglichkeiten, eine Rede zu gliedern. Die Wahl richtet sich nach dem Charakter der Rede und dem Publikum.

Das AHA-Prinzip

Die elementare Gliederung ist das AHA-Prinzip. Es besagt, dass eine Rede einen Anfang, einen Hauptteil und einen Abschluss haben soll. Der Anfang, auch als Einleitung bezeichnet, soll auf das Thema hinführen, das im Hauptteil abgehandelt wird. Der Abschluss (oder Schlussteil) soll den Redeinhalt zusammenfassen, eine Schlussfolgerung ziehen und das Publikum zu einer Haltung oder Handlung veranlassen.

Sie halten zum Beispiel eine Rede auf der Hochzeitsfeier Ihrer Tochter. Am Anfang werden Sie vielleicht mit einem pointierten Zitat eines Prominenten Aufmerksamkeit wecken und die Gäste begrüßen. Dann werden Sie im Hauptteil beispielsweise darlegen, warum Ihre Tochter so lange gezögert hat zu heiraten

Das AHA-Prinzip

Anfang	Hauptteil	Abschluss
Effektvoller Einstieg und Begrüßung, Hinführung zum Thema, ggf. Themenaufriss	Darlegung von Fakten und Beispielen, Argumenten und Gegenargumenten	Zusammenfassung und Schlussappell, ggf. Dank und Aufforderung zur Handlung

Gliederung

Das ABBA-Prinzip

Anfang	**Bericht**	**Beweis**	**Abschluss**
Effektvoller Einstieg und Begrüßung, Hinführung zum Thema, ggf. Themenaufriss	Darlegung von Fakten und Beispielen, Episoden und Geschichten	Darlegung von Argumenten und Widerlegung gegnerischer Argumente und Ansichten	Zusammenfassung und Schlussappell, ggf. Dank und Aufforderung zur Handlung

und warum Sie glauben, dass die Ehe genau aus diesem Grund besonders haltbar sein wird. Und schließlich werden Sie dem jungen Paar noch viel Glück wünschen und die Hochzeitsgesellschaft auffordern, das Glas zu erheben und auf das Wohl des Paares zu trinken. Ein Beispiel für diese Redegliederung ist die Rede zur Hochzeit, die Sie auch in diesem Buch finden.

Diese gewissermaßen universelle Dreiteilung ist am weitesten verbreitet und mit den unterschiedlichsten Themen und Inhalten zu füllen. Daneben kommen aber auch noch andere Gliederungsprinzipien zur Anwendung.

Das ABBA-Prinzip

Zum Beispiel stellt das ABBA-Prinzip (Anfang, Bericht, Beweis, Abschluss), eine klassische Ableitung des AHA-Prinzips dar. Es ist der antiken Gerichtsrede entlehnt. Der Hauptteil gliedert sich hier in zwei Elemente, den Bericht (auch Erzählung oder Darlegung des „Falles") und den Beweis (Begründung der eigenen Auffassung, Widerlegung gegnerischer Argumente und Auffassungen). Diese beiden Bestandteile gehören sehr eng zusammen, das wusste schon Aristoteles: „Ohne Wirkung bleibt es, den Sachverhalt ohne eine Beweisführung vorzunehmen, oder eine Beweisführung vorzunehmen, ohne das Thema angegeben zu haben."

Um im Beispiel unseres Brautvaters zu bleiben: Er erzählt in seiner Rede die Geschichte von der Heiratsunwilligkeit seiner Tochter nicht ohne Grund. Absichtsvoll schmückt er sie mit Episoden aus, um damit zu beweisen, dass sie die Ehe besonders ernst nimmt, die große Verantwortung spürt. Die Elemente Bericht und Beweis, die stellvertretend für unterschiedliche Kommunikationsabsichten stehen, müssen nicht im Nacheinander getrennt werden, sondern können auch wechselseitig ineinandergreifen.

Das AAAA-Prinzip

Aufhänger	**Anekdote**	**Ansprache**	**Abschluss**
Effektvoller Einstieg, Zitat, provozierende Pointe, Begrüßung	Hinführung zum Thema mit einer Anekdote, Episode oder einem Erlebnisbericht	Darlegung von Fakten und Beispielen, Argumenten und Gegenansichten	Zusammenfassung, Schlusspointe und Aufforderung zur Handlung

Das AAAA-Prinzip

Das AAAA-Prinzip (Aufhänger, Anekdote, Ansprache, Abschluss) ist im Grunde auch eine Ableitung der universellen Dreiteilung. Der Redner sucht nach einem originellen Aufhänger, an dem das Thema „festgemacht werden" kann und stimmt so die Zuhörer mit einer Anekdote oder einer witzigen Begebenheit ein. Die Elemente „Aufhänger" und „Anekdote" flankieren sozusagen die Einleitung.

Besonders wenn es eine ausführliche Begründung erfordert, um zu erklären, warum Sie zu diesem Thema sprechen wollen, oder wenn es nötig ist, Ihre Kompetenz zum Thema in einer besonderen Weise darzustellen, empfiehlt es sich, die Einleitung ein wenig ausführlicher zu gestalten.

Im Beispiel des Brautvaters könnte man unterstellen, dass der Redner mehr als einmal verheiratet war. Aus dieser Tatsache kann er einen ironischen Aufhänger für seine Ansprache gewinnen, er könnte mit einer Anekdote, die das Thema „wiederholte Eheschließung" variiert, dazu übergehen, seine Ehe-Erfahrungen darzulegen, die seiner Ansicht nach dazu geführt haben, dass sich seine Tochter so lange gegen eine Eheschließung gesträubt hat.

Das AEIOU-Prinzip

Das AEIOU-Prinzip ist eine verkaufsorientierte Gliederung einer Rede oder Ansprache. Sie ist aus der Gesprächsführung abgeleitet, wobei das Schwergewicht auf der Führung durch den Verkäufer liegt. Aber – wie schon gesagt – was dazu dient, Waren und Dienstleistungen an die Kunden zu bringen, kann auch dazu geeignet sein, Ansichten und Überzeugungen an Ihr Publikum zu bringen. Das A steht – wie beim vorigen Prinzip – für den Aufhänger: Am Anfang soll Aufmerksamkeit und Emotionalität geweckt werden. Das E steht für Einstieg:

Gliederung

Das AEIOU-Prinzip

Aufhänger	Einstieg	Information	Offerte	Umsatz
Effektvoller Einstieg, Zitat, Begrüßung	Präsentation des Themas, der eigenen Kompetenz	Darlegung von Fakten und Argumenten	Angebot an das Publikum, z. B. Wissen, Kenntnisse	Appell, das Gehörte in Aktion umzusetzen

Der Redner präsentiert das Thema, demonstriert seine eigene Kompetenz und nennt sein Redeziel. Das I bedeutet Information: In diesem Redeabschnitt wird das Publikum mit Fakten und Argumenten versorgt. Es folgt unter O die Offerte: Der Redner hat etwas anzubieten – Erfahrungen, Hilfe, Kenntnisse oder Ähnliches. Und schließlich bedeutet U, dass der Verkäufer Umsatz machen will. In einem allgemeineren Sinne ist der Begriff Umsatz damit vergleichbar, dass der Redner das Ziel verfolgt, den Erkenntnisgewinn der Zuhörer in Aktion und verändertes Verhalten umzusetzen.

Das GGGG-Prinzip

Bei Ansprachen zu Jubiläen und Feiern verwendet man auch häufig das GGGG-Prinzip (Gruß, Grund, Geschichten, Glückwunsch). Wie die vier G-Worte schon sagen, geht der Redner nach der Begrüßung und der Umschreibung des Grundes für das Fest meist auf die persönliche Geschichte des zu Feiernden oder auf die Familiengeschichte ein; die Rede mündet schließlich in ihr eigentliches Ziel, den Glückwunsch, die Übergabe des Geschenks, den Trinkspruch, die Aufforderung, sich auf der Feier köstlich zu amüsieren usw.

Das GGGG-Prinzip

Gruß	Grund	Geschichten	Glückwunsch
Effektvoller Einstieg, Zitat, provozierende Pointe, Begrüßung	Darstellung des Anlasses und der eigenen Kompetenz, Erlebnisbericht	Darlegung von Fakten und Beispielen, Episoden und Erlebnisberichten	Schlusspointe, Toast und gute Wünsche, Aufforderung zum Feiern

Reden schreiben – Reden halten

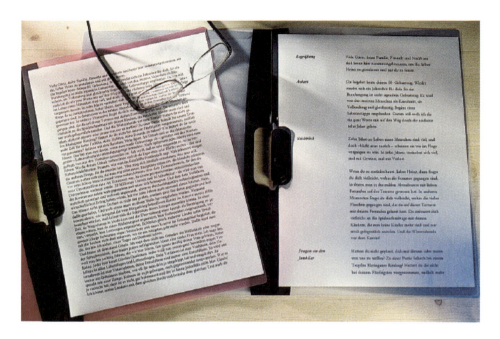

Das linke Manuskript lädt zum Versprechen und zur Monotonie geradezu ein. Das rechte Manuskript stellt die Gliederung klar heraus und hebt die Strukturelemente, die angewendet werden, deutlich hervor.

Für das Manuskript sollten Sie eine Form wählen, die es Ihnen ohne Schwierigkeiten erlaubt, Ihre eigene Gliederung während der Rede mitzuverfolgen und sich zu orientieren. Die schönste Gliederung nutzt Ihnen nämlich nichts, wenn Sie sich in zu eng gedruckten Zeilen dauernd verlesen und alle Kraft darauf verwenden müssen, Ihren eigenen Text zu entziffern.

Strukturieren und Gliedern

Im Zusammenhang mit dem Stichwort „roter Faden" wurde bereits, das Bild des Tauwerks gebraucht. Die konkrete Gliederung beschäftigt sich damit, den strukturierten Stoff (also das gedrehte Tau) an den richtigen Stellen zu „verknoten" und gegebenenfalls abzuschneiden.

Wie können Sie nun die unterschiedlichen Strukturelemente am besten mit der tatsächlichen Gliederung verbinden?

Recht einfach lässt sich zum Beispiel die Drei-Zeiten-Formel auf das Gliederungsprinzip AHA übertragen. Der Brautvater aus dem Beispiel erzählt also einleitend etwas über sein eigenes Eheleben, stellt dann dar, aus welchen Gründen sich seine Tochter – anfänglichen Zweifel überwindend – zur Heirat durchgerungen hat und begründet schließlich, warum diese Ehe sei-

Gliederung

ner Ansicht nach auch in der Zukunft stabil sein wird.

Das ist aber natürlich bei weitem nicht die einzige Methode, die Drei-Zeiten-Formel unterzubringen. Wenn das Thema es erfordert, kann im Anfangsteil auch lediglich ein Themenaufriss, eine Danksagung usw. stehen; der Vergleich zwischen Vergangenem, Überkommenem und Gegenwärtigem wird dann im Hauptteil gezogen. Im Abschlussteil werden dann die Folgerungen für die Zukunft formuliert.

John F. Kennedy hat in seiner berühmten Berlin-Rede vor dem Schöneberger Rathaus (siehe Seite 25 ff.) dieses Prinzip – neben anderen – ganz unaufdringlich angewandt. Der Hauptteil seiner Rede beginnt so: „Vor zweitausend Jahren war der stolzeste Satz, den ein Mensch sagen konnte, der: Ich bin ein Bürger Roms! Heute ist der stolzeste Satz, den jemand in der freien Welt sagen kann: Ich bin ein Berliner!" Durch diesen Gestern-heute-Vergleich wird nicht nur die berühmt gewordene Schlusspointe vorbereitet, sondern auch die wahrhaft historische Dimension des Berlin-Problems aufgerissen. Der Hauptteil seiner Rede wird im Kern nach einem anderen Prinzip strukturiert, dem der Plus-Minus-Formel. Kennedy zieht hier einen Systemvergleich zwischen dem Kommunismus und der westlichen Welt, um am Beispiel Berlins zu zeigen, dass man keine Illusionen über den Kommunismus hegen soll. Doch nimmt er im Schlussteil die Drei-Zeiten-Formel wieder auf und verkündet seine Vision, indem er die Berliner auffordert: „Sie leben auf einer verteidigten Insel der Freiheit. Aber Ihr Leben ist mit dem des Festlandes verbunden, und deswegen fordere ich Sie zum Schluss auf, den Blick über die Gefahren des Heute hinweg auf die Hoffnung des Morgen zu richten, über die Freiheit in dieser Stadt Berlin, über die Freiheit Ihres Landes hinweg auf den Vormarsch der Freiheit überall in der Welt, über die Mauer hinweg,

Drei-Zeiten-Formel und AHA-Prinzip

Anfang = Gestern	**Hauptteil = Heute**	**Abschluss = Morgen**
Einstieg mit Bezug auf die Vorgeschichte bzw. die historische Dimension des Themas	Darlegung von Fakten und Beispielen, Argumenten und Gegenargumenten aus gegenwärtiger Sicht	Zusammenfassung und Schlussappell, Prognose und Ausblick, Aufforderung zu künftigem Handeln

Kennedy verstand es in seiner Berliner Rede, mit den traditionellen Struktur- und Gliederungselementen eine große emotionale und politische Wirkung zu erzielen.

auf den Tag des Friedens in Gerechtigkeit." Die Funktion des Schlussteils – zu Aktivität und Handlung aufzufordern – verbindet sich mit der Drei-Zeiten-Formel. Kennedys Rede ist ein hervorragendes Beispiel dafür, wie die überlieferten Regeln der Redekunst dazu beitragen, eine tiefe emotionale Wirkung beim Publikum zu erzielen.

Problematisch ist es, die Strukturelemente den einzelnen Teilen der Gliederung einfach überzustülpen. So verhält es sich zum Beispiel auch mit der Fünf-Finger-Formel.

Eins stimmt natürlich: Den ersten Finger (Aufmerksamkeit wecken) müssen Sie immer am Anfang erheben. Wenn Ihnen erst nach fünf Minuten auffällt, dass die Zuhörer Ihnen nicht folgen, kann es nämlich schon zu spät sein, die Aufmerksamkeit des Publikums zu wecken.

Ebenso werden Sie den Aufruf zum Handeln in der Regel am Ende Ihrer Ausführungen ans Publikum richten, gleichsam als Quintessenz Ihrer rhetorischen Bemühungen, und nicht irgendwann mittendrin.

Das schließt nicht aus, dass Sie mitten im Hauptteil der Rede nochmals eine Passage einbauen, die durch eine originelle Anekdote oder durch eine provokative Fragestellung die Aufmerksamkeit und Neugier des Publikums von neuem anfacht. Wenn Ihnen die Aufmerksamkeit des Publikums entgleitet, wenn zum Beispiel Störungen eintreten – ein zu spät kommender Gast, eine quietschende Tür, ein ungeduldiges Kind – oder Ermüdungserscheinungen festzustellen sind, ist es sogar dringend geboten, sich an den ersten Finger zu erinnern und erneut um die Aufmerksamkeit der Zuhörer zu werben.

Genauso selbstverständlich können Passagen, in denen Sie eine Frage darlegen, mit Passagen, in denen Sie argumentieren, beweisen und Gegenargumente widerlegen, einander abwechseln. Das wird sogar relativ häufig bei Reden im Verein vorkommen, mit denen Sie die Anschauungen ei-

Gliederung

nes Gegners Punkt für Punkt „auseinander nehmen" können. Insofern werden Sie mehrfach zwischen Mittelfinger und Ringfinger wechseln.

Wenn Sie in einer Vereinsrede einzelne Punkte gleichsam abarbeiten, kann es notwendig sein, nach jedem Punkt „den Daumen zu heben", das heißt Schlussfolgerungen zu ziehen.

Der Zeigefinger, der für die Beispiele steht, sollte erst recht nicht auf einen hinteren Platz in der Abfolge verbannt werden. Nein. Beispiele tun einer Rede in jeder Phase gut, beleben sie und machen Meinungen anschaulich.

Redephasen: Steigerung und Spannung

Wie ein Theaterstück oder ein Film folgt auch eine Rede einer bestimmten Dramaturgie. Schließlich geht es darum, das Interesse des Publikums wach zu halten.

Um dieses Ziel zu erreichen, muss der Redner versuchen, Spannung aufzubauen und eine Steigerung zu erreichen. Auf großartige Weise hat Mirabeau diese Steigerung durch Erhöhung der Spannung in seiner berühmten Antwort an den Zeremonienmeister des Königs vorgeführt, in

Planen Sie den Spannungsverlauf Ihrer Rede bereits bei der Gliederung; das erleichtert Ihnen, Höhen und Tiefen Ihres Vortrags zu gestalten.

deren Gefolge sich die Stände zur Nationalversammlung konstituierten (siehe Seite 22 ff.).

Jede Rede präsentiert ein Nacheinander von Schilderungen und Gedanken. Aber dieses Nacheinander ist kein gleichmäßiges Fließen. In jeder Rede sollte es ein Auf und Ab geben, Spannungen, die sich aufbauen und im späteren Verlauf wieder lösen.

Sie können eine Spannung aufbauen, indem Sie am Anfang mit einer originellen Bemerkung oder einer provokativen These einleiten. Angenommen Sie sprechen auf einer Gemeindeversammlung für die Einrichtung einer Fußgängerampel.

Beispiel für den Anfang:
„Wie würden Sie das nennen, wenn die Bevölkerung der Stadt Frankfurt am Main, 600 000 Menschen, mit einem Schlag ausgelöscht würde? Sie würden das die größte Katastrophe in der deutschen Geschichte nennen. Aber wie nennen wir das, wenn seit Kriegsende allein in den alten Bundesländern 600 000 Menschen dem Straßenverkehr zum Opfer gefallen sind? Wir nennen das Unfallstatistik."

Mit dieser Einleitung – die in gewisser Weise wie ein Paukenschlag wirkt – setzen Sie einen ersten Höhepunkt. Das Thema Ihres anschließenden Redehauptteils ist der Widerspruch zwischen öffentlicher Beschwichtigung mit den Mitteln der Statistik und der individuellen Bedrohung der Kinder auf dem Schulweg durch den zunehmenden Verkehr. Im Verlauf dieses Hauptteils werden Sie das Publikum nicht ständig mit Schreckensbildern schockieren können. Sie sollten vielmehr rhetorische Ruhepausen einlegen, in denen das Publikum das Gehörte verarbeiten kann: Momente, in denen die Zuhörer – im übertragenen Sinne – nur zustimmend zu nicken brauchen.

Beispiel für den Hauptteil:
„Keiner will, dass unseren Kindern auf dem Schulweg ein Unglück zustößt. Die Verwaltung will das nicht, und die Eltern wollen das schon gar nicht."

Diesen Erholungsphasen werden Redephasen folgen, die den Zuhörern neue Anstrengungen abverlangen: zum Beispiel Thesen, zu denen er sich eine Meinung bilden, Argumente, die er nachvollziehen muss, neue Informationen, die verarbeitet werden wollen.

Wie oft diese Phasen einander abwechseln, hängt von Thema, Anlass und Publikum ab. Zum Schluss werden Sie die Spannung, die Sie seit Ihrem Einstieg aufgebaut haben, lösen und als letzten Höhepunkt eine Forderung stellen, einen Antrag einbringen oder im allgemeineren Sinne einen Handlungsappell an die Zuhörer richten.

Gliederung

Vor dem Publikum können Sie die bildhafte Sprache Ihrer Rede auch mit bildhaften, formenden Gesten unterstützen.

Beispiel für den Abschluss:
„Und deshalb fordere ich, dass wir unsere Kinder nicht länger dieser latenten Gefahr aussetzen. 600 000 Tote, die Bevölkerungszahl von Frankfurt, sind genug. Wir wollen nicht warten, bis sich eins unserer Kinder als statistische Größe in diese Zahl einreiht. Deshalb verlangen wir die Einrichtung einer Fußgängerampel jetzt!"

Zum Abschluss sollte immer klar und unmissverständlich formuliert werden. Das Schlimmste, was einem Redner passieren kann, ist, dass die Zuhörer zwar finden, dass er gut gesprochen hat, aber am Ende verwundert fragen: „Was wollte er uns mit seiner Rede eigentlich sagen?"

Grundsätzliche Empfehlung:
Nicht nur dem Redetext tut es gut, wenn Sie sich einer bildhaften Sprache bedienen, Sie können auch Ihre Gliederung besser umsetzen, wenn Sie selbst eine bildhafte Vorstellung davon haben. Das Publikum folgt Ihnen bereitwilliger zum Höhepunkt Ihrer Darlegungen, wenn Sie sich als Bergführer verstehen, der die Zuhörer zu einem Gipfel anführt. Das Widerspiel von Spannungs- und Erholungsphasen wird den Rhythmus Ihrer Rede umso selbstverständlicher bestimmen, je klarer Ihnen das Bild von Wellenkämmen und -tälern vorschwebt. Außerdem sind bildhafte Vorstellungen immer eine hervorragende Gedächtnisstütze.

Formulierung

Alle bedeutenden Redner und Rhetorik-Lehrer sind sich darin einig: Auf die Formulierung des Inhalts muss – ganz gleich, ob man am Ende frei spricht oder den Text der Rede vom Manuskript abliest – viel Sorgfalt und Mühe verwandt werden.

Johann Christoph Gottsched schrieb schon vor über 250 Jahren, „daß es nöthig sey, einen wohl ausgesonnenen Entwurf zu einer Rede ausführlich, das ist, von Wort zu Wort auszuarbeiten." Also: Auch der beste Gedanke nutzt nichts, wenn man für ihn nicht kräftige und wirkungsvolle, kurz: treffende Worte findet.

Johann Christoph Gottsched (1700–1766), Professor der Poesie in Leipzig, machte sich um die Reform der Sprache und um die Redekunst verdient.

Wie diese Ausarbeitung konkret auszusehen hat und welche Worte treffen und welche nicht, das können Sie nur durch das Ausprobieren selbst herausfinden. Einige Fingerzeige kann Ihnen die Rhetorik geben, sie sollten aber auch immer wieder Rat von Freunden und Bekannten – also potenziellen Zuhörern – einholen.

Für das Ohr schreiben

Eine Rede ist keine Schreibe, lautet ein viel zitierter Grundsatz. Dieser gilt auch, wenn Sie eine wörtlich ausgearbeitete Rede vom Blatt lesen; denn eine Rede ist auch keine Vorlesung. Deshalb ist der Stil eines gesprochenen Textes in der Regel auch an-

Übungsbeispiel:

Angenommen, Sie haben die Einladung zum Geburtstag Ihres Freundes verpasst und wollen ihm nun eine Entschuldigung schreiben. Schmücken Sie diese Entschuldigung mit den Schilderungen der Symptome einer geheimnisvollen Krankheit aus, die Sie am Wochenende befallen hat. Sie müssen nicht mehr als eine handschriftliche Seite schreiben. Legen Sie dann den Entschuldigungsbrief beiseite und nehmen Sie einen Kassettenrekorder oder ein Diktiergerät zur Hand. Tragen Sie die gleiche Entschuldigung mündlich vor und verwenden Sie zur Begründung ebenfalls die Schilderung der Krankheitssymptome. Schauen Sie nicht auf den Brief! Sprechen Sie etwa eine Minute lang. Schreiben Sie dann Ihre eigene gesprochene Entschuldigung vom Band ab und vergleichen Sie die Redenachschrift mit Ihrem Brief. Die Unterschiede zwischen beiden Texten werden vielleicht nicht riesig sein, aber sie sind von prinzipieller Bedeutung.

Formulierung

ders als der Stil eines geschriebenen Textes. Rundfunkredakteure sagen, wenn ein Manuskript zu sehr dem Geschriebenen verhaftet ist: „Es raschelt." Damit ist nicht etwa Papiergeraschel beim Umblättern vor dem Mikrofon gemeint, sondern der „papierene" Stil.

Den Unterschied zwischen geschriebener und gesprochener Sprache können Sie leicht im Selbstversuch feststellen. Dazu benötigen Sie einen Kassettenrekorder oder ein Diktiergerät, mit dem Sie die nebenstehende Übung durchspielen können.

Beim Geschriebenen ist darauf zu vertrauen, dass der Leser auch komplizierte Sätze, so genannte Schachtelsätze, problemlos lesen kann.

Im Deutschen werden die Sätze grundsätzlich wie Rahmen gebildet. Das führt dazu, dass Zusammengehöriges – wie z.B. **spazieren gehen** – auseinander gerissen wird, um weitere Informationen einzurahmen. Die Grammatik nennt das einen verbalen Rahmen. Man sagt also nicht: „Ich **gehe spazieren** heute Abend mit dem Hund noch ein Viertelstündchen auf der Straße." Man sagt: „Ich **gehe** heute Abend mit dem Hund noch ein Viertelstündchen auf der Straße **spazieren.**" Je weiter der Rahmen gezogen wird, desto schwieriger ist es, den Bezug nicht aus den Augen zu verlieren; umso

mehr, wenn in den Rahmen auch noch Nebensätze eingebaut sind. „Ich **gehe,** wie ich dir bereits gestern, als du mich anriefst, am Telefon sagte, heute Abend mit dem Hund, der um diese Zeit immer ein gewisses Bedürfnis verspürt, noch ein Viertelstündchen auf der Straße, die um diese Zeit nicht mehr sehr belebt ist, **spazieren.**" Der Satz ist schrecklich? Ja. Papierener Stil? Gewiss. Gestelzter Stil? Und wie! Man kann mit Sicherheit annehmen, dass sich die Zuhörer im Gewirr dieses Satzes heillos verheddern. Wahrscheinlich wird keiner mehr wissen, dass Sie am Satzanfang **gehen** wollten, wenn er am Ende des Satzes **spazieren** hört.

Zur Kontrolle des gesprochenen Wortes ist ein Kassettenrekorder oder ein Diktiergerät unerlässlich.

Reden schreiben – Reden halten

Wie würden Sie den gleichen Sachverhalt einem Bekannten am Telefon mitteilen? Vielleicht so: „Ich gehe noch ein Viertelstündchen spazieren. Am Abend ist die Straße nicht mehr sehr belebt. Da nehme ich den Hund mit. Der muss eh noch mal runter. Aber das habe ich dir ja schon gestern am Telefon erzählt."

Vermeiden Sie komplizierte Schachtelsätze. Formulieren Sie das, was Sie zu sagen haben, kurz und treffend.

Beim geschriebenen Text hat der Leser bei komplizierten Konstruktionen jederzeit die Möglichkeit, an den Anfang des Satzes zurückzuspringen, wenn er den Bezug aus den Augen verloren hat.

Beim gesprochenen Text hat der Zuhörer diese Möglichkeit nicht. Wenn er den Bezug einmal aus den Ohren verloren hat, kann er den Text, der auf ihn einströmt, nicht mehr sortieren. Darum ist es wichtig, dass ein gesprochener Text viel bewusster als ein Lesetext knapp, klar und nachvollziehbar formuliert wird.

Gestisch schreiben

Schreiben Sie gestisch. Murmeln Sie den Satz, den Sie aufschreiben wollen, nicht nur leise vor sich hin. Stehen Sie auf und treten Sie vor den Spiegel. Lassen Sie einen Kassettenrekorder dabei laufen. Sprechen Sie so, wie Sie vor Publikum sprechen würden, mit der entsprechenden Lautstärke und der richtigen Betonung.

Schauspieler, die eine Rolle lernen müssen, wissen, dass es unter Umständen sehr schwer ist, einen Text vom Papier auswendig zu lernen. Daher lernen sie oft im Stehen oder beim Hin- und Herlaufen, da der Text so Bestandteil einer gedachten Handlung wird. Einen Satz mit einer bestimmten Geste oder Handlung zu verbinden, erleichtert das Auswendiglernen.

Ebenso sollten Sie beim Schreiben der Rede vorgehen. Stellen Sie sich die konkrete Redesituation vor. Vor Ihnen steht das Publikum. Es blickt Sie erwartungsvoll an. Sie sprechen zu ihm. Haben Sie bestimmte Worte unwillkürlich mit Gesten unterstützt? Welche Worte waren das? Passen Sie zu Ihren Gesten? Würden andere Worte besser passen? Kontrollieren Sie sich in einem Spiegel.

Wenn Sie so vorgehen, haben Sie die sicherste Gewähr, dass Ihre Rede am Ende nicht papieren und langweilig wirkt.

Dialogisch schreiben

Die äußere Situation während einer Rede ist: Sie sprechen, die anderen hören zu. Die innere Situation ist aber ganz anders: Diese wird durch einen geistigen Dialog zwischen Redner und Publikum bestimmt.

Sie als Redner merken an bestimmten Reaktionen Ihrer Zuhö-

Formulierung

rer, ob Sie gut ankommen. Folglich ist es für Sie gut, wenn Sie das Publikum zu solchen Reaktionen veranlassen können. Ein Mittel, um das zu erreichen, sind rhetorische Fragen. Mit bestimmten Fragen können Sie zum Beispiel überprüfen, ob das Publikum mit Ihnen noch einer Meinung ist:

● Haben Sie sich nicht auch schon oft gefragt, welchen Teil des Jahres Sie eigentlich für sich selbst und welchen Teil Sie ausschließlich für das Finanzamt arbeiten?

● Kennen Sie die Bedeutung der Buchstaben des Wortes Auto? Es fängt mit einem schmerzlichen „au" an, hört mit einem erstaunten „o" auf und in der Mitte steht das „t" wie „teuer".

Sie merken am Lächeln der Zuhörer oder am leisen Nicken der Köpfe, ob die Zuhörer Ihnen zustimmen.

Andere Fragen sind geeignet, die volle Aufmerksamkeit des Pu-

Ein Meister der scharf geschliffenen Formulierung war Herbert Wehner – besonders wenn er sich vom Manuskript löste und seine politischen Gegner direkt angriff.

blikums wieder auf Sie zu konzentrieren. Wenn Sie beispielsweise einige Details ausgeführt und eine Menge Informationen gegeben haben, ist es sehr wahrscheinlich, dass einige Zuhörer mit der Informationsverarbeitung stark beschäftigt sind und Ihnen nicht mehr richtig zuhören. Rhetorische Fragen können die Zuhörer wieder auf Ihre Seite bringen, zum Beispiel:

Rhetorische Fragen bauen einen inneren Dialog mit den Zuhörern auf.

- „Wissen Sie eigentlich, welchen Teil des Jahres Sie überhaupt noch für sich und welchen Teil Sie für das Finanzamt arbeiten?"
- „Wie würden Sie das nennen, wenn die Bevölkerung einer Stadt wie Frankfurt am Main ausgelöscht würde?"

Andere rhetorische Fragen fordern das Publikum zur Stellungnahme heraus:

- „Wer trägt denn die größte Abgabenlast?"
- „Hat nicht jeder von uns einen Teil Verantwortung an der wachsenden Staatsverschuldung?"

Die rhetorische Frage und die Antwort, die Sie darauf geben, bilden einen inneren Dialog ab. In diesen Dialog, den Sie als Redner anbieten, können sich die Zuhörer mit einbringen.

Ein anderer Weg, dialogisch zu schreiben, ist die Wir-Form. Wenn Sie aufrichtig gebraucht wird, vermag sie das Publikum in die Gedankenwelt des Redners einzubeziehen. Achten Sie auf den Unterschied in beiden folgenden Aussagen:

- „Nach dem Regierungswechsel haben Sie doch bestimmt mit vollkommen anderen Konsequenzen gerechnet, als sie jetzt eingetreten sind."
- „Nach dem Regierungswechsel haben wir doch wohl alle mit ganz anderen Konsequenzen gerechnet, als wir sie jetzt kennen lernen mussten."

Die „Sie"-Formulierung erzeugt eine Distanz des Redners zum Publikum. Der Überlegene, der es besser weiß, sagt den Zuhörern, dass sie wieder mal reingefallen sind. Die „Wir"-Formulierung hingegen bietet die Solidarität des Redners mit dem Publikum an und fordert umgekehrt die Solidarisierung des Publikums mit dem Redner heraus. Vorausgesetzt, „Wir"-Formulierungen werden nicht demagogisch eingesetzt, etwa wenn der Chef sagt: „Auf dem Parkplatz muss Schnee gefegt werden. Wir brauchen zwei Freiwillige!"

Die Einhaltung dieser Regeln können Sie am besten kontrollieren, wenn Sie den Text schriftlich vor sich haben. Deshalb plädieren viele Rhetorik-Lehrer auch heute noch für die sorgfältige wörtliche Ausarbeitung des Redetextes. Wie Sie mit dem geschriebenen Manuskript später beim Vortrag umgehen, ist eine ganz andere Frage, die später noch näher betrachtet wird.

Formulierung

Formulierungsregeln, um für das Ohr zu schreiben

- Widerstehen Sie der Versuchung, einen komplexen Zusammenhang in eine Schachtel aus Nebensätzen und Infinitivkonstruktionen zu verpacken. Formulieren Sie die Kernaussagen Ihrer Rede oder Ansprache als klar strukturierte Hauptsätze.

- Fassen Sie den verbalen Rahmen Ihres Satzes nach Möglichkeit so eng wie möglich, damit nicht der Sinn Ihrer Rede im Gewirr der Satzkonstruktion verloren geht.

- Ordnung und Hervorhebung erreichen Sie vor allem durch die richtige Reihenfolge. Was kommt zuerst, was folgt und was bildet den Schluss, ohne dass der Zusammenhang zerrissen wird?

- Wiederholungen einer Aussage stärken ihr Gewicht. Wiederholungen können zugleich Ausrufezeichen sein, Fettdruck oder Absatzmarken rhetorisch ersetzen.

- Formulieren Sie so ungekünstelt, als ob Sie mit Ihrem Nachbarn oder der Kassiererin im Supermarkt plaudern. Versuchen Sie nicht, sich besonders „gewählt" auszudrücken.

- „Kompliziertes einfach sagen", lautet eine weitere Faustregel. Je komplizierter und vielschichtiger ein Sachverhalt ist, den Sie schildern wollen, desto einfacher müssen die Sätze gebaut sein, mit denen Sie diesen Sachverhalt mitteilen.

- Nutzen Sie die Mittel der Wortwahl, um Höhepunkte zu markieren. Reicht das in seiner Aussage „schwache" Verb, um einen Vorgang deutlich zu machen, oder müssen Sie ein „stärkeres" finden? Ruft dieser Begriff genügend Aufmerksamkeit hervor? Scheuen Sie sich nicht vor außergewöhnlichen Formulierungen.

- Sprechen Sie jeden Satz, bevor Sie ihn aufschreiben. Sprechen Sie ihn so, wie Sie ihn bei Ihrem Auftritt sprechen würden. Schreiben Sie ihn erst auf, wenn er Ihnen wirklich gut im Mund liegt.

- Rhetorische Fragen beleben den Text. Sie geben dem Zuhörer das Gefühl, mit einbezogen zu werden.

- Formulieren Sie immer so bestimmt und so konkret wie möglich. Vermeiden Sie Gemeinplätze und schwammige Formulierungen. Lassen Sie sich nicht von viel benutzten Modeworten beeindrucken.

Stilfiguren

In der langen Geschichte der Rhetorik haben die Theoretiker und die Praktiker herausgefunden, dass sich mit einigen stilistischen Besonderheiten bestimmte Wirkungen erzielen lassen. Diese Besonderheiten sind analysiert und in ihrer Wirkung beschrieben worden. Sie bilden als so genannte Stilfiguren im übertragenen Sinne die Ausstattung des rhetorischen Werkzeugkastens. Die Voraussetzung ist allerdings, dass die einzelnen Werkzeuge ihrem Zweck entsprechend verwendet werden müssen, um Wirkung zu haben. Die folgende Übersicht gibt Ihnen Hinweise dazu.

Traditionelle Stilfiguren helfen Ihnen, Ihre Rede lebendiger und wirkungsvoller zu gestalten.

Alliteration

Auch als Stabreim bekannt. Zwei (oder mehrere) Worte mit gleichem Anlaut bzw. Anfangsbuchstaben: *Kind und Kegel, Wohl und Wehe, samt und sonders, Gut und Geld.* – So kann die Zusammengehörigkeit der dadurch verbundenen Begriffe unterstrichen werden.

Anakoluth

Absichtsvolle Störung im grammatischen Satzbau: *Ich bin, entschuldigen Sie das harte Wort, Kölner.* (Hans Mayer bei einem Vortrag am Heinrich-Heine-Institut Düsseldorf.) – Der Einschub *"entschuldigen Sie das harte Wort"* hebt die „Störung" hervor und erhöht die Aufmerksamkeit der Zuhörer.

Der Literaturwissenschaftler Hans Mayer ist in Köln geboren und spielt auf die Rivalität Kölns zu Düsseldorf an.

Anrede

In die Rede eingeschobene direkte Ansprache des Publikums: *Und darum, meine Damen und Herren, halte ich es für unabdingbar…* – Die Anrede wirkt wie eine Unterstreichung im Text.

Antiklimax

Verbindung von Bedeutendem mit Banalem. *Herr Sondermann spielt den Faust, den Peer Gynt, den Shylock und Schafkopf. Letzteres spielt er am besten.* (So stellte einmal ein Schauspieler seinen Kollegen vor.) – Der heitere Ton mäßigt einen starken Ausdruck und kann Zusammenhänge als mehrdeutig charakterisieren.

Antithese

Einem Begriff wird eine gegensätzliche Behauptung, einem Bild ein widersprechendes Bild entgegengesetzt: *Er passte in diese Gesellschaft wie ein Skorpion auf eine Sachertorte.* – Hebt den so charakterisierten Sachverhalt hervor.

Antizitat

Ersetzen bzw. Umformen eines allgemein gängigen Zitats: *Ich denke, also bin ich hier falsch.* – Eine solche Formulierung erzielt eine überraschende Wirkung und charakterisiert Paradoxes.

Formulierung

Antonomasie

Ersetzt einen Namen durch typische Attribute: *der Alte* für den Chef, *Seine Eloquenz* für einen Vielredner, *Dreikäsehoch* für ein kleines Kind. – Eine Person kann so charakterisiert aber auch lächerlich gemacht werden.

Chiasmus

Spiegelbildliche Gegenüberstellung von Satzgliedern: *Links sehen Sie die Begriffe, die Erläuterungen sehen Sie rechts.* – Durch diese Art von Symmetrie wird eine besonders enge Beziehung zwischen zwei Dingen kenntlich gemacht.

Ellipse

Weglassen einzelner Worte oder Satzglieder, die für das Verständnis entbehrlich sind oder von den Zuhörern aus dem Zusammenhang erschlossen werden können: *An diesem Strandabschnitt kann man ohne baden, in dem Abschnitt dahinter nur mit.* – So wird der Zusammenhang gestrafft und die Rede verdichtet.

Euphemismus

Beschönigende Umschreibung: *finaler Rettungsschuss, Nullwachstum* oder *sozialverträglicher Stellenabbau.* – Negativ belastete, anstößige oder gesellschaftlich

Stilistische Verbesserungen sind immer angezeigt, selbst wenn Sie sie im letzten Moment handschriftlich einfügen.

gegensätzlich beurteilte Sachverhalte werden so rhetorisch entschärft.

Hyperbel

Bewusste Übertreibung: *Die süßeste Versuchung, seit es Schokolade gibt, Keiner wäscht reiner* oder *Tausendmal berührt, tausendmal ist nix passiert* … – Der hervorgehobene Sachverhalt kann auf diese Weise als außerhalb der üblichen Normen stehend dargestellt werden.

Idiomatische Wendung

Redewendung, die durch Tradition und regionale Besonderheiten mit besonderen Bedeutungen beladen sind: *Das geht ja auf keine Kuhhaut,* oder *Ein Mann von echtem Schrot und Korn.* – Solche Formulierungen bringen bildhafte, anschauliche Elemente in die Rede.

Klimax

Anordnung von Wörtern oder Sätzen zum Zweck einer schrittweisen Steigerung oder Bekräftigung eines Sachverhaltes: *quadratisch, praktisch, gut* oder *Er kam, er sah, er siegte.* (siehe auch Trias)

Litotes

Hervorheben eines Begriffes durch Verwenden des verneinten Gegenteils: *Das ist nicht übel.* – So wird die positive Aussageabsicht verstärkt.

Metapher

Bildhafter Ausdruck, Bezeichnungsübertragung zwischen ähnlichen Gegenständen oder Erscheinungen: *Nutzen Sie Ihr rhetorisches Handwerkszeug.* – Abstrakte Vorgänge können so durch bildliche Vergleiche sinnfällig gemacht werden.

Metonymie

Sinnübertragung zwischen verwandten Begriffen: *Zunge* für *Sprache. Lieben Sie Beethoven?* für *Lieben Sie Beethovens Musik? Ein Gläschen trinken* für *Ein gewisses Quantum eines bestimmten Getränks trinken.* – Diese Form dient der sprachlichen und bildhaften Verdichtung der Rede.

Neologismus

Neuwort oder neu geschaffenes Wort: *BAföG* für *Finanzielle Hilfe gemäß Bundesausbildungsförderungsgesetz* oder *Handy* für *Mobiltelefon.* – Der Einsatz von solchen Neuworten kann die Rede sinnentsprechend verkürzen. Diese Form sollte man jedoch nur dann einsetzen, wenn man davon ausgehen kann, dass die Zuhörer die Verkürzungen auch entschlüsseln können.

Paradox

Verbindung zweier widersprüchlicher Begriffe: *Luxusschuppen, Designerklamotten* – Unterstreichung des Begriffs durch die auffallende Paradoxie.

Formulierung

Parallelismus
Wortwiederholung bzw. parallele Phrasen- und Satzgestaltung: *Wie Sie sehen, sehen Sie nichts. Was Sie jetzt sehen, werden Sie gleich sehen.* – Eine solche Variante bindet die Aufmerksamkeit, setzt absurde Pointen und schafft Zuspitzungen, die den gesamten Vortrag auflockern.

Paraphrase
Umschreibender Ausdruck. Sinngemäße Wiedergabe eines Sachverhalts mit anderen Worten. *Dieses Schild bedeutet „Durchfahrt verboten". Sie dürfen hier wirklich nicht durchfahren.* – Die Wiederholung fügt dem Sachverhalt neue Akzente hinzu. Es ist ein beliebtes Mittel, um zu erfahren, ob man richtig verstanden wird. Es ist aber auch geeignet, einem Zwischenruf oder Gegenargument eine bestimmte Wertung zu geben, auf die man dann in der eigenen Rede eingehen kann.

Pause
Bewusste Unterbrechung des Redeflusses: *Langer Blick ins Publikum, Enthüllen eines Objektes* o. Ä. – Solche Wirkungspausen geben Gelegenheit zu Orientierung und besserem Verständnis.

Trias
Aufeinanderfolge von drei Begriffen, die mit der besonderen Wirkung der Dreizahl spielt: *Sozial, ökologisch und zukunftsorientiert.* – So etwas wirkt sinnverstärkend und argumentativ. (siehe: Klimax)

Überraschung
Einfügen eines scheinbaren Fehlers: *Gegensätze stoßen sich ab, kann man in diesem Falle nur sagen, denn hier wird die volkstümliche Regel, die das Gegenteil behauptet, einmal außer Kraft gesetzt.* – Die „Erklärung" des „Fehlers" kann zu einem Erkenntnisgewinn führen.

Vergleich
Herstellen einer Sinnbeziehung zwischen ganz unterschiedlichen Gegenständen und Sachverhalten: *Es regnet, als hätte man im Himmel alle Schleusen geöffnet.* Oder: *Der Novemberregen sieht aus wie gesponnenes Blei.* – Diese Form ist der Metapher verwandt; anders als sie ersetzt der Vergleich nicht den Begriff, den er bildhaft beleben soll, sondern tritt neben ihn. *(so ... wie)* Er dient der Veranschaulichung allgemeiner und abstrakter Begriffe und Vorgänge.

Wiederholung
Wiederholung bestimmter Satzteile: *Dieses Fahrzeug, meine Damen und Herren, dieses Fahrzeug zeichnet sich durch ...* – Die Variante wirkt wie eine Unterstreichung im Satz und hat oft suggestive Wirkung.

Lernen und Memorieren

Soll man eine Rede auswendig lernen? Schließlich soll sie ja nicht wie auswendig gelernt klingen. Gibt es wirklich Gründe, eine Rede nicht zu lernen, sondern einfach vom Blatt abzulesen?

Wenn Sie nur drei handfeste und unwiderlegbare Gründe finden, die Sie selbst von einem anderen akzeptieren würden, dann lernen Sie Ihre Rede nicht!

Erster Versuch

Sie haben keine Zeit, die Rede auswendig zu lernen. – Ist Ihnen der Anlass so wenig wichtig, die Menschen, vor denen Sie sprechen, so wenig wert, dass Sie sich nicht ein bisschen mehr Zeit für die Vorbereitung Ihrer Rede nehmen? Und ist es Ihnen wirklich gleichgültig, wie Sie als Redner auf die Zuhörer wirken? Vielleicht sollten Sie den Auftrag zu reden wieder zurückgeben.

Gedächtnisleistungen kann man trainieren wie jede andere Fertigkeit auch.

Zweiter Versuch

Sie können sich einfach nicht merken, was Sie geschrieben haben. – Wie soll dann das Publikum begreifen, was Sie sagen wollen? Ist der Text vielleicht zu kompliziert formuliert? Fehlen eventuell markante, starke, einprägsame Worte, belebende Stilfiguren, an denen sich Ihr Gedächtnis festhalten könnte? Nehmen Sie sich die Zeit und arbeiten Sie erneut an den Formulierungen.

Dritter Versuch

Sie kommen mit der Aufeinanderfolge der einzelnen Teile nicht klar. – Ist die Gliederung nicht klar und logisch? Können Ihnen Ihre Zuhörer überhaupt folgen, wenn Sie schon Ihr eigenes Gedächtnis damit überfordern? Überprüfen Sie Ihre Gliederung noch einmal gründlich.

Sie sehen, drei der am häufigsten gebrauchten Ausreden, eine Rede nicht lernen zu müssen, weisen auf grundlegende Defizite in Ihrer Vorbereitung und in Ihrer Motivation hin.

Eine Rede auswendig zu lernen ist zweifellos eine beachtliche Gedächtnisleistung. Das Lernen hat aber nicht den Sinn, dass Sie eine Rede „wie auswendig gelernt" herunterleiern. Nein, das Lernen hilft Ihnen, so frei zu sprechen, als ob Sie die Rede gerade eben erst „erfinden". Nur dass Sie dabei die Sätze „finden", die Sie zu Hause aufgeschrieben haben. Gehen Sie dabei genauso vor wie bei der Ausarbeitung: also nicht einfach den ersten Satz auswendig pauken, sondern zunächst die Ideen verinnerlichen und das Ziel der Rede im Auge behalten.

Lernen und Memorieren

Die grobe Gliederung – z. B. Anfang – Hauptteil – Abschluss – ist ziemlich leicht zu merken. Gehen Sie von diesem Grobraster aus immer tiefer in die Feinstruktur hinein. Machen Sie sich ein inneres Bild von allem, was Sie sagen wollen. Erleben Sie alles, was Sie aufgeschrieben haben, innerlich mit. Prägen Sie sich die Abfolge der Ereignisse und besonders ausdrucksstarke Bilder ein. Erst ganz zum Schluss wenden Sie sich den einzelnen Sätzen zu. Markante Worte dienen dem Gedächtnis als Fixpunkte.

Wenn Sie sich entschlossen haben, Ihre Rede gründlich zu lernen, wie ein Schauspieler seinen Text lernt, ist es auch gar nicht mehr wichtig, ob Sie die Rede wirklich auswendig und im Wortlaut vortragen. Die Kenntnis des Grobrasters und der feinen Binnenstruktur, das Einprägen markanter Worte, Bilder und ganzer Sätze wird Ihnen viel Sicherheit geben – auch beim *Vorlesen* Ihrer Rede.

■ **Tipp:**
Auch eine detailliert ausformulierte Rede sollten Sie grundsätzlich probeweise mehrfach laut lesen. Sprechen Sie gegebenenfalls Bekannten oder Angehörigen vor, so betont, wie Sie auch vor dem Publikum sprächen. Das hat zwei Gründe: Beim Vorlesen bekommen Sie erstens mit, ob und wie gut es Ihnen überhaupt gelingt, eine Rede abzulesen. Zweitens bekommen Sie heraus, ob sich Ihre Rede tatsächlich gut „sprechen" lässt oder ob sie eher einem Zeitungsartikel oder einem Brief gleicht. Außerdem geben Ihnen die Lese- oder Sprechversuche die Selbstsicherheit, die Sie für Ihren Auftritt brauchen.

Keine Spiegelfechterei. Was Ihnen der Spiegel als überzeugend zurückwirft, schreiben Sie auf.

Vortrag

Ob Sie frei sprechen oder vom Blatt lesen oder eine Vortragsweise bevorzugen, die zwischen diesen Alternativen vermittelt, können letztlich nur Sie selbst entscheiden.

Wie geübt sind Sie im Reden? Wie sicher fühlen Sie sich? Haben Sie sich genügend Zeit für die Vorbereitung genommen? Können Sie sich unter Stress auf Ihr Gedächtnis verlassen? Haben Sie die gesamte Rededisposition im Kopf oder fühlen Sie sich sicherer, wenn Sie ein paar Kärtchen mit Stichworten bei sich haben?

Versuchen Sie nicht zu brillieren, solange Sie im Reden nicht sicher sind.

Vom Blatt

Grundsätzlich sollten sie ein vollständiges Redemanuskript ausarbeiten und sich an dieses Manuskript halten, wenn
● Ihre Ansprache einen ausgesprochen offiziellen Anstrich hat und gegebenenfalls sogar in einer Festschrift oder in einem Protokollband veröffentlicht wird;
● Sie im Namen einer Organisation, eines Unternehmens oder eines Vereins ein offizielles Grußwort vortragen, bei dem es unter Umständen aus politischen Gründen auf jedes einzelne Wort und auf die Nuance der Formulierung ankommen kann;
● Ihre Rede akademischen Ansprüchen genügen soll und eher den Charakter eines Fachvortrags hat.

Es ist weitaus schwerer, eine geschriebene Rede vorzulesen, als die meisten glauben. Denn in der weitaus größten Zahl der Fälle schreiben die potenziellen Redner ihren Text in aller Stille. Dann tragen sie ihn ohne weitere Vorbereitung dem Publikum vor. Was kann schon passieren, sie haben ihn schließlich selbst geschrieben. Nur ist lautes Lesen eben etwas anderes als stilles Schreiben. Vorgelesen scheint sich plötzlich mancher Satz ins Unendliche auszudehnen, der doch so schnell hingeschrieben war. Das Ergebnis: unsichere Stimme, eintöniger Sprachklang, Mangel an Souveränität... Der Kontakt zum Publikum reißt ab, weil der Redner viel zu sehr mit sich selbst beschäftigt ist, als dass er eine Reaktion – auch eine ausbleibende – noch wahrnehmen könnte.

Gegen diese Unsitten hilft dreierlei. Ständige Selbstkontrolle, auch mithilfe des Spiegels und eines Kassettenrekorders, Konzentrationsübungen, die systematisch alle Marotten aus dem eigenen Vortrag verbannen, und die langfristigste, gründliche Vorbereitung, die Sie sich leisten können.

Wer seinen Kindern oder Enkeln häufiger Märchen und

Vortrag

Die am meisten verbreiteten Unsitten beim Vortrag

Sprechen ohne Pause
Unerfahrene Redner werden unsicher, wenn Sie den eigenen Redefluss nicht ununterbrochen wahrnehmen. Die Selbstwahrnehmung spielt ihnen einen üblen Streich. Pausen sind keine Leere! Der Zuhörer braucht sie, um die ausgesprochenen Gedanken zu ordnen.

Sinnlose Füllwörter
Unsinnige Füllwörter – *gewissermaßen, sozusagen, so gesehen, praktisch, verhältnismäßig, eigentlich, also, eben, gut, nicht* – oder hohle Phrasen – *ich denke, ich will mal so sagen, sag ich mal, ich meine, hab ich gedacht, ich möchte meinen, ja gut, also ich* – die der Redner selbst gar nicht mehr bewusst wahrnimmt, stören die Zuhörer und können auf Dauer enorm ablenken.

Stöhnsilben
Eine häufig anzutreffende und lästige Marotte ist das Stöhnen, Seufzen, Stammeln, Jammern oder Quetschen eines bestimmten Lautes: zum Beispiel das allgemein bekannte rhetorische *ähh*, das manchmal auch als *ehm* ausgeprägt ist.

Kein Blickkontakt
Gelegentlich den Blick vom Manuskript hochzureißen – das ist kein Blickkontakt, das ist höchstens ein Augenaufschlag. Gelegentlich den Blick über die Menge schweifen zu lassen, erweckt den Eindruck von Distanz und löst beim Publikum seinerseits Distanz-Reaktionen aus.

Monotones Sprechen
Wird eine Rede mit zu leiser oder zu lauter Stimme, ohne wahrnehmbare Modulation und ohne bewusstes Setzen von Pausen vorgetragen, wird sie auf das Publikum ermüdend wirken. Merkt man dem Redner an, dass er mit der Syntax seiner eigenen Sätze nicht zurecht kommt, zweifeln die Zuhörer bald an seiner Kompetenz.

Übertriebene Gestik
Oft unterstreichen Redner ihre Worte mit zu heftigen Gesten: sie wirbeln mit den Händen, rudern mit den Armen, wiegen den Kopf, wippen in den Knien... So etwas lenkt ab und wirkt oft lächerlich.

Reden schreiben – Reden halten

Wer frei spricht, kann mit seiner Gestik das Gesagte unterstreichen, …

… sein Bedauern ausdrücken, Sympathie wecken, …

… warnen oder auf einen bestimmten Sachverhalt aufmerksam machen.

Geschichten vorgelesen hat, was übrigens eine hervorragende Übung für den Vortrag einer Rede ist, kennt die Reaktionen der Kleinen auf eintöniges Vorlesen. Die Kinder werden unruhig, bekommen den Zusammenhang nicht mehr mit und verlieren die Lust am Zuhören. Wenn's der Papa nicht richtig gemacht hat, fordern sie gebieterisch: „Mama soll vorlesen!" Besonders gut kam sicher an, wenn Sie den verschiedenen Figuren unterschiedliche Stimmen gaben und so erzählende und dramatische Textpassagen differenziert artikulierten. Wichtig war ganz sicher auch, dass Sie deutlich, nicht zu schnell und nicht zu langsam, nicht zu laut und nicht zu leise sprachen. Es wäre nicht verkehrt, wenn Sie sich an diese Vorleseerfahrung erinnerten, wenn Sie am Rednerpult stehen.

Wenn Sie die aufgeschriebene Rede häufig genug laut gelesen haben und den Empfehlungen für das „Einstudieren" der Rede gefolgt sind, ist Ihnen die Aufeinanderfolge der Gedanken und Sätze geläufig und Sie werden auch nicht mehr von den eigenen Formulierungen überrascht. Beim Lesen können Sie den jeweils nächsten Satz mit einem Blick erfassen. Sie können dann die Augen vom Redemanuskript heben, Blickkontakt mit Ihren Zuhörern aufnehmen und den Satz auswendig sprechen, so als ob Sie ihn in

Vortrag

diesem Moment spontan erfänden. Eine auf diese Weise vom Blatt vorgetragene Rede wirkt auch nicht mehr abgelesen; und wenn Sie wirklich einmal nicht mehr weiterwissen, hilft Ihnen der Blick ins Manuskript.

Freie Rede

Freies Sprechen ist ohne Zweifel die überzeugendste und der Kommunikation dienlichste Form der Rede. Der Vortragende steht seinem Publikum als Gesprächspartner gegenüber, auch wenn die Form des Gesprächs zunächst einmal nur ein Monolog zu sein scheint. Wer frei spricht, den Zuhörern dabei in die Augen schaut und ihre Reaktionen wahrnimmt, weiß nicht nur jederzeit, wie seine Rede ankommt, er erlebt auch, wie sich aus Rede und Reaktion auf dieselbe eine Art Dialog mit dem Publikum entwickelt.

Der römische Rhetorik-Lehrer Quintilian bestand darauf, dass sich ein Redner, auch wenn er sich im freien Sprechen perfekt fühle, immer wieder der schriftlichen Vorbereitung unterwerfen müsse. „Denn ohne den beständigen Gedanken an die schriftliche Selbstzucht wird auch die geschätzte Gabe der improvisierten freien Rede nur leere Geschwätzigkeit erbringen und Worte, die nur der Lippenarbeit ihr Leben verdanken."

Wer frei spricht, wirkt offen, aktiv und mitreißend.

Die freie Rede ermöglicht dem Redner die persönliche, ganz direkte Ansprache und Motivation des Zuhörers…

…und lässt ihn souverän und kompetent erscheinen.

Reden schreiben – Reden halten

Sie sollten Gesten, die als Drohung empfunden werden könnten, ebenso sparsam verwenden, wie solche, die Sie ratlos scheinen lassen.

Erfahrene Redner können es sich wohl leisten, eine Rede, die sie häufiger zum gleichen Thema halten, frei zu sprechen. Doch auch sie durchdenken die Rede nochmals, bevor sie zu sprechen beginnen. Gibt es neue oder andere Aspekte zum Thema? Was kam beim letzten Mal nicht gut an? Was erwartet dieses Publikum von mir? Diese und ähnliche Fragen sind auch für einem routinierten Redner von Bedeutung.

Kann man freies Sprechen trainieren? Man muss es sogar! Die Angst vor dem freien Sprechen verlieren Sie nicht, indem Sie Ihre Reden immer nur ablesen. Freies Sprechen heißt aber nicht, einfach drauflos zu reden, wie Ihnen ums Herz ist. Selbst wenn Ihnen die richtigen Worte zufliegen, sollten Sie Ihrem Publikum nie den Eindruck vermitteln, dies ohne Vorbereitung zu tun.

Der beste Weg, im freien Sprechen Sicherheit zu gewinnen, ist ständiges Üben bzw. gute Redner zu beobachten. Meetings in Ihrem Unternehmen, Seminare, Lehrgänge, öffentliche Diskussionen, Vereinssitzungen, politische Veranstaltungen, Schriftstellerlesungen, Fachvorträge. So erkennen Sie, welche rhetorischen Mittel Ihnen besonders liegen, welchen Situationen Sie psychisch gewachsen sind und woran Sie noch arbeiten sollten. Dabei wird Ihnen auffallen, dass Ihre Hemmung, frei zu sprechen, sich umso mehr vermindert, je genauer Sie wissen, was Sie eigentlich sagen wollen.

Der Kompromiss

Dem äußeren Anschein nach ist der sicherste Weg der goldene Mittelweg: Man spricht frei und hat das ausgearbeitete Manuskript dabei; wird man unsicher, nimmt man es zu Hilfe. Der Kompromiss zwischen freiem Spre-

Vortrag

chen und Lesen vom Blatt ist schon missglückt. Wer seine Rede regelmäßig nur vom Blatt liest, ist weder mental noch hinsichtlich seines Gedächtnistrainings auf den freien Vortrag vorbereitet. Wenn er dann aber, mitgerissen von dem Schwung, den er sich selbst gegeben hat, das Manuskript beiseite lässt und frei spricht, gerät er in Gefahr, die Orientierung zu verlieren. Plötzlich fällt ihm auf, dass ihm nichts mehr einfällt. Dann beginnt die Suche nach dem richtigen Anschluss, der Stelle, an der man weiter vorlesen kann. Aber hat man in der freien Rede seine schriftliche Vorlage erst einmal großzügig verlassen, findet man kaum noch zurück.

Um dieser Situation zu entgehen, sollten Sie schon relativ frühzeitig entscheiden, ob Sie frei sprechen oder vom Blatt esen wollen. Haben Sie sich fürs freie Sprechen entschieden, können Sie durchaus einige Kernaussagen auf Kärtchen notieren oder eine Gedankenlandkarte anlegen, um Ihr Gedächtnis abzustützen. Wenn Sie sich zum Lesen vom Blatt entschlossen haben, dann folgen Sie auch am besten dem Blatt.

Auch mit aggressiv wirkenden oder abschätzigen Gesten sollten Sie sparsam umgehen.

Gestik, Mimik, Körpersprache

Da Ihnen das Publikum nicht nur zuhört, sondern auch zusieht sollten Sie versuchen, Ihre Zuhörer auch über die Augen anzusprechen und für sich zu gewinnen, das heißt durch Gestik, Mimik und Körpersprache. Was aber den Augen gefällt und was nicht, darüber herrscht seit jeher alles andere als Einigkeit. So verwundert es nicht, dass sich bei den Rednern aller Zeiten und Nationen bestimmte gestische und mimische Vorlieben herausbildeten, die zu anderen Zeiten

Reden schreiben – Reden halten

Joschka Fischer beherrscht die freie Rede, den Einsatz von Mimik, Gestik und Körper. Hier noch als „Turnschuhminister" in der hessischen Landesregierung…

und bei anderen Nationen als überflüssige, ja lästige Marotten galten.

Ein Redner sollte nicht mit den Armen rudern wie ein Ertrinkender, aber er sollte auch nicht starr wie ein Zinnsoldat vor seinem Publikum stehen. Stehen sollten Sie allerdings grundsätzlich, wenn Sie vor Publikum reden. Am besten ist eine Haltung geeignet, bei der Sie ganz leicht die Knie einknicken. Das ist für die Zuhörer nicht zu bemerken, macht es Ihnen aber unmöglich, ins Hohlkreuz zu fallen. D. h. Sie haben immer eine aufrechte Haltung und eine innere Spannung, auch wenn Sie ganz locker sind.

Der Redner soll seinem Publikum nicht mit der Faust drohen und es nicht mit dem Zeigefinger ermahnen, aber er kann ganz zwanglos bestimmte Worte oder Sätze mit Gesten unterstreichen, so wie er es auch in einem ganz normalen Gespräch unter Bekannten tun würde. In manchen Rhetorikseminaren wird als Grundposition der Hände die locker geballte Faust, leicht oberhalb der Gürtellinie, Handballen nach oben gekehrt, empfohlen. Verzichten Sie auf diese Mätzchen! Konformität – auch in der Körpersprache – schadet Ihrer Ausstrahlung. Viele Redner, die noch unsicher sind, wissen nicht, was sie mit ihren Händen anfangen sollen. Niemand achtet auf Ihre Hände, solange Sie nicht versuchen, sie zu verstecken. Ihre Handgesten werden am natürlichsten sein, wenn Sie nicht an sie denken, denn Sie brauchen ihren Kopf für Wichtigeres.

Auftreten und Erscheinungsbild

Wie wirken Sie? Wichtig für Ihren Auftritt als Redner – Sie können den „Künstler" im folgenden Zitat ohne weiteres durch „Redner" ersetzen – ist eine

Vortrag

... und Jahre später als Bundesaußenminister mit einem völlig veränderten Erscheinungsbild.

Das Erscheinungsbild umfasst mehr als nur die Garderobe. Auch die Frisur, der Duft, den Sie anlegen, die Accessoires, wie Sie auf andere Menschen zugehen – all das gehört dazu. Das Erscheinungsbild repräsentiert das Außenbild Ihrer gesamten Persönlichkeit.

Erkenntnis, des amerikanischen Geiger Isaac Stern: „…dass ein Künstler, der die Bühne betritt, sich nicht dafür rechtfertigen darf, dass er dort oben steht. Der Künstler oder die Künstlerin muss uneingeschränktes Selbstvertrauen ausstrahlen, muss gleichsam sagen: ‚Ruhig jetzt und zugehört!' Ich meine keine billige und egoistische Pose. Es ist eine Art Fluidum um den Künstler, das vom Publikum sofort wahrgenommen wird und das man nicht wirklich erklären kann."

Was ziehen Sie an? Das Fluidum – andere sagen Charisma dazu oder sprechen von der mentalen Präsenz desjenigen, der das Podium betritt und eine Rede halten wird – stellt sich mit Sicherheit nicht ein, wenn Sie sich in Ihrer Garderobe unwohl fühlen. Achten Sie also auf Bequemlichkeit und Stil Ihrer Kleidung. Wer es nicht gewohnt ist, mit geschlossenem oberen Hemdenknopf und festgezogener Krawatte zu sprechen, sollte sich dieser Situation nicht aussetzen oder vorher eine Kostümprobe abhalten. Wer alltags bequeme Schuhe trägt und sich „zum Anlass" die kaum getragenen „guten Schuhe" anzieht, könnte mitten in der Ansprache feststellen, dass es unmöglich ist, auch nur eine Minute länger in diesen Schuhen auszuhalten.

Dennoch gibt es gewisse Gepflogenheiten, die Sie nicht verletzen sollten. Im Freizeitlook zum Empfang anlässlich der Wiederwahl des Bürgermeisters zu erscheinen, ist ebenso unangemessen, wie im Smoking ein Straßenfest oder ein Jugendzentrum zu eröffnen. Bei allen familiären Anlässen bleibt die Wahl der richtigen Garderobe Ihrem Geschmack und Ihrem guten Willen überlassen. Bei allen offiziellen Anlässen können Sie sich an die Empfehlungen halten, die Bewerbungsratgeber und Benimmbücher für Vorstellungsgespräche geben: Ein Grad festlicher als der branchenübliche Standard.

Lampenfieber und Redeangst?

Jeder, der eine Spur von Respekt vor seinem Publikum hat, kennt das beklemmende Gefühl, das man Lampenfieber nennt. Bedenklicher wäre es, wenn Sie keines hätten. Besonders schlimm kann es Sie erwischen, wenn Sie öffentliche Auftritte nicht gewohnt sind. Doch die große Aufregung hat auch ihr gutes: Das Lampenfieber signalisiert Ihnen, dass sich Ihr Körper auf eine besondere Situation einstellt.

Dieses Signal können Sie negativ deuten: „Um Gottes willen, jetzt bin ich ja in eine katastrophale Situation hineingeschlittert. Wie soll ich da bloß heil wieder rauskommen?" Damit

Vortrag

leisten Sie Hemmungen und Verkrampfungen Vorschub. Und schließlich wird sich tatsächlich eine bedenkliche Lage einstellen.

Sie können es aber auch positiv deuten: „Da bin ich ja in eine außergewöhnliche Lage geraten. Nun bin ich aber selbst neugierig, wie ich dieses Problem lösen werde!" Damit mobilisieren Sie Ihre kleinen grauen Zellen und weisen der stressbedingten Adrenalinausschüttung die richtige Bahn.

Für jeden der unter sehr starkem Lampenfieber leidet, stellt sich die Frage, wie er damit fertig werden kann. Also: Wie überwindet man seine Redeangst?

Nur durch Reden! Ein Kind lernt das Fahrradfahren nicht, solange es zwei Stützräder am Hinterrad montiert hat, die das Umfallen verhindern.

Die Angst bewältigen Sie also durch Reden und indem Sie sich klarmachen, dass niemand von Ihnen Vollkommenheit und rhetorische Perfektion erwartet. Denken Sie daran, dass andere in Ihrer Situation mit genau denselben Problemen zu kämpfen haben wie Sie. Was macht es schon, wenn Ihnen plötzlich vor dem Publikum ein Wort nicht mehr einfällt? Statt rot zu werden, zu stottern, und die Gäste mit einer Salve „ähhs" zu erschrecken, sagen Sie einfach: „Jetzt fällt mir doch tatsächlich das richtige Wort nicht mehr ein, aber Sie wissen bestimmt auch so, was ich meine", und gehen zum nächsten Satz über. Es ist nicht schlimm, wenn Sie „aus der Rolle fallen" und einen kleinen Hänger selbst kommentieren. Im Gegenteil, man wird es als Zeichen von Souveränität interpretieren.

Das sollten Sie tun

● Lassen Sie sich ein Glas Wasser ans Pult bringen, möglichst ohne Kohlensäure (Aufstoßen und Schluckauf können Ihren Redefluss sonst behindern).
● Wenn Sie einen „Frosch" im Hals haben, husten Sie sich nicht heftig frei; das wirkt auf die Stimmbänder wie eine Explosion und provoziert nur noch mehr Schleim. Versuchen Sie sich möglichst „weich" freizuhecheln.
● Atmen Sie unmittelbar vor Beginn Ihrer Rede mehrmals kräftig und sehr tief aus, so tief, dass Sie das Gefühl haben, absolut keine Luft mehr in den Lungenflügeln zu haben. Die Hauptschwierigkeit bei großer Aufregung ist die Zwerchfellverspannung, die das Ausatmen behindert.

Das sollten Sie lassen

● Trinken Sie keinen Alkohol, um sich zu lockern, zu beruhigen oder anzuregen.
● Verzichten Sie auf eine Zigarette kurz vor Redebeginn, das reizt die Schleimhäute und vergrößert unter Umständen den „Frosch", den Sie ohnehin schon im Hals haben.
● Nehmen Sie keine Beruhigungstabletten.
● Hören Sie nicht auf die Ratschläge, die man Ihnen kurz vor Redebeginn noch geben will.

Die Entwicklung der Redekunst

Die Rhetorik von ihren Anfängen in der Antike bis in die Gegenwart

Die Rhetorik ist ein Kind der frühen griechischen Demokratie. Als „Erfinder" gelten die beiden aus den griechischen Kolonien stammenden Sizilianer Korax und Teisias von Syrakus. Die Rhetorik entstand, als an der Wende zum 5. vorchristlichen Jahrhundert in Syrakus und Athen die Tyrannenherrschaft gestürzt wurde. Nun entschied nicht mehr ein Einzelner über Wohl und Wehe des Volkes, sondern die öffentlichen Angelegenheiten wurden auch öffentlich verhandelt. Besonders vor Gericht: Rhetorik wurde als Kunst der Gerichtsrede verstanden. Daneben gelangten die Beratungsrede, die auf Volksversammlungen gehalten wurde, und die Festrede zur Blüte.

Antike

In der griechischen Antike galt die Rhetorik – das Erlernen der Beredsamkeit – als eines der wichtigsten Fächer. Die griechische Oberschicht verfolgte für die Jugend vor allem zwei Bildungsziele: Kriegstüchtigkeit und Beredsamkeit. Wer beredsam sein wollte – dieses Credo galt durch die gesamte Antike hindurch – musste sich um eine große Allgemeinbildung bemühen, musste in der Grammatik wie in der Geschichte bewandert sein und sich zu philosophischen Problemen wohl zu äußern wissen. Die Lehrer, die diesem Bildungsideal folgten, nannten sich Sophisten. Platon (428–348 v. Chr.) hielt die Rhetorik für eine Ansammlung von „Redetricks", die dazu dienen sollten, die Überredung an die Stelle der Wahrheit zu setzen. Seine Verurteilung der Sophistik wirkt bis heute. Ein Sophist ist laut Fremdwörterbuch jemand, „der in geschickter und spitzfindiger Weise etwas aus und mit Worten zu beweisen versucht" und ein „Wortverdreher".

Aristoteles (384–322 v. Chr.) rehabilitierte die Rhetorik. Nicht um Überredung gehe es, sondern um Überzeugung. „Die Rhetorik sei also als Fähigkeit definiert, das Überzeugende, das jeder Sache innewohnt, zu erkennen."

Bei den Römern wurde, nicht ohne starken griechischen Einfluss, die Rhetorik theoretisch und vor allem praktisch seit dem 2. vorchristlichen Jahrhundert weiterentwickelt. Cicero (106–43 v. Chr.) war in der griechischen Rhetorik ebenso bewandert wie in der lateinischen; er schlug gleichsam die Brücke zwischen beiden Kulturen. Seine theoretischen Lehrwerke und seine überlieferten Reden galten jahrhundertelang als vorbildliches Anschauungsmaterial.

Sein Zeitgenosse Quintilian (um 35– um 96) ist mit seinen 12 Büchern *Unterweisung in der Redekunst* nicht nur als Rhetoriker berühmt, sondern auch zur beherrschenden Autorität auf dem Gebiet der Pädagogik geworden. Er systematisierte nicht nur die Redekunst selbst, sondern zeigte auch gangbare Wege, wie man sie lernen konnte.

Die Entwicklung der Redekunst

Mittelalter und Neuzeit

Im christlichen Mittelalter diente die Redekunst weniger der Verhandlung öffentlicher Interessen als – beeinflusst vor allem durch Augustinus (354–430) – der Interpretation der Bibel und der Predigtlehre. Humanismus und Renaissance verliehen ihr neuen Auftrieb, sie beherrschte den Schul- und Universitätsbetrieb, die Literatur und die Hofsprache ebenso wie das Gerichtswesen und die Verwaltung. Als sich Martin Luther (1482–1546) entschloss, „dem Volk aufs Maul zu schauen", profitierte nicht nur seine Bibelübersetzung davon, sondern auch sein lebendiger, sinnlich-deftiger Predigtstil (Abbildung oben). Er erschloss der überlieferten, aber in einer gewissen Starre befangenen Rhetorik völlig neue Nuancen.

Im 17. und 18. Jahrhundert verfiel die Rhetorik, die einst zu den sieben freien Künsten gezählt wurde, in Deutschland zur Unterhaltungsübung bei privater Geselligkeit. Während sich zum Beispiel in England die rivalisierenden Politiker im Unterhaus erbitterte Rededuelle von höchstem rhetorischen Rang lieferten, zog sich in Deutschland die Redekunst

Reden schreiben – Reden halten

ganz aufs Private zurück. Kurioserweise umso stärker, je mehr die aus der Antike fortwirkende lateinische Rhetorik durch Gelehrte wie Johann Christoph Gottsched (1700–1766) ins Deutsche übertragen wurde. Bei allen erdenklichen geselligen Anlässen eine Rede zu halten gehörte bald zum guten Ton; diese Mode hat sich, als Bestandteil unserer Lebensart, bis heute erhalten.

Am Anfang des 19. Jahrhunderts musste Adam Müller fast resigniert fragen: „Können wir Deutsche von Beredsamkeit sprechen, nachdem längst aller höhere Verkehr bei uns stumm und schriftlich oder in einer auswärtigen Sprache getrieben wird?" In Deutschland fehle eine wache Öffentlichkeit, und so waren es „nur Einzelne, die hören; es gibt kein Ganzes, keine Gemeinde, keine Stadt, keine Nation, die wie mit einem Ohre den Redner anhörte".

Doch zur gleichen Zeit setzte der Philosoph Johann Gottlieb Fichte (1762–1814) mit seinen Reden an die Nation (Abbildung unten) in der großen, politischen Rhetorik ein Zeichen.

Im 20. Jahrhundert beschädigten die großen Demagogen der totalitären Regimes den Ruf der Rhetorik. Hitler, Goebbels oder Mussolini vermochten auf großen Massenversammlungen die Zuhörer politisch aufzuhetzen, umso

Maßgebliche Lehrwerke der Rhetorik

Aristoteles	Rhetorik
Cicero	De oratore (Vom Redner)
	Orator (Der Redner)
Quintilian	Institutio oratoria (Unterweisung in der Beredsamkeit)
Augustinus	De doctrina christiana (Von der christlichen Lehre)
Gottsched	Ausführliche Redekunst
A. Müller	Zwölf Reden über die Beredsamkeit
W. Jens	Von deutscher Rede

Die Entwicklung der Redekunst

mehr, als ihnen mit dem Rundfunk ein ganz neues Medium zu Gebote stand.

Im Nachkriegsdeutschland zog mehr rhetorische Bescheidenheit ein. Originalität zeigte sich eher in den Zwischenrufen als in den Reden selbst. Ausnahmen ragen heraus, wie 1985 Richard v. Weizsäckers Rede zum 40. Jahrestag des Kriegsendes.

Rhetorische Glanzlichter wurden vor allem im Ausland gesetzt. Der farbige Bürgerrechtler Martin Luther King (Abbildung oben) ging mit seinem eindringlichen „I have a dream" in die Geschichte ein. Die indische Politikerin Indira Gandhi (Abbildung links) stieg nicht zuletzt dank ihrer rhetorischen Gaben in einer von Männern dominierten Gesellschaft ins höchste politische Amt auf.

Reden im privaten Kreis

Reden im privaten Kreis sind immer etwas ganz Besonderes. Enge emotionale Beziehungen, ein hohes Maß an Vertrautheit, familiäre Bindungen oder langjährige Freundschaften, kurz, große persönliche Nähe bestimmt die Situation, in der Sie reden. Die persönliche Nähe sollte auch in Ihren Ansprachen zum Ausdruck kommen.

Reden im privaten Kreis

Geburt und Taufe

Geburt und Taufe sind Anlässe, bei denen in der Regel immer ernste, feierliche Reden gehalten werden, obwohl es doch eigentlich nur Grund zur Freude gibt.

Es gibt wohl kaum einen schöneren Anlass für ein Fest, als die Geburt und die Taufe eine Kindes. Seit jeher liegt über diesen Ereignissen immer ein ganz besonderer Zauber. Gute Wünsche und Geschenke sind Brauch, wie auch mindestens eine Rede auf das Kind. Der Pate oder die Patin wollen sich zur Taufe des neuen Erdenbürgers äußern, der stolze Papa möchte die Gäste begrüßen und den Anwesenden seinen Sprössling präsentieren … Dazu braucht man eine kleine Rede.

Wenn Sie auf einer solchen Feier sind, können Sie es statt mit einem steifen Toast auch einmal mit einem Trinkspruch wie dem folgenden probieren.

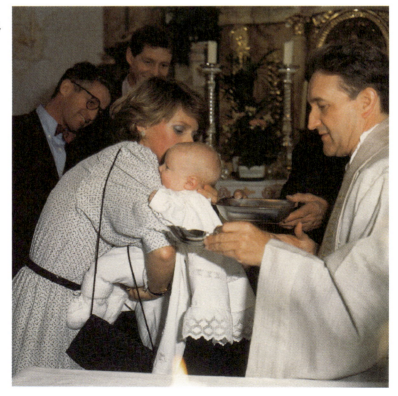

Die Taufe ist das Sakrament, durch das man in die Gemeinschaft der Christen aufgenommen wird.

Geburt und Taufe

Es ist kein Buch, das ist wohl wahr,
und doch ist's nach meiner Meinung
nach allem, was ich sah, dieses Jahr
die wichtigste Neuerscheinung.

Drum erheb ich mein Glas mit Wein, und nur
dem besten, den sie hier keltern,
und trink auf Joachim, die kleine Figur,
und seine beiden Eltern.

Der vorletzte Vers kann leicht auf zweisilbige Namen umgeformt werden, z. B.: „und trinke auf Kathrin, die kleine Figur…".

Die Eltern begrüßen die Gäste

Typus Ansprache
Anlass Geburt/Taufe des eigenen Kindes
Dauer ca. 2 Minuten
Stil fröhlich

Liebe Familienangehörige, liebe Gäste,
unsere Einladung war etwas kurzfristig, weil wir uns erst relativ spät entschlossen hatten, doch noch eine richtig große Familienfeier auszurichten. Ihr wisst ja, was es bedeutet, wenn Lars, der Fußballer in unserer Familie, davon spricht, den Ball flach zu halten. Umso mehr freue ich mich, dass es die meisten geschafft haben, heute hier zu sein. Ich hoffe, dass besonders diejenigen unter euch, die eine besonders weite Anreise hatten, durch den Charme unserer kleinen Gerrit entschädigt werden – und natürlich vom Büfett, das wir vorbereitet haben. Auch Gerrit wird es euch hoch anrechnen, dass ihr euch extra für sie auf den Weg gemacht und fein herausgeputzt habt, wenn ich das mal so salopp sagen darf. Ich wollte an dieser Stelle eigentlich sagen, sie kann euch leider nicht selber begrüßen, aber an dem fröhlichen Krähen, das ihr hört, merkt ihr, dass sie es doch kann. So bleibt mir bloß die Übersetzung aus der Babysprache ins Deutsche: „Seid herzlich willkommen! Fühlt euch wohl und lasst es euch schmecken. Nehmt mich nachher auf den Arm und sagt meinen Eltern, wie toll ihr mich findet." In diesem Sinne wünsche ich uns allen gemeinsam ein schönes Fest.

Reden im privaten Kreis

Der Pate spricht

Typus Toast
Anlass Taufe des Patenkindes
Dauer ca. 1 Minute
Stil fröhlich

Lieber kleiner Maximilian,

Zwar spricht der Pate den Täufling an, aber ihrem Sinn nach richtet sich die Ansprache an die versammelten Gäste.

du hörst mir jetzt zwar nicht zu, und du wirst auch mit deinem vollständigen Namen noch lange zu kämpfen haben – zum Glück erlaubt er die schöne Abkürzung Max – und wir alle haben ein Einsehen, dass es heute ein langer, anstrengender Tag für dich war: Aber wat mut, dat mut.

Zu einer guten christlichen Taufe gehört es einfach, dass sie die Erwachsenen anschließend mit etwas weltlicheren Flüssigkeiten begehen. Und deshalb bitte ich euch, das Glas zu erheben und auf das Wohl unseres kleinen, müden Täuflings Maximilian zu trinken. Wir, als deine Paten, hoffen, dass du eine sorgenfreie Kindheit hast und in eine gesicherte, friedliche Zukunft hineinwächst. Wir wünschen dir Gesundheit, Freude und die Kraft, auch negative Erfahrungen und Enttäuschungen, die nicht ausbleiben werden, schnell zu überwinden. Dir und deinen Eltern wünschen wir allezeit das Beste. Zum Wohl!

Der Vater spricht

Typus Ansprache
Anlass Geburt/Taufe des eigenen Kindes
Dauer ca. 3 Minuten
Stil fröhlich

Liebe Britta, liebe Gäste,

„Jedes Kind, das zur Welt kommt, predigt sogleich das Evangelium der Liebe", hat der Dichter und Publizist Karl Gutzkow einmal gesagt. So ungefähr habe ich es auch empfunden, als ich Martin endlich in den Armen hielt. Ein bisschen ungerecht war

Geburt und Taufe

es ja, dass nicht Britta, die schließlich die meiste Arbeit hatte, sondern ich diesen Augenblick als Erster genießen konnte. Aber die meisten von euch wissen ja, wie eine Geburt verläuft, also könnt ihr euch auch vorstellen, dass Britta noch für ein paar Momente mit anderen Dingen beschäftigt war, und so lange wurde eben Martin erst mal in meinen Armen abgelegt. Da saß ich nun mit dem kleinen Bündel, darinnen ein kleiner Mensch, der vom Licht der Welt schon genug gesehen hatte und nach dem ganzen Geburtsstress erst mal ein Nickerchen machen wollte. So konnte ich Britta schließlich einen zufrieden schlafenden Martin in den Arm legen. Sie sah noch ein bisschen erschöpft, aber sonst ganz zufrieden mit dem aus, was sie da zur Welt gebracht hatte. Am schlimmsten war es für mich ja, allein nach Hause zu gehen, nachdem ich vier Stunden mit Britta im Kreissaal gewesen war. Da bin ich dann durch unsere Wohnung getigert – ihr wisst, dass man damit schnell fertig ist – und habe versucht, Freunde anzurufen. Aber wer ist in der Urlaubszeit/während der Arbeitszeit schon anzutreffen. Die ganze Telefonliste rauf und runter – nichts. Aber ich musste es doch jemandem sagen, dass Martin angekommen war. Ich war vor lauter Glück schon ganz unglücklich. Da bin ich also los und hab es der Kassiererin im Supermarkt erzählt. Die hat natürlich ziemlich ratlos geguckt und mir vorsichtshalber gute Besserung gewünscht. Zum Glück fiel mir ein, was ich einmal bei Ricarda Huch gelesen habe: „Um wirklich glücklich zu sein, muss man eine Aufgabe und eine große Hoffnung haben." Als Aufgabe habe ich mir dann gestellt, das Kinderzimmer neu einzurichten, in der Hoffnung, Britta damit eine Freude zu machen. Ich habe die halbe Nacht Möbel gerückt, bis am Ende alles wieder so dastand wie vorher. Britta hat's gefallen.

Die Aufgabe ist – ganz im Ernst – geblieben: Martin den Weg ins Leben zu ebnen, ohne ihm alle Hindernisse aus dem Weg zu räumen, ihm gute Eltern zu sein, an die er sich einmal gern erinnern wird. Alle Möglichkeiten liegen noch in ihm beschlossen. Darum ist er für uns die große Hoffnung, die das Glück bedeutet. Auf dieses Glück der Aufgabe und der großen Hoffnung wollen wir mit euch anstoßen!

Der Täufling erhält traditionell Geschenke von ideellem wie auch materiellem Wert. Häufig sind dies Geldanlagen, Versicherungen oder Schmuck.

Reden im privaten Kreis

Kommunion, Konfirmation, Jugendweihe

Kommunion und Konfirmation gehören zu den Familienfesten, die seit jeher feierlich und mit einem gewissen Ernst begangen werden.

Den Tag der Kommunion oder der Konfirmation ihrer Kinder erleben auch die Eltern als ein bedeutendes Ereigniss. Ist es doch ein Tag, an dem die Kinder wieder ein Stück erwachsener und selbstständiger werden.

Die Aufnahme junger Menschen in die Gemeinschaft der Christen sollte man als Erwachsener nicht vorbeigehen lassen, ohne den Heranwachsenden einige ermutigende und ermahnende Worte mit auf den Weg zu geben. Eine solche Rede ist besonders schwierig, da es den Kinder häufig unangenehm ist, im Mittelpunkt zu stehen und dazu noch ein nettes Gesicht zu all den gewichtigen Worten zu machen.

Die Kommunion ist auch heute noch ein großer Tag im Leben eines Kindes.

Kommunion, Konfirmation, Jugendweihe

Die Patin spricht zur Kommunion

Typus Ansprache
Anlass Kommunion der Tochter
Dauer ca. 3 Minuten
Stil nachdenklich, liebevoll

Liebe Katharina, liebe Gäste,

als deine Patin ist es mir ein Herzensbedürfnis, dir an diesem Tag ein paar Worte mit auf den Weg zu geben.

Wie du weißt, haben wir bei deiner Taufe versprochen, gemeinsam mit deinen Eltern für deine christliche Erziehung einzustehen. Darunter verstehen wir nicht nur, dich zur Einhaltung der Regeln und Pflichten anzuhalten, welche die Kirche der Gemeinschaft ihrer Gläubigen auferlegt. Vor allem wollen wir dir den Weg zu selbstbestimmter christlicher Verantwortung weisen.

Heute, am Tag deiner Erstkommunion, bist du nun in die Gemeinschaft unserer Kirche hineingewachsen; ist unsere Rolle als Paten nun erfüllt?

Heute fällt es dir noch leicht, deinen Eltern eine liebe Tochter zu sein. Aber in vier, fünf Jahren wirst du dir das Foto anschauen, das heute von dir – im weißen Kommunionkleid – gemacht wurde und dich fragen, ob du das wirklich bist. Deine Fragen, liebe Katharina, werden in den nächsten Jahren ganz sicher drängender und kritischer. Du wirst Erfahrungen machen, die dich zweifeln lassen an dem, was du heute für gut und richtig hältst, und du wirst – gar nicht wie eine liebe Tochter – deine Fragen nicht mehr höflich, sondern frech und provokativ stellen. Den meisten Erwachsenen wird das nicht gefallen, aber es ist unvermeidlich, denn es gehört zum Erwachsenwerden einfach dazu.

Liebe Katharina, auch wenn du glaubst, uns Alte überhaupt nicht mehr zu brauchen, werden wir weiter für dich da sein. Wir sind da, um dich gelegentlich daran zu erinnern, dass du Teil einer großen Gemeinschaft bist, einer Gemeinschaft, die auf viele Fragen immer von neuem Antwort suchen muss und Antwort geben kann. Damit du den Rückhalt dieser Gemeinschaft nie entbehren musst, erneuern wir hiermit das Gelöbnis, das wir bei deiner Taufe gaben und wünschen dir viel Glück auf deinem Weg und Gottes Segen für die Zukunft.

Oft erliegen die Redner der Versuchung, mit eigenen Worten zu wiederholen, was der Geistliche bereits viel besser gesagt hat. Meist geht dabei die persönliche Nähe verloren.

Reden im privaten Kreis

Der Onkel spricht zur Konfirmation

Typus Ansprache
Anlass Konfirmation des Sohnes
Dauer ca. 4 Minuten
Stil nachdenklich, liebevoll, heiter

Lieber Yannik, liebe Eltern, Verwandte und Freunde,

In der Rede unterstreicht man die Bedeutung des Tages.

wir alle sind in einer gehobenen Stimmung. Wir durften heute Morgen miterleben, wie du, lieber Yannik, mit vielen deiner Altersgenossen vor den Altar getreten bist und dich zu deinem Glauben bekannt hast. Zum ersten Mal haben wir mit euch Jungen gemeinsam das heilige Abendmahl gefeiert.

Über die Bedeutung dieses Tages weißt du Bescheid. Ich möchte dich zu deinem heutigen selbstbewussten Entschluss, dich aus freier Entscheidung zu deinem Glauben zu bekennen, beglückwünschen.

Leicht ausgesprochen ist das Wort: Ich wünsche dir für deine Zukunft Glück. Das tue ich natürlich, aber als dein Onkel und gewissermaßen nach deinen Eltern nächster Verwandter möchte ich noch ein paar weitere Wünsche anschließen, die vielleicht erklären, was ich unter Glück verstehe.

Ich wünsche mir, dass du an diesen Tag denkst, wenn du einmal im Zweifel über den richtigen Weg bist.

Ich wünsche mir, dass du an diesen Tag denkst, damit du nie vergisst, das Christsein nicht nur glauben heißt, sondern tun.

Ich wünsche mir, dass du an diesen Tag denkst, wenn du zum ersten Mal Kirchensteuer zahlen musst, denn was Christen tun und wirken in der Welt, ist oft nicht um Gotteslohn zu haben, sondern muss mit Geld bezahlt werden.

Ich wünsche mir, dass du an diesen Tag denkst, wenn du selbst in einer Situation bist, in der du anderen Rat und Beistand geben und Glaubensstärke vermitteln kannst.

Lieber Yannik, dieser Tag der Glückwünsche soll dir als fröhlicher Tag in Erinnerung bleiben. Und ganz gleich, womit jeder seine Gläser gefüllt hat, liebe Familie, liebe Gäste, mit Wein, mit Mineralwasser, Cola oder Fruchtsaft. Ich bitte euch, mit mir das Glas zu erheben auf eine glückliche und erfolgreiche Zukunft unseres Yannik! – Zum Wohl!

Kommunion, Konfirmation, Jugendweihe

Seit etwa 100 Jahren gibt es als weltliches Gegenstück zu den Initiationsfeiern der beiden großen Kirchen die Jugendweihe, die aus einer Initiative der Freidenker entstand und sich im ersten Drittel des 20. Jahrhunderts besonders unter der organisierten Arbeiterschaft und unter Intellektuellen großer Beliebtheit erfreute. Dass in der DDR die Jugendweihe politisch instrumentalisiert und als Waffe gegen die Kirche missbraucht wurde, hat Ihrer Beliebtheit in den fünf neuen Bundesländern kaum Abbruch getan – ein Zeichen, dass auch in konfessionslosen Familien das Bedürfnis besteht, den Eintritt der Mädchen und Jungen in die Gemeinschaft der Erwachsenen feierlich zu begehen.

Die Mutter spricht zur Jugendweihe

Typus Rede
Anlass Jugendweihe der Tochter
Dauer ca. 5 Minuten
Stil nachdenklich, liebevoll

Liebe Jessica,

in der Feierstunde heute Morgen, erwähnte der Festredner, dass am 24. März 1890 in Hamburg die erste öffentliche Jugendweihe begangen wurde. 23 schulentlassene Jugendliche feierten ihren Eintritt in das Erwachsenenleben, der damals noch einen wesentlich härteren Einschnitt darstellte als heute. Die Schule endete früher, die Lehrzeit war härter und entbehrungsreicher und viele 14- bis 15-Jährige hatten tatsächlich das Gefühl, aus der Obhut der Familien nun hinaus ins „feindliche Leben" zu müssen.

Entstanden sind diese Schulentlassungs- und Jugendfeiern einst aus dem Wunsch, jungen Menschen eine freigeistige Erziehung und ein naturwissenschaftliches Weltbild zu vermitteln, das frei von religiösen und übersinnlichen Vorstellungen ist. So knüpften diese Feiern zwar an den Brauch der Konfirmation und Kommunion an, verzichteten aber bewusst auf religiöse Bekenntnisse. Dafür legte sie viel Wert auf die Vermittlung humanistischer Ideale wie gegenseitige Achtung, Ehrfurcht vor dem Leben und Toleranz gegenüber Andersdenkenden.

Seit dieser Zeit hat die Jugendweihe Höhen und Tiefen durchlebt. Unter der Herrschaft der Nationalsozialisten wurden auch

In der Rede weist man auf die lange Tradition der Jugendweihe in Deutschland hin.

Reden im privaten Kreis

die Freidenker verfolgt. Jugendfeiern, die nicht von den gleichgeschalteten Naziorganisationen ausgerichtet wurden, durften nicht mehr stattfinden. Nach dem Krieg wurde die Jugendweihe im Osten Deutschlands zu einer Bekenntnis- und Gelöbnisfeier für den Staat umfunktioniert, aber die Freidenker, die einst die Jugendweihe „erfunden" hatten, wurden abermals verboten und totgeschwiegen.

Die Frage, ob du dich einer Religionsgemeinschaft anschließen oder konfessionslos bleiben willst, haben wir nicht ohne dich und für dich beantworten wollen; wir überlassen sie deiner eigenen, verantwortlichen Entscheidung. Die Frage Ost oder West besteht heute zum Glück nicht mehr. Die Frage, zu welchen Werten ihr euch – ich meine dich und deine Generation, Jessica – bekennen wollt, ist geblieben. Und vielleicht ist sie wichtiger denn je. Ihr habt euch in den Jugendweihekursen über Jugendarbeitslosigkeit und Neonazis unterhalten, über die Gleichberechtigung der Frau, über Sexualität und über Umweltschutz, über Ausländerfeindlichkeit, Gewalt und Sekten.

Setzen Sie hier die Themen und Gegenstände ein, die in den Jugendweihekursen tatsächlich eine Rolle gespielt haben.

Man nannte euch manchmal Spaßgeneration. Ich glaube aber nicht, dass ihr nur euren Spaß haben wollt und euch alles andere auf der Welt egal ist. Aber natürlich sollt ihr euren Spaß haben, sonst wäre das ganze Jungsein ja nicht der Mühe wert.

Liebe Jessica, Erwachsenwerden ist nicht leicht. Die Lebensphase, in die du gerade hineinwächst, ist vielleicht die wichtigste Phase deines Lebens überhaupt. Du verlässt allmählich das Behütetsein, die Verantwortlichkeit und die Fürsorge des Elternhauses, der Verwandten, der Schule. Und im gleichen Maß baust du deine eigene Stärke auf, setzt eigene Wertmaßstäbe, übernimmst selbst Verantwortung.

Ihr habt heute, du hast heute, eine Schwelle überschritten. Wir mussten euch nicht an die Hand nehmen und über diese Schwelle führen, ihr seit recht selbstbewusst über diese Schwelle gegangen. Man wird jetzt „Sie" zu euch sagen. Im Rahmen unserer Familie wollen wir das lieber nicht einführen, auch wenn die Distanz zwischen dir und deinen Eltern allmählich etwas größer wird. Doch wenn du mal eine Schulter zum Ausweinen brauchst (oder meinetwegen eine Borke, um dich dran zu scheuern) oder einfach Gesprächspartner suchst – deine Eltern sind weiter für dich da.

Kommunion, Konfirmation, Jugendweihe

Kommunion – Konfirmation – Jugendweihe

Kommunion

Unter Kommunion (von lat. communio, „Gemeinschaft") versteht die katholische Theologie die gemeinsame Teilnahme an der Eucharistiefeier. Die so genannte Erstkommunion wird in der Regel am ersten Sonntag nach Ostern feierlich begangen. Zugelassen sind Kinder ab etwa sieben Jahren nach hinreichender Vorbereitung durch Eltern oder Katecheten. Die Kommunion ist Voraussetzung, um das Sakrament der Firmung zu erhalten. In diesem Sakrament hat sich in der römisch-katholischen Kirche der zweite Teil des Taufaktes (mit Handauflegung und Salbung an der Stirn) verselbstständigt.

Konfirmation

Die evangelischen Reformatoren, die das Sakrament der Firmung ablehnten, führten für getaufte, heranwachsende Kinder einen nachgeholten „Taufunterricht" mit Katechismusprüfung ein, von dem die Zulassung zum Abendmahl abhängig gemacht wurde. 1538/39 zuerst in Hessen eingeführt, wurde die Konfirmation mit der Einführung des staatlichen Schulwesens seit dem 18. Jahrhundert zur beliebten Schulentlassungsfeier.

Jugendweihe

Seit 1890 als Schulentlassungsfeier begangen, dient die Jugendweihe als Alternative für konfessionslose Jugendliche. In den Jugendweihekursen werden aktuelle Gesellschaftsprobleme behandelt, gemeinsame Unternehmungen runden das Angebot ab. Höhepunkt der etwa sechsmonatigen Kurse ist die eigentliche Feier zur Jugendweihe, die von musikalischen Einlagen sowie Gedicht- und Textrezitationen begleitet wird.

Die Jugendweihe, die festlich begangen wird, hat eine wechselvolle Geschichte.

Kindergeburtstag

Auf Kindergeburtstagen kommt es naturgemäß mehr auf bunte Dekoration und einfallsreiche Spielideen an, als auf die Reden der Erwachsenen.

Wie man Kindergeburtstage erfolgreich ausrichtet und mit welchen Dekorations- und Spielideen Kinder verschiedener Altersstufen begeistert werden können, ist in zahlreichen Ratgebern nachzulesen.

Mit Kaffeetafeln und Reden sollten sich Eltern und Verwandte am Kindergeburtstag besser zurückhalten, da sich die Aufmerksamkeit der ausgelassenen Gesellschaft auf ganz andere Dinge richtet.

Wenn Sie trotzdem nicht auf eine kleine Rede verzichten wollen, so verbinden Sie diese mit dem Auspacken der Geschenke oder einem Spiel. Das folgende Beispiel leitet eine Schatzsuche ein. Dazu muss einer der Erwachsenen, in diesem Fall der Vater, die Kinder lange genug aufhalten,

Der Vater leitet die Schatzsuche ein

Typus Ansprache
Anlass Geburtstag des eigenen Kindes
Dauer ca. 1½ Minuten
Stil geheimnisvoll

Hallo Kinder,

kommt doch mal bitte her. Uns ist etwas Schreckliches passiert. Uli hat euch vielleicht erzählt, dass wir eigentlich eine Schatzsuche machen wollten. Wir hatten uns da was Schönes ausgedacht, und auch die Schatzkiste war schon gepackt. Ihr habt sie ja vorhin hier stehen sehen. Jetzt ist sie verschwunden. Wir waren wohl einen Moment unaufmerksam. Stattdessen habe ich einen geheimnisvollen Brief hier gefunden. Max soll vors Haus treten und links bis zur Laterne an der Ecke gehen. Dort soll die nächste Nachricht versteckt sein. Ich möchte Max nicht allein gehen lassen. Wer kommt mit, die Schatzkiste suchen? – Gut. Max nimmt den Kompass, Yannik den Spaten, Lynn die Taschenlampe. Wir müssen sehr vorsichtig sein, weil wir nicht wissen, was der Dieb im Schilde führt. Wir werden uns nicht trennen und mit Max gemeinsam die nächste Nachricht suchen. Auf geht's.

Kindergeburtstag

Die Mutter spricht zum Mädchengeburtstag

Typus Ansprache
Anlass 10. Geburtstag der Tochter
Dauer ca. 1 Minute
Stil heiter

Liebe Dana, hi Mädchen,

wir verziehen uns jetzt mal in die hinteren Räume und überlassen euch für drei Stunden den Rest der Wohnung. Getränke stehen gekühlt; wie eine Kühlschranktür aufgeht, wisst ihr ja. Alles, was hier aufgebaut ist, kann gegessen werden, aber vielleicht nicht alles auf einmal. Würstchen gibt's am Abend. Den Nachbarn haben wir angekündigt, was heute hier abgeht. Aber wir haben ihnen „gehobene Zimmerlautstärke" versprochen. Vielleicht erinnert ihr euch ab und zu daran. Mein Tipp: Wählt schon mal eine Schlichterin, falls es Streit gibt. Und es gibt bestimmt Streit. Also vertragt euch – ich sage es trotzdem – und amüsiert euch. Übrigens: Der Anlass dieses Mädchentreffens ist Danas Geburtstag. Im Namen Danas, die das manchmal vergisst, danke ich euch allen für die Geschenke, die ihr mitgebracht habt.
Viel Spaß!

Naschbüffet und Partyspiele gehören zu jedem Kindergeburtstag, zumindest bei den Kleinen.

damit ein anderer mit der Schatzkiste verschwinden, diese verstecken und an bestimmten Stellen seines „Fluchtwegs" Nachrichten mit „sachdienlichen Hinweisen" anbringen kann.

Von einem bestimmten Alter an wollen die Kids mit den Eltern nicht mehr gar so viel zu tun haben. Die Partys gehen nun mit Stickertausch, Musik hören und Diskussionen über Mode ab.

Reden im privaten Kreis

Erwachsenengeburtstag

Auf jeder Geburtstagsfeier, bei der eine gewisse Anzahl von Gästen zusammentrifft, kommt irgendwann der passende Moment, eine Rede zu halten.

Der Geburtstag zählt zu den klassischen Anlässen, bei denen im privaten Kreis häufig eine Rede gehalten wird. Besonders die größer begangenen runden Geburtstage sind eine willkommene Gelegenheit, Leben und Wirken des „Geburtstagskindes" in einer Rede zu würdigen. Diese kann – wohlüberlegt und liebevoll vorbereitet – eine Feier eröffnen oder ihr Höhepunkt sein. Wichtig ist, dass die Rede ganz persönlich auf den Jubilar zugeschrieben wird.

Früher war alles besser

Typus Rede
Anlass 50. Geburtstag eines Freundes
Dauer ca. 4 bis 5 Minuten
Stil launig

Lieber Helmut, liebe Gäste,

Jubiläen sind Gelegenheiten, Rückschau zu halten. Geburtstage sind es nicht minder, ob sich ein Lebensalter rundet oder nicht. Gelegenheit macht nicht nur Diebe, wie das Sprichwort behauptet, Gelegenheit macht auch Redner. Diese Gelegenheit will ich nicht versäumen und ein paar Worte sagen.

Wenn Unternehmen, Institutionen oder Gemeinwesen ein Jubiläum ereilt, gibt es eine Festschrift, einen Festakt und einen Festredner, der sich bemüht, die zurückliegenden Jahre, Jahrzehnte oder Jahrhunderte im besten Licht dastehen zu lassen. Die Quintessenz aller historischen Rückblicke lässt sich gemeinhin auf die Aussage reduzieren: Früher war alles besser. Die Steuern waren niedriger, die Beamten kompetenter. Die Schulden waren geringer, die Zinsen höher und das Geld überhaupt viel mehr wert. Die Brötchen waren knuspriger und die Mädchen schmeckten besser. Oder war es umgekehrt? Die Mieten waren niedriger, die Hauswirte freundlicher, die Mieter bescheidener und das Wort Inflationsrate war noch ein Schimpfwort, das man nicht so leichtfertig in den Mund nahm, wie es viele Politiker heute tun. Überhaupt

Erwachsenengeburtstag

waren die Politiker intelligenter und die Intellektuellen politischer. Das hat an der Lage zwar nichts gebessert, aber man hatte irgendwie ein besseres Gefühl dabei. Die Bücher waren preiswerter, die Romane spannender und die Schriftsteller waren Leute, die man nach ihrer Meinung fragen konnte, ohne dass man sich gleich den ganzen Quatsch anhören musste, der einem heute aus jeder Talkshow entgegentönt. Das Fernsehen war auch besser; zum Beispiel gab es viel weniger Talkshows – na gut, es gab „Dalli dalli" und „Wer bin ich?" – okay, das Fernsehen war schon immer schlecht. Apropos Schweinerl. Schweine, Kälber und Sportler bekamen noch Hormonspritzen und wurden Superschnitzel, Hochleistungsrind und Weltrekordler. Wenn ein Autofahrer den anderen „Rindvieh" nannte, bekam er noch nicht zur Antwort „Wahnsinn". Früher waren die Straßen sauberer und es gab auch viel weniger Tauben rund um den Kölner Dom. Das Fernsehprogramm ... nein? Na gut. Aber die Leistungen der Krankenkassen und der Ersatzkassen! Vom Zahnersatz ganz zu schweigen. Pures Gold, sage ich nur. Da war Karies die reinste Kapitalanlage. Und heute? Ein Haufen Geld für Kunststoff im Mund.

Wie auch immer. Den einen oder anderen von euch habe ich bei der einen oder anderen Behauptung beifällig nicken sehen. Die Beschwörung der guten alten Zeit ist und bleibt die vorherrschende Form der Erinnerungsarbeit von Leuten mit schwachem Gedächtnis. Und wer von uns wollte schon behaupten, er habe ein gutes Gedächtnis?

So wollen wir denn hoffen, dass wir auch in 20 oder 30 Jahren noch so fröhlich und gesund zusammenkommen können, um uns des heutigen Tags als der guten alten Zeit, in der alles besser war, zu erinnern. So gesehen lebst du, lieber Helmut, leben wir alle tatsächlich Tag für Tag in der besten aller denkbaren Zeiten. Machen wir was draus! Denn wir wollen uns doch in 20 oder 30 Jahren nicht von unseren Nachfahren sagen lassen: „Freilich, zu eurer Zeit war alles besser. Aber ihr seid ja auch schuld daran, dass jetzt alles schlechter ist. Sogar das Fernsehen, von dem ihr meintet, dass es gar nicht mehr schlechter werden könne."

Wenn es einen besonderen Grund brauchte, um auf unser Geburtstagskind anzustoßen, hätte ich jetzt einen. Lieber Helmut, ich wünsche dir nach der glänzenden Vergangenheit, die ich soeben beschworen habe, eine noch glänzendere Zukunft. Prost!

Anstelle dieser Aufzählung können Sie auch andere Beispiele auswählen, die für Sie (und den Jubilar) Bedeutung haben.

Reden im privaten Kreis

Kerzen ausblasen

Typus Ansprache
Anlass 60. Geburtstag eines Freundes oder Angehörigen
Dauer ca. 3 Minuten
Stil launig

Lieber Winfried,

du kannst dich als Jubilar dieser Pflicht nicht entziehen, es ist halt ein alter Brauch; die Kerzen müssen ausgeblasen werden. Mit 60 kommst du ja langsam in das Alter, in dem die Kerzen teurer sind als die Torte. Nun, ganz so preiswert scheint diese Torte hier jedenfalls nicht gewesen zu sein. Wenn ich auch zugeben muss, dass sie eher wie ein Kronleuchter aus dem Rokoko aussieht. Kann mal jemand das Licht ausmachen.* Jetzt könnte man sie glatt für ein UFO aus einem Film von Steven Spielberg halten. Danke. Hat die Feuerwehr dieses Werk eigentlich abgenommen? Oder ist der TÜV für die Stabilität des Tortenbodens zuständig?

*Die Torte erstrahlt im Dunkeln in voller Pracht.

Auf jeden Fall wird das Ausblasen eine Prüfung für dich sein. Eine Prüfung, bei der dir alle aufmerksam zuschauen werden. Katharine Hepburn hat zwar einmal den Verdacht geäußert, das Ausblasen der Kerzen auf der Geburtstagstorte sei ein getarnter Gesundheitstest für die Versicherung. Ich kann dir aber erstens versichern, dass dem nicht so ist. Und zweitens hoffen wir alle, dass dir das Alter die nötige Reife gibt, um auf solche unsinnigen Dinge wie das Abschließen einer neuen Lebensversicherung ohnehin zu verzichten.

Runde Geburtstage sind eine Gelegenheit für Reden und Ansprachen.

Aber wie dem auch sei, die Kerzen müssen ausgeblasen werden. Und wenn du jetzt gleich tief Luft holst: Bitte, lieber Winfried, übernimm dich nicht. Schon Anthony Quinn, der vom Älterwerden wirklich etwas verstand, wusste: „Auch als Sechzigjähriger kann

Erwachsenengeburtstag

man noch 40 Jahre alt sein, aber nur noch eine halbe Stunde am Tag." Na gut, weil wir heute alle so gut drauf sind, geben wir dir noch ein Stündchen zu. Du darfst also noch ein bisschen auf deiner Party bleiben, bevor du ins Bett musst. Von jetzt an werden dich Jubiläumsfeiern alle fünf Jahre ereilen. Und eine wird anstrengender werden als die andere. Da gilt es, mit den Kräften hauszuhalten.

Aber der Brauch will es so; ich sage es jetzt – wie ein Auktionator – zum unerbittlichen dritten Mal: Die Kerzen müssen ausgeblasen werden. Deshalb räume ich jetzt meinen Platz an der Torte und wünsche dir, Winfried, viel Kraft auf den Lungen. Außerdem wollen wir alle wissen, wie das Bauwerk des Konditormeisters nun eigentlich schmeckt.

Tierkreiszeichen sind beliebt

Die astrologische Deutung der Tierkreiszeichen ist eine unerschöpfliche Quelle, um Material für eine kleine, improvisierte Ansprache daraus zu schöpfen. Viele Menschen glauben fest an die Vorhersagen ihres Horoskops; aber auch die Skeptiker kennen meist ihr Sternzeichen.

Im Laufe der fünf Jahrtausende Astrologie haben sich bestimmte Erfahrungen, welche die Menschen mit den Charaktereigenschaften ihrer Mitmenschen machten, zu Mustern verdichtet, die den einzelnen Tierkreiszeichen zugeschrieben werden. Man muss nicht daran glauben, dass Fixsterne unser Leben bestimmen. Es reicht schon anzunehmen, dass eine Reihe zyklischer Faktoren unseres Lebens mit den gleichzeitig verlaufenden astronomischen Zyklen in Relation stehen, um den symbolischen Gehalt des Horoskops zu akzeptieren.

Widder

Unter diesem Zeichen Geborene sind willensstarke und durchsetzungsfähige Geschöpfe, deren dynamisches Wesen andere mitzureißen vermag. Mars ist der Planetenherrscher des Widders. Das beschert den unter seiner Herrschaft Geborenen ihr kämpferisches, zuweilen kriegerisches Wesen. Feuerfarben wie leuchtendes Rot und flammendes Orange sind dem Widder zugeordnet. Der Baum des Widders ist der Mandelbaum, das Eisen gilt als sein Metall. Unter den Mineralien werden Onyx, Saphir und Amethyst favorisiert.

Reden im privaten Kreis

Tierkreiszeichen	Zeitraum	Symbol	Planet	Element
Widder	21.3. – 20.4.	♈	Mars	Feuer
Stier	21.4. – 20.5.	♉	Venus	Erde
Zwillinge	21.5. – 21.6.	♊	Merkur	Luft
Krebs	22.6. – 22.7.	♋	Mond	Wasser
Löwe	23.7. – 23.8.	♌	Sonne	Feuer
Jungfrau	24.8. – 23.9.	♍	Merkur	Erde
Waage	24.9. – 23.10.		Venus	Luft
Skorpion	24.10. – 22.11.	♏	Pluto	Wasser
Schütze	23.11. – 21.12.	♐	Jupiter	Feuer
Steinbock	22.12. – 20.1.	♑	Saturn	Erde
Wassermann	21.1. – 19.2.	♒	Uranus	Luft
Fische	20.2. – 20.3.	♓	Neptun	Wasser

Stier
Unter diesem Zeichen Geborene zeichnen sich durch Willensstärke, Zielstrebigkeit und Bedächtigkeit aus. Im Stier hat der Planet Venus sein Haus. Das gibt Stiergeborenen eine ausgeprägte Beziehungsfähigkeit. Stiermenschen sind lebenslustig und dem Genuss der schönen Dinge zugeneigt. Stiergeborene bevorzugen die Farben der Venus, vor allem Kupfertöne und selbst die grünen Töne der Kupferpatina. Esche, Mandelbaum und Zypresse sind die Bäume des Stiers Kupfer gilt als ihr typisches Metall; Stier-Minerale sind Smaragd und Grüner Achat.

Zwillinge
Unter diesem Zeichen Geborene verfügen über außergewöhnliche Intelligenz und

Erwachsenengeburtstag

großen Gedankenreichtum. In den Zwillingen regiert der Merkur. Zwillingegeborene sind unter seinem Einfluss sehr kommunikative Menschen, die über ausgezeichnete rhetorische Fähigkeiten verfügen. Die Farbe der Zwillinge ist Gelb in all seinen Abstufungen. Der Nussbaum gilt als typischer Zwillinge-Baum. Quecksilber, das Merkur-Metall, wird von alters her den Zwillingen zugerechnet. Typische Minerale sind Achat und Smaragd.

Löwe
Unter diesem Zeichen Geborene bringen ausgeprägte Führungsqualitäten und einen starken Willen mit. Im Löwen hat die Sonne ihr Haus. Das macht Löwen zu ehrgeizigen und kraftvollen Persönlichkeiten, die Freude an der Selbstdarstellung haben. Die Farben der Löwengeborenen sind Gelb, Orange und leuchtendes Rot. Neben den Zitrusbäumen gelten die Palme, der Lorbeer- und der Walnussbaum als typische Bäume. Gold ist das charakteristische Metall. Ihr Mineral ist der in der Farbe des Sonnenuntergangs leuchtende Rubin.

Krebs
Unter diesem Zeichen Geborene besitzen ein reiches Innenleben und stehen stark unter dem Einfluss ihrer Gefühle. Im Krebs hat der Mond sein Haus. Er ist das Symbol der Mütterlichkeit und Fruchtbarkeit. Zum Krebs gehören silbrig blaue und hellgraue Farbtöne. Der Gummibaum – neben anderen saftreichen Bäumen – ist sein typischer Baum und Silber sein Metall. Oft haben Perlen für ihn eine besondere Bedeutung. Typische Minerale sind Opal und Smaragd.

Jungfrau
Unter diesem Zeichen Geborenen eignet ein kritisches Urteil und ein klarer, analytischer Verstand. Zur Jungfrau gehört der Planet Merkur. Er wird für die schnelle Auffassungsgabe und das systematische Denken der Jungfraugeborenen verantwortlich gemacht.

Marineblau, Dunkelbraun und Grün gehören farblich zur Jungfrau. Die Buche ist der charakteristische Baum. Nickel und das Merkur-Metall Quecksilber sind typische Metalle. Die Minerale Sarnonyx, Karneol und Jaspis werden ebenfalls der Jungfrau zugeordnet.

Waage
Unter diesem Zeichen Geborene sind intelligent, kunstsinnig und verfügen über einen ausgeprägten Gerechtigkeitssinn. In der Waage regiert die Venus. Sie gibt den Waagegeborenen eine hoch entwickelte Beziehungsfähigkeit und Sinn für Zärtlichkeiten. Im Farbspektrum der Waage dominieren Pink, Hellgrün und Blau. Esche und Zypresse sind typische Bäume. Kupfer ist das charakteristische Metall. Gelber und roter Saphir sowie Chrysolith gelten als typische Minerale.

Skorpion
Unter diesem Zeichen Geborene sind kämpferisch und energisch, zeichnen sich durch Geduld und Beharrlichkeit aus. Pluto und Mars, die herrschenden Planeten, verstärken die Motivation. Die dominierenden Farben sind Scharlachrot und dunkles Purpur. Schwarzdorn und Hagedorn gelten als typische Bäume. Eisen ist das klassische Metall. Ihre charakteristischen Minerale sind Rubin und Aquamarine, aber auch Opale.

Schütze
Die unter diesem Zeichen Geborenen besitzen klaren Verstand, Instinktsicherheit im Handeln und viel Fantasie. Der beherrschende Planet Jupiter vermittelt Optimismus und Lebensfreude. Die dominierenden Farben sind Purpur und dunkles Blau. Eiche, Birke, Linde, Maulbeerbaum und

Erwachsenengeburtstag

Kastanie gelten als Schütze-Bäume. Das klassische Metall ist Zinn; Topas und Chalzedon sind Minerale dieses Zeichens.

Steinbock
Die unter diesem Zeichen Geborenen bestechen durch gesunden Menschenverstand, Zielstrebigkeit und Pflichtbewusstsein. Im Steinbock hat der Saturn sein Haus. Das kann Steinbockgeborenen ernst und schweigsam machen. Dunkle und gedeckte Farben werden mit dem Steinbock in Verbindung gebracht. Espe, Pinie und Eibe gelten als typische Bäume. Blei ist das charakteristische Metall, Amethyst und Türkis sind die typischen Minerale.

Wassermann
Unter diesem Zeichen Geborene vermögen die Welt mit viel Humor zu sehen, zugleich dominiert ihr Verstand das Gefühl. Planetenherrscher ist der Uranus. Er beflügelt den Geist, gibt Energie und die Kraft, an gesteckten Zielen unverrückbar festzuhalten. Die typischen Farben sind Stahlblau und Türkis. Obstbäume, besonders Birne und Pfirsich, sollen eine besondere Bedeutung besitzen. Aluminium gehört als charakteristisches Metall zu diesem Sternzeichen, Beryll, Amethyst und Aquamarin sind die typischen Minerale.

Fische
Unter diesem Zeichen Geborene sind sanfte und freundliche Menschen, die Abwechslungen lieben und mitunter sehr romantisch veranlagt sind. Die Fische werden vom Neptun regiert. Er steht für die künstlerischen und spirituellen Veranlagungen der Fischegeborenen. Meergrün und Purpur sind Fische-Farben. Alle am Wasser wurzelnden Bäume werden mit den Fischen in Verbindung gebracht. Zinn ist das klassische Metall, auch Platin spielt eine Rolle. Chrysolith und Blutstein sind die charakteristischen Minerale.

Reden im privaten Kreis

Verlobung

Obwohl das Verlöbnis im rechtliche Sinne nicht mehr die frühere Bedeutung besitzt, ist es wieder modern, das Eheversprechen feierlich zu begehen.

Unter einer Verlobung kann man zweierlei verstehen. Zum einen ist sie die Absichtserklärung zweier Menschen, miteinander die Ehe einzugehen. Zum anderen ist sie das Rechtsverhältnis – früher auch „Brautstand" genannt –, das aus dem Versprechen, die Ehe miteinander einzugehen, entsteht. Näheres regeln das Bürgerliche Gesetzbuch und das Ehegesetz. Weniger verstaubt als das deutsche BGB sagt das Schweizerische Zivilgesetzbuch zum Thema Verlobung: „1 Das Verlöbnis wird durch das Eheversprechen begründet. 2 Unmündige oder Entmündigte werden ohne Zustimmung des gesetzlichen Vertreters durch ihre Verlobung nicht verpflichtet. 3 Aus dem Verlöbnis entsteht kein klagbarer Anspruch auf Eingehung der Ehe."

Ungeachtet der Tatsache, dass vieles mit dem althergebrachten „Brautstand" verbunden ist, der junge Leute heute höchstens noch zum Lachen bringt, erfreuen sich das Verlöbnis und die Feier der Verlobung in den letzten Jahren zunehmender Beliebtheit. Diese Feier ist heute in der Regel intimer und familiärer als die große Hochzeitsfeier. Sie ist darum auch weniger mit Konventionen behaftet und von bestimmten Erwartungen eingeengt. Der unkonventionelle Stil sollte auch in den Ansprachen zum Ausdruck kommen.

Immer mehr junge Paare gehen heute wieder vor der Eheschließung ein Verlöbnis ein.

Verlobung

Der Vater spricht zum Verlobungsessen

Typus Toast
Anlass Verlobung des Sohnes
Dauer ca. 2 Minuten
Stil liebevoll, besinnlich

Liebe Familien,

beinahe hätte ich gesagt, liebe Mitbetroffenen. Unsere beiden Ehe-anwärter haben uns schließlich ganz schön überrascht mit dieser Einladung zur Verlobung.

Da saß unser Sohn Georg scheinbar von 24 Stunden am Tag 25 vor dem Computer und ich fragte mich gelegentlich, wann der Bengel eigentlich schläft, aber ich verschwendete keinen Gedanken auf seine Beziehungen zum und seine Verhältnisse mit dem weiblichen Geschlecht.

Und nun verblüfft mich Iris, ein reizendes junges – gestattet mir diesen altmodischen Begriff – Frauenzimmer, auf das die Eltern bestimmt sehr stolz sind, indem sie sich kurzerhand mit unserem Georg verlobt.

Wie mag unser Sohn nur zu dieser fantastischen Freundin gekommen sein? Per E-Mail? Als Wegelagerer auf der Daten-Autobahn?

Aber Iris ist keine virtuelle Erscheinung, keine Cyber-Braut, sondern aus Fleisch und Blut. Vielleicht erfahren wir ja heute abend etwas über dieses bislang so gut gehütete Geheimnis.

Ach ja, ich sehe die beiden Mütter lächeln. Was hat das wohl zu bedeuten? Sie wussten wohl – wie immer – besser im Leben Bescheid.

Also meine Lieben, ich bedanke mich für die Überraschung und vor allem für die freundlichen Aussichten, in absehbarer Zeit der Schwiegervater dieser reizenden Erscheinung namens Iris zu werden.

Machen wir uns einen hübschen Abend und freuen wir uns auf die fröhlichen Neuigkeiten, die Georg und Iris in Zukunft für ihre alten Herrschaften bereithalten! Oder muss man jetzt News dazu sagen?

Ich erhebe mein Glas auf Iris und Georg. Mögen sie uns nicht zu lange auf die Hochzeit warten lassen.

Polterabend

Am Polterabend herrscht gewöhnlich eine ausgelassene Stimmung, die wenig Raum für ernsthafte und besinnliche Ansprachen lässt.

Mit größerem Ernst (und stets mit etwas Rührung) wird auf der eigentlichen Hochzeitsfeier gesprochen. Doch das entspricht nicht der Tradition des Polterns.

Der Brauch, am Vorabend der Hochzeit Krüge und Teller aus Keramik zu zerschmeißen, lässt sich bis in vorchristliche Zeit zurückverfolgen. Besonders bei den Freunden der Brautleute ist dieser Brauch auch heute noch sehr beliebt.

Bedeutende Dichter haben sich nicht gescheut, zu familiären Anlässen ihren poetischen Beitrag zu leisten. Bei einer dieser Gelegenheiten – dem Polterabend seiner Schwester Elise – schrieb Theodor Fontane das folgende „Kranzgedicht".

Fontane hätte sicher nichts dagegen, wenn Sie seine Verse benutzten und die Namen entsprechend anpassten.

Ein Besen für das Brautpaar darf am Polterabend nicht fehlen.

Festgedicht zum Polterabend

Empfang in immergrünem Glanz
Und blühend aller Enden,
Geliebte Braut, den Myrtenkranz
Aus deiner Frida Händen.

Die Myrte galt zu aller Zeit
Als eine Art Elite,
Die Griechen hatten sie geweiht
sogar der Aphrodite.

Doch Aphrodite her und hin,
Viel mehr, viel mehr als diese
Erfüllest du uns heut den Sinn,
Geliebte Braut Elise.

Es grüne dir wie dieser Kranz
Das Glück auf allen Wegen,
Und wie er blüht, so voll und ganz
Erblüh dir Gottes Segen.

Polterabend

Traditionen beim Poltern

Poltern
Der Polterabend ist der Abschied vom Junggesellenstand, der seit jeher immer in großer Gesellschaft, üppig und laut begangen wurde. Ein altes Sprichwort besagt: „Je mehr Pölte, je mehr Glück!". – Das Zerschmeißen von Geschirr, Lärmen und Schreien, sollte nach überlieferter Vorstellung die bösen Geister vertreiben, die dem jungen Glück feindlich gesinnt waren.

Braut kaufen
Der alte, aus der Schweiz stammende Brauch, die Braut zu „kaufen", wird heute so praktiziert: Am Polterabend werden unter den Gästen Zettel verlost, auf denen bestimmte Daten und verschiedene Dinge des täglichen Bedarfs notiert sind, zum Beispiel Nudeln, Kaffee, Servietten, Konserven ... Die Gäste müssen nun diese Dinge zum Termin, der auf dem Zettel genannt ist, an das junge Ehepaar schicken. So erhalten die zwei ein ganzes Jahr lang immer wieder Päckchen und Pakete ihrer ehemaligen Gäste.

Hühnerabend
So heißt in manchen Gegenden der Abend vor der Hochzeit. – Anstelle des zerschlagenen Geschirrs erhielten die Brautleute jede Menge Federvieh. Das Geschnatter der Tiere sollte in der Nacht vor der Hochzeit alle bösen Geister vertreiben. Außerdem sorgten die Hühner am nächsten Tag für eine kräftige Hochzeitssuppe.

Geschirr
Zum Poltern verwendet man üblicherweise Tassen, Teller und sonstiges Geschirr aus Steingut oder Porzellan. Glas ist tabu, denn das bringt Unglück! Das Brautpaar muss die Scherben gemeinsam zusammenkehren, nur dann wird es auch in der Ehe die Probleme gemeinsam lösen.

Rosen und Champagner – Symbole für Liebe und Glück.

Reden im privaten Kreis

Hochzeit

Reden auf Hochzeiten haben eine lange Tradition. Auf keinem anderen Fest wird so häufig und so gern geredet, wie auf einer Hochzeitsfeier. Verwandte und Freunde wollen auf diese Weise Glück wünschen.

Seit dem Ausgang des Mittelalters hat sich eingebürgert, anlässlich der Hochzeit eine Rede zu halten. Oft mehr als eine! Wenn mehrere Gäste reden möchten, sollte eine Person diese Reden zeitlich koordinieren und eventuell für benötigte Musikeinlagen sorgen.

Was Sie bei der Begrüßung der Hochzeitsgäste beachten sollten.

Keine Hochzeitsfeier ist wie die andere. Neben den individuellen Wünschen und Bedürfnissen der Brautleute bestimmen auch regionale Bräuche und Familientraditionen den Ablauf einer Feier. Geht zum Beispiel der „großen" Hochzeitsfeier ein Essen im engeren Familienkreis voraus, ändert sich die Reihenfolge; die Begrüßung der Gäste durch die Neuvermählten findet dann erst am Beginn der großen Feier statt. Für die Begrüßung beachten Sie bitte die folgenden Empfehlungen:
● Vermeiden Sie die langen Anreden ; versuchen Sie möglichst, die unterschiedlichen Persönlichkeiten mit einer gemeinsamen Anrede zu umfassen, zum Beispiel „Liebe Gäste".
● Beginnen Sie die Begrüßung mit einem persönlichen Bekenntnis: „Ich freue mich, dass ich euch heute alle begrüßen darf…" oder „Wir sind sehr glücklich, dass ihr heute alle unserer Einladung folgen konntet…"
● Wenn Sie die Gäste protokollgemäß begrüßen wollen, weil zum Beispiel die große Feier einen halb öffentlichen Charakter hat, begrüßen Sie zuerst die wichtigen Personen, bzw. Personen, deren Kommen mit besonderen Schwierigkeiten verbunden war; begrüßen Sie zuletzt die Allgemeinheit, so haben Sie die Gewähr, niemanden vergessen zu haben.
● Kommen bei einer großen Hochzeitsfeier viele Menschen zusammen, die einander nicht kennen, hat es durchaus Sinn, das Verwandtschaftsverhältnis, die Stellung oder Funktion der begrüßten Personen näher zu erläutern. Zum Beispiel: „Ich begrüße den Ersten Vorsitzenden des Blankensteiner Burgvereins, durch dessen Unterstützung wir die Feier an diesem romantischen Ort begehen können." Oder: „Ganz besonders freue ich mich, dass heute auch mein lieber Vetter aus England gekommen ist…"
● Die Rangfolge der Begrüßung gibt den Stellenwert der begrüßten Personen innerhalb der jeweiligen (Hochzeits-)Gesellschaft

Hochzeit

wieder. Verwandte werden jedoch grundsätzlich zuletzt begrüßt.
● Ihre Begrüßung sollte die folgenden drei Elemente enthalten: erstens den Willkommensgruß an die Gäste, zweitens den Dank für besondere Leistungen Einzelner (zum Beispiel bei der Organisation der Feier) und drittens die Erklärung, dass das Büfett eröffnet ist.

Kleiner Leitfaden: Wer redet wann?

Begrüßung
Statt der traditionellen Rede des Bräutigams sollte das frisch getraute Paar die Gäste gemeinsam begrüßen.

Andacht und Segen
Wenn ein Geistlicher zu Tisch geladen ist, spricht er in der Regel vor dem Essen ein kurzes Gebet oder einige Worte der Andacht.

Erste Rede
Der Brautvater spricht traditionell zwischen erstem und zweitem Gang. Der Schwiegersohn und dessen Eltern und Geschwister werden im Kreise der Brautfamilie willkommen geheißen. Gleichzeitig „verabschiedet" er seine Tochter mit Erinnerungen an charakteristische Vater-Tochter-Erlebnisse und wünscht dem Brautpaar für das gemeinsame Eheleben alles Gute.

Zweite Rede
Hält der Vater des Bräutigams nach dem zweiten Gang und begrüßt wiederum die Braut in seiner Familie. Er plaudert ein bisschen aus dem Nähkästchen und erzählt kleine Anekdoten von seinen Sohn. Früher undenkbar, heute üblich: Genau wie die Väter können sich die Mütter zu Wort melden, und nicht nur, wenn die Kinder von Alleinerziehenden heiraten! Es kommt auch gut an, wenn Vater und Mutter etwas gemeinsam vortragen

Weitere Ansprachen
Danach können die anderen Gäste – in beliebiger Folge – reden.

Ein Ringkissen ist ein Muss bei jeder romantischen Hochzeit.

Reden im privaten Kreis

Der Vater der Braut spricht

Typus Ansprache
Anlass Eröffnung der Hochzeitstafel
Dauer ca. 4 Minuten
Stil feierlich, liebevoll

Meine lieben Kinder,

zu einem Tag wie diesem gehört eine Rede, und die sollt ihr auch bekommen. Wir vier – also eure Eltern – konnten uns nicht einigen, wer von uns diese Tafel mit ein paar schönen, passenden Worten eröffnen soll. Es gibt da zwar eine traditionelle Rangordnung, aber es gibt auch unterschiedliche Einstellungen zu dieser Tradition. Und mit der Debatte darüber wären wir morgen früh noch nicht fertig gewesen und die Hochzeitsfeier ohne Rede geblieben. Deshalb haben wir zu der alten bewährten Los-Methode und zu vier Strohhalmen gegriffen – ich habe den kurzen Halm gezogen, also werdet ihr euch von mir erklären lassen müssen, wie wir uns euren weiteren Lebensweg vorstellen.

Um mich nicht von den Wogen der Rührung forttragen zu lassen, kamen mir die Strohhalme gerade recht, und ich will mich an jeden Einzelnen dieser Strohhalme klammern.

Mein erster Strohhalm bedeutet: Dieser Tag, liebe Regine, lieber Sebastian, ist nicht nur sehr aufregend und bedeutsam für euch, sondern auch für uns Eltern. Mit eurem Jawort habt ihr einander und vor aller Welt eure Liebe bekräftigt. Ihr seid im Begriff, eine neue Familie zu gründen. Und wir, eure Eltern, treten in die zweite Reihe zurück.

Der zweite Strohhalm erinnert mich daran: Ab heute haben wir euch wirklich nichts mehr zu sagen! Das war zwar schon vorher so, aber wir konnten uns immerhin der Illusion hingeben, euch etwas vorauszuhaben; und wenn es auch nur die Erfahrung der Ehe war. Damit ist es nun auch vorbei. Wir müssen froh sein, wenn ihr uns manchmal um Rat fragt oder unseren ungebetenen Rat ohne Protest hinnehmt und ab und an zum Sonntagskaffee bei uns vorbeikommt.

Der dritte Strohhalm macht mir klar: Mit dem heutigen Tag seid ihr zwei aus unserer Verantwortung genommen, aus der Verantwortung, die wir am Tag eurer Geburt übernommen haben.

Der Brautvater benutzt die Strohhalme nicht nur als Gedächtnisstütze, sondern zeigt sie auch den Zuhörern, um die Gliederung seiner Rede sinnfällig zu machen.

Hochzeit

Das klingt vielleicht in euren Ohren etwas abwegig, denn ihr fühltet euch ja spätestens seit dem 18. Geburtstag unglaublich unabhängig und selbstständig. Aber eure Selbstständigkeit, zu der wir euch schließlich erzogen haben, hatte nichts mit dem Gefühl zu tun, für euch verantwortlich zu sein. Ein Gefühl, das man nie ablegt, und mögen die Kinder noch so alt und weise werden. Wenn ihr immer noch nicht wisst, was ich meine – wartet einfach die paar Jahre ab, bis eure Kinder heiraten. Dann erinnert ihr euch bestimmt meiner Worte. Wie dem auch sei; was euch betrifft, werdet ihr von jetzt an – einer für den anderen – diese Verantwortung selbst zu tragen haben.

Und schließlich der kurze, der vierte Strohhalm: Wie ihr sicher schon gehört habt und auch an uns beobachten konntet, ist in der Ehe nicht alles rosarot und himmelblau. Alltag und Routine werden sich auch in eure Zweisamkeit schleichen, und manches Problem wird es geben, das ihr nur gemeinsam lösen könnt. Leider gibt es keine goldene Regel, wie man es am besten bis zur goldenen Hochzeit schafft, keine Zauberformel, die eine Ehe leicht und glücklich macht. Nur so viel lasst euch mit auf den Weg gegen: Helft einander, schützt einander und, vor allem, liebt einander. Erhaltet und – wenn möglich – mehrt diese Liebe durch Vertrauen, Toleranz und Geduld, denn die Liebe kann Wunder bewirken. In diesem Sinne lasst uns die Gläser erheben: Auf die Liebe, das Glück und die Gesundheit!

Grundsätzliche Empfehlungen

- Faustregel: Nicht länger als fünf Minuten reden
- Immer konkret werden, nie allgemein bleiben
- Nie *über* Anwesende reden („Petra hatte schon immer eine Vorliebe für Männer mit schnellen Autos."), sondern *mit* ihnen („Du, liebe Petra, hattest doch schon immer eine Vorliebe…")
- Stets das Persönliche suchen, nicht das Sachliche
- Immer emotional, sprechen, durch Gestik unterstützt
- Blickkontakt suchen, den Blick langsam von einem Zuhörer zum anderen schweifen lassen

Reden im privaten Kreis

Eine ältere Verwandte gratuliert

Typus   Toast
Anlass Hochzeit von Neffe oder Nichte
Dauer   ca. 1 Minute
Stil   besinnlich

Liebe Karin, lieber Lukas, liebe Gäste,

da haben wir uns also durch das paradiesische Hochzeitsmenü geschlemmt, sind mittlerweile beim Kaffee und haben heute schon viele Gratulationen und Ermahnungen gehört. Für meinen vielleicht etwas altmodischen Geschmack zu viele Ermahnungen. Denn zu einer richtigen Hochzeit und vor allen Dingen zu den Flitterwochen danach gehören doch Träume, Pläne, Hoffnungen ins Unendliche hinein. Ja, warum denn nicht? Liebe Kinder, träumt, genießt es und überlegt um Himmels willen nicht immerzu, ob dieses wohl machbar ist und jenes vernünftig ... Das könnt ihr immer noch. Später. Jung Verheiratete dürfen daran glauben, dass kein Schatten ihr strahlendes Glück trüben wird! Eure Hochzeit, eure Flitterwochen sollen ein einziger Traum sein! Ein Traum, an den ihr euch später immer wieder erinnern werdet. Denn die Erinnerung ist das einzige Paradies, liebe Karin, lieber Lukas, aus welchem wir nicht vertrieben werden können.

Ich wünsche euch alles Glück der Erde, Kinder! Tut mir Leid für die Planer und Realisten hier in der Runde, weniger als alles Glück der Erde kann ich mir für euch nämlich nicht vorstellen!

Hochzeitsreden sollten nicht nur besinnlich, sondern auch heiter sein.

Hochzeit

Freunde ermahnen den Bräutigam

Typus Vortrag
Anlass Hochzeit eines Freundes
Dauer ca. 3 Minuten
Stil heiter

Willst du deine Frau entzücken,
musst du sie mit Blumen schmücken,
zarte Blüten, die du gibst,
zeigen, dass du zärtlich liebst.
Kleine weiße Märzenbecher
machen sie erst keck, dann frecher,
und mit kleinen Osterglocken
kannst du sie noch mehr verlocken.
Mit den ersten Weidenkätzchen
weiß sie schon, sie ist dein Schätzchen.
Zu den hingehauchten Küssen
passt ein Sträußchen von Narzissen.
Willst du nächtens mit ihr kosen,
schenk ihr weiße Tuberosen.
Kommst du ihr mit Margeriten,
lässt sie sich nicht lange bitten;
auch mit knuffigen Ranunkeln,
lässt sich gut im Dunkeln munkeln.
Aller Liebesmühen Lohn
leuchtet ihr im roten Mohn.
Sympathien, unverhohlen,
sprechen aus die Gladiolen.
Lieb und Treu versprechen Nelken,
welche erst nach Wochen welken.
Bring 'nen Strauß von Gerbera,
wenn sie lange dich nicht sah.
Wenn du rote Rosen schenkst,
weiß sie, dass du an sie denkst –
an die heißen Liebesspiele,
an den Taumel der Gefühle;
schenkst du weiße oder gelbe,
ist es lange nicht dasselbe.

Immer noch ein Traum vieler junger Paare: eine romantische Hochzeit mit allem, was dazu gehört.

Reden im privaten Kreis

Unruhvolle Nachtgedanken
weisen Tulpen in die Schranken.
Sternen gleich solln bunte Astern
alle ihre Wege pflastern.
Bei den duftenden Reseden
will sie von der Liebe reden –
nur mit dir, wie einst im Mai;
spröder macht die Akelei.
Doch in ihrer Gunst ganz vorn
steht dafür der Rittersporn.
Selten zwar, doch hin und wieder
mag sie auch den weißen Flieder.
Seine Frische ist zwar flüchtig,
doch allein der Duft ist wichtig.
Für ein kleines Tausendschön
wird sie dir entgegengehn;
in den stachligsten Kakteen
wird sie Liebesschwüre sehen.
Selbst ein Strauß Vergissmein-
nicht
macht in ihren Augen Licht.
Eh du greifst nach Alpenveilchen,
warte lieber noch ein Weilchen,
bring den echten Veilchenstrauß
besser ihr als Gruß nach Haus.
Flüchtig, wie ein eitler Wahn –
Pollen fliegt vom Löwenzahn.
Farn, Springeri, Schleierkraut
schmeichelt leise, niemals laut
und ist auch nichts für die Nase,
doch es ziert sehr schön die Vase.
Ob du eine teure Lilie
oder grüne Petersilie
wählst, ist so entscheidend nicht.
Tulpen, Iris, Chrysanthemen,
alles wird sie dankbar nehmen
schaut sie nur in dein Gesicht,
wenn du ihr die Blumen gibst
und sie sieht, dass du sie liebst.

Wem mehr oder andere Gewächse einfallen, der kann das Gedicht beliebig abwandeln oder verlängern.

Hochzeit

Für die meisten Menschen verbindet sich mit dem Wort Hochzeit die Vorstellung von der ersten Heirat junger Menschen: Die Braut in Weiß, eine kirchliche Trauung, eine großer Feier … Das Leben und die Statistik beweisen aber, dass nicht alle Ehen lebenslang halten, dass sich nach Scheidungen neue Bindungen ergeben – auch die nicht immer glücklich – und dass man im Leben auch eine zweite und dritte Hochzeit feiern kann. Gewöhnlich fallen die Feiern dazu etwas bescheidener aus. Und auch die Redner – vielleicht zum wiederholten Mal dabei – müssen nur in seltenen Fällen ihre allzu große Rührung unterdrücken.

Ein Trauzeuge gratuliert

Typus Toast
Anlass Dritte Vermählung
Dauer ca. 1 ½ Minuten
Stil heiter, ermahnend

Alle guten Dinge sind drei, sagt das Sprichwort, lieber Horst, insofern hast du Märchen und Legenden auf deiner Seite. Drei Prüfungen muss sich jeder Prinz, der etwas werden will, unterziehen. Drei Wünsche hat man bei der guten Fee frei. Dreimal klingelt's im Theater, bevor sich der Vorhang hebt. Dreimal haut der Auktionator mit dem Hämmerchen – dann ist wirklich Schluss. Ich hoffe, du begreifst, was ich mit diesem Bilde sagen will! Das erste Mal konnte man als Jugendtorheit verbuchen. Das zweite Mal ließen wir dir als den Irrtum deines Lebens durchgehen. Und wir haben alle viel Mitgefühl bewiesen und dich ausgiebig getröstet. Beim dritten Mal muss es nun aber was werden. Schau dir Barbara an. Sie ist eine Frau mit Lebenserfahrung, der kannst du nichts erzählen. Sieht sie aus wie eine Frau, die dich verlässt? Nein. Sieht sie aus wie eine Frau, die du verlassen könntest? Nein.

Also Barbara, pack dir den Horst bei den Hörnern und zeig ihm, wo es lang geht. Du wirst das schon richtig machen.

Macht mir keine Schande, Kinder. Wie steht man als Trauzeuge denn sonst da …

So, Horst, du darfst deine neue Frau jetzt küssen. Ich zähle bis drei. Eins, zwei, drei!

Auch wer zum wiederholten Mal den Schritt in die Ehe wagt, freut sich über eine einfühlsame Ansprache.

Reden im privaten Kreis

Hochzeitsjubiläen

- 1 Jahr — Baumwollene Hochzeit
- 5 Jahre — Hölzerne Hochzeit
- 6½ Jahre — Zinnerne Hochzeit
- 7 Jahre — Kupferne Hochzeit
- 8 Jahre — Blecherne Hochzeit
- 10 Jahre — Rosen-Hochzeit
- 12½ Jahre — Petersilien-Hochzeit
- 15 Jahre — Kristallene Hochzeit
- 20 Jahre — Porzellan-Hochzeit
- 25 Jahre — Silberne Hochzeit
- 30 Jahre — Perlen-Hochzeit
- 35 Jahre — Leinwand-Hochzeit
- 40 Jahre — Rubin-Hochzeit
- 50 Jahre — Goldene Hochzeit
- 60 Jahre — Diamantene Hochzeit
- 65 Jahre — Eiserne Hochzeit
- 67½ Jahre — Steinerne Hochzeit
- 70 Jahre — Gnaden-Hochzeit
- 75 Jahre — Kronjuwelen-Hochzeit

Wenn sich die Ehen als dauerhaft erweisen, hat man Anlass, diesen Umstand gebührend zu feiern. Traditionell haben sich die silberne und die goldene Hochzeit als wirkliche Familienfeste etabliert; wer es möchte, kann aber auch andere Jubiläen festlich begehen. Die poetischen Namen dieser Jubiläen kommen auch in den Geschenken zum Ausdruck, die man aus diesem Anlass macht: zur Petersilien-Hochzeit zum Beispiel ein Sträußchen Petersilie, damit die Ehe grün und würzig bleibt. Zum 30. Jubiläum schenkt der Mann seiner Frau Perlen, denn wie Perlen reihen sich die Ehejahre aneinander. Nach 35 Jahren muss der Wäscheschrank neu gefüllt werden, daher schenkt man Leinenes zu diesem Tag.

Die Tochter gratuliert den Eltern

Typus Ansprache
Anlass Silberhochzeit der Eltern
Dauer ca. 3 Minuten
Stil nostalgisch, heiter

Liebe Eltern,

vor 25 Jahren habt ihr geheiratet. Und wenn ich heute zurückblicke, sind mit dem Tag eurer Hochzeit für mich auch Kindheitserinnerungen verbunden. Vielleicht ist mir euer Hochzeitstag auch deshalb im Gedächtnis haften geblieben, weil ich im Sommer unmittelbar darauf in die Schule gekommen bin. Vielleicht habt ihr euch ja gedacht: Wenn das Mädchen eingeschult wird, sollen ordentlich verheiratete Eltern zum Elternabend kommen. Denn

Hochzeit

ihr habt vor der Hochzeit schon fast zehn Jahre zusammengelebt und mich die ersten sechs Jahre meines Erdenlebens ohne staatlichen und kirchlichen Segen großgezogen. Ich weiß, Mama, ein uneheliches Kind war damals kein „Kind der Schande" mehr, aber leicht wurde es euch, die ihr euch den herrschenden Vorstellungen eurer Eltern nicht beugen wolltet, auch nicht gerade gemacht. Wenn ich mir die Bilder anschaue, die ich mir aus der Fotokiste herausgesucht habe, dann muss ich sagen: Ihr hättet es auch heute nicht leicht. Aber damals müssen die langhaarigen, vollbärtigen Studenten ebenso wie die respektlos miniberockten Studentinnen schockierend gewirkt haben.

Damals, das habt ihr mir erzählt, war die sexuelle Revolution im Gange. Es galt unter den Revolutionären als spießig, dem Partner treu zu bleiben oder – wie schrecklich – ihn gar zu heiraten. Und für euch muss es schon wieder mutig gewesen sein, sich in einer WG dem herrschenden Trend zu widersetzen, zusammenzubleiben und eines Tages das Aufgebot zu bestellen. Ich habe von alledem nicht gar so viel mitbekommen. Für mich war es eigentlich ein Tag wie jeder andere, als mich Großmutter fein anzog und mir einen Korb mit Streublümchen in die Hand drückte. Leider hatte man vergessen, mir zu erklären, was von mir erwartet wurde. Also schüttete ich die komischen Streublümchen alle auf einmal vor euch auf die Straße. Was für euch die Hochzeitsreise war, das war für mich eine unvergesslich lange, verrückte Urlaubsreise durch halb Europa, mit Rucksack, Zelt und Kochgeschirr, zu Fuß, per Anhalter und manchmal auch mit der Bahn. Dann kam ich in die Schule und hatte einen neuen Namen.

Tja, 25 Jahre ist das alles her. In dieser langen Zeit habt ihr Gutes und Schlechtes miteinander geteilt, habt euch verändert – die Liebe ist geblieben. Gut, eure Frisuren und Rocklängen sind etwas angepasster geworden, aber ansonsten seid ihr noch immer ganz schön verrückt und von Zivilisationsmüdigkeit ist nichts zu spüren. Darum wird euch mein Geschenk sicher freuen: Um eure Erinnerungen an die Hochzeitsreise aufzufrischen, habe ich die damalige Reiseroute recherchiert und entlang der Strecke romantische Pensionen für euch gebucht. Richtet euch also darauf ein, dass euer nächster Urlaub eine Silberhochzeitsreise wird.

Die geschilderten Lebensumstände der Eltern sind nur ein Beispiel. Selbstverständlich soll die Rednerin in jedem Fall die wirklichen Lebensumstände der Eltern erwähnen.

Reden im privaten Kreis

Toasts und Trinksprüche

Einige Beispiele für gereimte Trinksprüche und Danksagungen die Sie in Ihre Reden und Ansprachen einfügen können.

Zu verschiedenen privaten Gelegenheiten, vor allem aber zu so fröhlichen Anlässen wie Polterabenden und Hochzeiten, runden Geburtstagen und Jubiläen, ist es üblich, statt eine Rede zu halten einen Toast oder einen Trinkspruch auszubringen. Ein Toast ist hier eine sehr kurze Ansprache bei Tisch von 1 bis 1½ Minuten Länge. Toasts werden in den einzelnen Abschnitten als Mustertexte angeboten.

Ein Trinkspruch ist ein kurzes, gereimtes Gedicht. Es kann auf den Anlass, auf den Jubilar oder das Brautpaar, aber auch auf das Getränk bezogen sein, das man zu sich zu nehmen im

Diese Verse aus einem volkstümlichen Rundgesang kann man als Trinkspruch aufsagen.

Ein Rundgesang
Und wer im Januar geboren ist,
steh auf, steh auf, steh auf.
Er nehme sein Gläschen an den Mund
und trinke es aus bis auf Grund.
Trink aus, trink aus, trink aus,
trink aus, trink aus, trink aus.

Für Hochzeiten eignen sich die folgenden Sprüche.

Hochzeitssprüche
Anfangs wollt ich es nicht glauben,
doch nun wird es endlich wahr.
Es brüllt der Löwe, gurr'n die Tauben:
Ein Prosit unserem Hochzeitspaar.

Manchmal lohnt es nicht, den Kopf zu wenden,
denn man weiß, eh es begonnen hat,
macht es sich schon langsam dran zu enden,
Und der Frust tritt an der Freude statt.

Heute schweigen wir von solchen Dingen;
weil ein Blick der beiden mir verriet,
weiß ich: Diesen hier wird es gelingen!
Das ist Grund genug für ein Prosit!

Toasts und Trinksprüche

Begriff ist. Solche Trinksprüche sollen kurz und pointiert sein. Bedenken Sie: Die Reden sind schon gehalten und die Gäste warten mit dem Glas in der Hand und wollen zum Trinken animiert und nicht davon abgehalten werden.

Die Versform der Trinksprüche ist immer einfach. Oft ist sie dem Volkslied entlehnt. Darum ist es auch relativ leicht, solche Trinksprüche den jeweiligen Anlässen anzupassen oder selbst neue Sprüche in der vorgefundenen Form zu dichten. Im ersten Textbeispiel können die Monatsnamen – dem Ursprung als Rundgesang entsprechend – variiert werden. Mit ein wenig Übung wird es Ihnen bald gelingen, Ihre eigenen Ideen umzusetzen

Manchmal wollen sich auch der Jubilar bzw. das gefeierte Paar für die Glückwünsche und Geschenke bedanken. Bevor später die formellen Danksagungen versandt werden, kann man sich bereits auf der Feier mit einem launigen Trinkspruch an die Gäste wenden.

Mit diesen heiteren Gedichten setzen Sie auf jeder Feier einen besonderen Akzent.

Das Hochzeitspaar bedankt sich mit diesem Gedicht.

Dankesworte

Tortenplatten, Kuchengabeln
Schmortopf für das Entenklein;
Stoffservietten samt Beringung,
Heber für den Apfelwein.
Teller, Töpfe, Kasserollen,
frische Wäsche für den Tisch,
für die Messer Messerbänkchen
und Besteck auch für den Fisch.
Rührer, Mixer, Schneider, Häcksler
ziehn in unsre Küche ein.
Auch die schwerste Zubereitung
wird ein Kinderspiel nun sein.
Allen, die uns etwas schenkten,
danken wir mit Herzlichkeit.
Denn nun sind wir gut gerüstet
für die Alltagswirklichkeit.

An dieser Stelle will ich nun erwidern,
was in Geschenken, Wünschen, Versen, Liedern
mir jüngst zu Ohr und Herzen ist gelangt.
Für das gelungne Fest in froher Runde,
für gute Wünsche (selbst zu später Stunde),
sei allen euch gedankt.

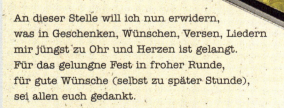

Reden im privaten Kreis

Feste im Jahreslauf

Die Festtage während des Jahres bieten, wenn sie im Rahmen der Familie gefeiert werden, nur selten Gelegenheit für längere und gewichtige Reden. Eher sind kurze, pointierte Ansprachen oder Festgedichte gefragt.

Über das ganze Jahr verteilt gibt es immer wieder festliche Gelegenheiten, die Anlass für eine Rede sein können. Wenn das eine oder andere dieser Feste eine ganz besondere Bedeutung für Sie hat, sollten Sie erst recht über eine passende Rede nachdenken.

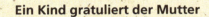

Muttertag

Zum Muttertag wird in der Regel nicht der Familienvater das Wort ergreifen, sondern das Kind oder eins der Kinder, stellvertretend oder im Auftrag der ganzen Familie.

Ein Kind gratuliert der Mutter

Typus   Vortrag
Anlass Muttertag
Dauer   ca. 1 Minute
Stil   heiter

Ein Anlass für einen Blumengruß und ein paar nette Worte findet sich immer.

Heute soll für unsre Mutter
der verdiente Festtag sein.
Komm zum Frühstück! In die Butter
drückten wir ein Muster ein.

Blumenmuster, Blütenreigen
und ein kleines Dankgeschenk
und ein Himmel voller Geigen
soll'n dir, Mutter, heute zeigen,
das ich immer an dich denk.

Weil wir alle dich so lieben
wie die Dichter es beschrieben
haben wir uns heut gedacht,
dass, wenn ich den Text dir dichte,
dir die Muttertagsgeschichte
dann am meisten Freude macht.

Feste im Jahreslauf

Es bleibt dem Ehemann und Familienvater natürlich unbenommen, seine Rolle als Oberhaupt zu spielen und eine kurze Ansprache zu halten. Im folgenden Beispiel wird vorausgesetzt, dass die Gratulanten ein „Scheckheft" – bei der Gestaltung sind der Fantasie keine Grenzen gesetzt – vorbereitet haben, das die Gutscheine, die im Text angesprochen werden, enthält.

Der Vater gratuliert im Namen der Familie

Typus Ansprache
Anlass Muttertag
Dauer ca. 2 Minuten
Stil heiter

Liebe Marion,

auch in den Zeiten von Plastikgeld, Kundenkarten, Bonus-, Chip- und Payback-Karten ist es manchmal ganz anheimelnd, an die guten alten Zeiten des Scheckhefts zurückzudenken. Wir haben dir hier ein Scheckheft zusammengestellt. Es trägt die Aufschrift (alle sprechen:) „Herzlichen Glückwunsch zum Muttertag" – womit wir auch den Glückwunsch erledigt hätten. Wir haben dir natürlich auch Frühstück gemacht und einen Blumenstrauß auf den Tisch gestellt, aber wir waren uns einig, dass uns das nicht genügt. Damit du nicht nur einen Tag im Jahr hast und damit wir nicht nur an einem Tag im Jahr an deine besondere Rolle als Mutter und Logistik-Chefin der Familie erinnert werden, haben wir dir zehn Schecks zusammengeheftet, die du bei uns jederzeit einlösen kannst. Sieben Schecks enthalten Tätigkeiten, die dir besonders unsympathisch sind: Steuerformulare ausfüllen, Fenster putzen, Teppich reinigen, Elternabend besuchen, Grillparty vorbereiten, Urlaubsgepäck packen, Wäsche nach dem Urlaub waschen. Drei weitere Schecks sind Blanko-Schecks. Darauf kannst du, wenn du mal überhaupt nicht gut drauf bist, schreiben, was wir für dich erledigen sollen. Das machen wir dann auch prompt! Wirklich! Großes Pfadfinderehrenwort! Ich ahne schon, was du – clever wie du nun einmal bist – auf den letzten Blankoscheck schreiben wirst: „Ein neues Scheckheft bitte!" Dafür lieben wir dich. Und noch eins: Wenn du jetzt nicht frühstücken kommst, werden die Eier kalt! Herzlichen Glückwunsch!

Diese Rede benötigt besondere Vorbereitungen: Die Familie muss das Scheckheft, das am Ende überreicht wird, auch wirklich liebevoll gestalten und basteln.

Reden im privaten Kreis

Weihnachten und Neujahr

Oft besteht anlässlich des Weihnachtsfestes und des Jahreswechsels das Bedürfnis, im engeren Familienkreis einige Worte zu sprechen. Entwickeln Sie bitte nicht den Ehrgeiz, mit der Predigt des Geistlichen oder mit der Weihnachtsansprache des Bundespräsidenten zu konkurrieren. Besser kommt es ganz sicher an, wenn Sie für das, was Sie Ihrem Partner oder Ihrer Familie sagen möchten, ganz persönliche Worte finden.

Der Großvater spricht unterm Weihnachtsbaum

Typus Ansprache
Anlass Weihnachtsabend
Dauer ca. 1½ Minuten
Stil besinnlich

Besonders der Weihnachtsabend bietet Anlass für eine Rede in besinnlicher Runde.

Ihr Lieben,

die Lichter sind nun endlich angezündet, der Weihnachtsabend ist da. Und so wie es in unserer Familie Tradition ist, hat euch die Glocke zum Weihnachtsbaum gerufen. Ich weiß, besonders unsere Kleinen sind jetzt ungeduldig und wollen den Hügel stürmen, der dort in der Ecke so geheimnisvoll mit Weihnachtspapier abgedeckt ist und unter dem sie zu Recht die Geschenke vermuten.

Ich möchte, bevor wir uns über die Geschenke hermachen, euch zu einem Moment der Besinnung einladen. Ich möchte, dass wir uns in dieser Stunde bewusst machen, wie gut es uns geht, wie sehr wir Grund haben, dankbar zu sein. Ich möchte, dass wir immer daran denken, dass dieses unser Wohlergehen kein Geschenk ist, sondern dass es uns verliehen wurde, verliehen gegen die Verpflichtung, verantwortlich damit umzugehen. Das Materielle, das Glänzende, das, was man kaufen kann, liegt unter diesem Weihnachtsbaum. Es ist der Gegenwert vieler Stunden fleißiger Arbeit. Das andere, das man nicht kaufen kann, die Liebe, die Freundschaft, die Ver-

Feste im Jahreslauf

lässlichkeit, dieses andere ist der Gegenwert von vielen einzelnen Taten, die zusammengenommen verantwortliches Handeln ergeben, schlicht die Art, wie wir miteinander umgehen. Und so bitte ich euch, beim Auspacken der Geschenke vor allem daran zu denken, dass auch das Materielle letztlich immer nur dann Wert hat, wenn es Ausdruck unserer menschlichen Beziehungen ist. In diesem Sinne wünsche ich uns allen ein frohes Weihnachtsfest.

Der Gastgeber gratuliert zum Jahreswechsel

Typus Toast
Anlass Silvesterparty
Dauer ca. 1 Minute
Stil besinnlich, zuversichtlich

Liebe Gäste,

als Jesus seinen Jüngern, die gen Kapernaum fuhren, auf dem Meer begegnete, erschraken sie sehr, denn er lief über das Wasser, während sie in ihrem Schiff gegen die tosenden Wellen ankämpften. „Ich bin's, fürchtet euch nicht", sprach er zu ihnen, und sie nahmen ihn in das Schiff, und das Schiff fand alsbald das ersehnte Ufer wieder.

Irgendwie fühlen auch wir uns in der Neujahrsnacht immer ein wenig wie die Jünger auf dem Meer. Wir treiben in das neue Jahr hinein und wüssten ganz gern, welche Richtung unser Schicksal nehmen wird. Da ich kein Prophet bin, will ich mich an die Schrift halten und zuversichtlich rufen: „Fürchtet euch nicht!" In diesem Sinne erhebe ich das Glas auf ein glückliches, gesundes und erfolgreiches neues Jahr!

Ausgelassener geht es oft auf einer Silvesterfeier zu. Ein launiger Toast zum Sekt um null Uhr kommt immer gut an.

Kleine Vorträge und Gedichte für Kinder

Vortragstexte zu verschiedenen Anlässen für kleinere und größere Kinder

Von Kindern erwartet man eigentlich nicht, dass sie lange Reden halten. Aber auch Kinder haben häufig den Wunsch – beispielsweise zum Muttertag oder zum Geburtstag des Großvaters – etwas vorzutragen. Für sie kann so ein kleiner Vortrag oder ein Gedicht das Geschenk sein, das sie der Mutter oder dem Opa machen wollen. Für ein Kind bedeutet es viel Arbeit und Mühe, einen Text, der vorgetragen werden soll, herauszusuchen und auswendig zu lernen. Ist so ein großer persönlicher Einsatz nicht ein schöner Liebesbeweis?

Auch wenn die Kinder nicht von selbst darauf kommen, etwas vorzutragen, reicht oft schon die Bitte, um sie zu motivieren.

Bereits Kinder im Vorschulalter lernen spielerisch leicht einfache Vierzeiler auswendig. Aber so schnell, wie sie lernen, vergessen sie manchmal auch wieder. Größere Kindern bewältigen durchaus auch bereits längere Texte.

Zu Geburtstagen

Ein langes Gedicht,
das merk ich mir nicht.
Drum sag ich nicht mehr
als: Ich liebe dich sehr!

Ich mach nicht viele Worte:
Ich wünsche dir viel Glück.
Von der Geburtstagstorte
will ich ein großes Stück.

Du hast Geburtstag heute,
da freu'n sich alle Leute,
am meisten freu ich mich.
Mit Blumen und Geschenken
wolln wir dich reich bedenken,
denn alle, alle lieben dich.

Nicht lange will ich meine Wünsche wählen,
bescheiden wünsch ich zweierlei:
Noch fünfzig solcher Tage sollst du zählen
und allemal sei ich dabei!

Eduard Mörike

Widmung
Klänge wachsen auf den Wegen,
Im Gebüsch, im jungen Grün:
Alle meine Melodien
Möchte ich mit leisem Segen
Abends auf dein Kissen legen.
Wilde Blumen, selt'ne Früchte:
Was der reife Sommer bringt,
Möcht' ich in dein Zimmer tragen;
Sollst mir keine Antwort sagen.
Still! – der Traum versinkt – verklingt.

Paula Dehmel

Kleine Vorträge und Gedichte für Kinder

Für jemanden, der im Frühling Geburtstag hat

Im Garten blühen schon ein Weilchen
Schneeglöckchen, Krokus und Veilchen.
Da hab ich mich nicht lang bedacht
und ein schönes Sträußchen zurecht gemacht.
Das bringe ich dir zum Geburtstagsfest.
Der Frühling dich schön grüßen lässt.
Er sagt, mit allem Sonnenschein
kehrt er so gerne bei dir ein,
damit dein neues Lebensjahr
sei sonnig, fröhlich hell und klar.

Friedrich Güll

Zu Geburt und Taufe

Mama muss sich noch erholen
Papa, pass gut auf sie auf!
Schleichen wir auf leisen Sohlen,
nimmt schon alles seinen Lauf.

Auch Brüderchen braucht sehr viel Ruhe.
Darf ich's streicheln dann und wann?
Hol aus meiner Spielzeugtruhe
etwas, das es brauchen kann.

Ein Kindersegen

Ach lieber Herr Jesus Christ,
weil du ein Kind gewesen bist,
so gib auch diesem Kindelein
die Gnad und auch den Segen dein.
Ach Jesus, Herre mein,
behüt dies Kindelein.

Heinrich von Laufenberg

Reden im privaten Kreis

Zum Polterabend

Ihr seht mich nicht, weil ich so klein noch bin?
Na wartet, dann sollt ihr mich hören!
Ich reich den meisten nicht mal bis zum Kinn,
doch muss ich eure Runde jetzt stören.

Damit das Brautpaar was zu tun bekommt
hab ich hier meinen Segen auszuschütten,
wie das an einem solchen Tag sich frommt.
Macht Platz, jetzt wird gepoltert! Darf ich bitten!

Kleine Vorträge und Gedichte für Kinder

Zu Weihnachten

Ach du schöner Weihnachtsbaum,
bist so wunderbar geschmückt.
Seh ich dich, dann glaub ich's kaum,
steh ganz still und bin verzückt.
Ach, und wenn ich erst dran denke,
an die herrlichen Geschenke!

Zum Jahreswechsel

Was das Jahr in stetem Wechsel
zwischen Lust und Leid gebracht...
alles Trübe sei vergessen
und des Guten nur gedacht!
Und wie's dränge sich und treibe
und was jeder auch verlor,
eins nur haltet, dass es bleibe:
Lieb und Frohsinn und Humor!

Cäsar Flaischlen

Zum Richtfest

Gott schütz' das Haus stets vor Gefahr
und schütze seinen Herrn.
Es stehe sicher Jahr um Jahr
und halt' die Sorgen fern.
Der grüne Kranz ist ein Symbol
für seines Bauherrn Glück,
das in den Hause wohnen soll
in jedem Augenblick!

Für alle Gelegenheiten

Hab Sonne im Herzen,
ob's stürmt oder schneit,
ob der Himmel voll Wolken,
die Erde voll Streit...
hab Sonne im Herzen,
dann komme, was mag,
das leuchtet voll Licht dir
den dunkelsten Tag

Cäsar Flaischlen

Reden im privaten Kreis

Auf dem beruflichen Weg

Zwischen dem Schulabschluss und der Pensionierung ergeben sich mannigfache Gelegenheiten zum Feiern und zum ehrenden Gedenken. Reden und Ansprachen begleiten den Menschen auf seinem gesamten beruflichen Weg. Das fängt schon in der Schulzeit an …

Der Abschluss der Schule, das Abitur und der Hochschulabschluss sind von großer Bedeutung für einen jungen Menschen. Oft geht so ein Abschluss mit dem Verlassen des Elternhauses einher; der Wechsel an eine Berufsschule oder eine Universität in einer anderen Stadt steht zum Beispiel bevor. Nicht nur für die „Kinder", sondern auch für die Eltern ist dies in der Regel ein großes Ereignis. Diesem Umstand wird oft auch mit einer kleinen Feier im privaten Kreis Rechnung getragen, bei der es nicht nur gute Worte, sondern auch häufig besondere Geschenke gibt.

Der Vater spricht zum Abitur der Tochter

Typus Ansprache
Anlass Abitur
Dauer ca. 3 Minuten
Stil heiter, zuversichtlich

Meine liebe Sandra,

es ist immer noch Brauch, euch am Ende eurer Schulzeit ein Zeugnis auszuhändigen, das eure Reife bestätigt. Ich weiß nicht, ob ihr über den Begriff Reifezeugnis ähnlich respektlos denkt wie wir, als wir das Abitur machten. Aber immerhin: Das Zeugnis berechtigt dich, eine Hochschule oder eine Universität zu besuchen und einen akademischen Grad zu erwerben, wenn du es denn willst. Aber diese Berechtigung erwerben jedes Jahr viele Tausende Schulabgänger. Es ist also eigentlich nichts Besonderes. Und keiner von euch hat dem anderen irgendetwas Wesentliches voraus. Denke ich an mein eigenes Abitur und denke ich an das Klassentreffen meiner Abiturklasse im vorigen Jahr, dann bin ich immer wieder verblüfft, welche erstaunlich unterschiedliche Lebenswege wir eingeschlagen haben, obwohl wir doch alle vom gleichen Punkt aus – dem Abitur – gestartet waren. Euch wird das nicht anders ergehen.

Auf dem beruflichen Weg

Wenn ich an meine Abiturfeier zurückdenke, erinnere ich mich an gestelzte lateinische Sprüche und Klassikerzitate, die man uns auf den Weg gab und mit denen man angestrengte Bildungsbürgerlichkeit vorspielte. Dabei stand uns der Sinn eher nach Jeans und Fast Food. Hamburger statt Bildungsburger. Ich nehme an, dass ihr in 20 Jahren das heutige Geschwafel von der Dienstleistungsgesellschaft und vom Informationszeitalter ebenso lächerlich finden werdet. Deshalb möchte ich dich nicht mit ungebetenen Ratschlägen behelligen, sondern dich darin bestärken, deinen eigenen Vorstellungen vom Leben zu vertrauen – und zwar voll und ganz. Denn dann bin ich sicher, dass du nichts halbherzig tust, um es anderen recht zu machen.

Die Voraussetzungen, alles zu tun, was du dir wünschst, hast du. Rahm dir dein Reifezeugnis ein, damit du dich hin und wieder dran erinnerst. Was du daraus machst, daran wird sich deine wirkliche Reife zeigen. Wir, deine Eltern, deine Familie und deine Freunde, vertrauen dir da voll und ganz. Ich gratuliere dir und umarme dich!

Ein typisches Geschenk zum bestandenen Abitur ist das erste eigene Auto.

Reden im privaten Kreis

Zum Examen

Typus Toast
Anlass Hochschulabschluss
Dauer ca. 1 Minute
Stil heiter

Lieber Magister Christian,

wir sind froh und glücklich, dass du es geschafft hast. Denn wir haben alle in den letzten Wochen vor der Magisterprüfung mitgelitten, mitgeschwitzt und ein bisschen, zumindest was mich betraf, auch mit dir gezittert. Denn ich selbst war nie ein Prüfungstyp, während du, wie mir Augenzeugen berichteten, einen bravourösen Auftritt vor der Prüfungskommission hattest. Jetzt lass uns also tief durchatmen, bevor wir zu einer weiteren schweren Prüfung kommen, die das Leben für uns bereit hält, nämlich die Qualität des Weins zu prüfen. „Ob von der Mosel oder vom Rhein, der Riesling soll schön trocken sein." Nicht so unsere Kehlen. Darum erhebe ich mein Glas auf den frisch gebackenen Magister Christian. Prosit!

Das feuchte Papier wurde zum Pressen und Entwässern auf ein Gautschbrett gelegt. Unter Buchdruckern und Setzern ist das Gautschen am Ende der Lehrzeit Brauch.

Zum Abschluss der Berufsausbildung

Typus Ansprache
Anlass Abschlussparty nach der Lehre
Dauer ca. 2 Minuten
Stil heiter

Lieber Martin,

nun bist du ja schon wieder einigermaßen trocken, nachdem man dich heute Mittag _ trotz des kühlen Wetters – kräftig in die Gautsche genommen hat. Hoffentlich gibt's es keinen Schnupfen! Wir freuen uns, dass du zum Gesellenbrief heute auch noch deinen Gautschbrief bekommen hast. Denn nun gehörst du erst richtig dazu und bist von allen Unvollkommenheiten und schlechten Gewohnheiten deiner Lehrzeit gereinigt.

Auf dem beruflichen Weg

Es stimmt mich zuversichtlich, dass auch im elektronischen Zeitalter die schwarze Kunst geschätzt wird. Zu meiner Lehrzeit und in meinem Land wurde der Schriftsetzer gerade in „Facharbeiter für Druckformenherstellung – Handsatz/Akzidenzien" umbenannt. So stand es jedenfalls in meinem Zeugnis. Hier und heute heißt der Beruf wieder Schriftsetzer. Dafür durften wir uns damals Lehrling nennen und mussten uns nicht mit dem Wortungetüm „Auszubildende" rufen lassen. Vielleicht stört ja irgendwann die Kultusminister auch das Wort Schüler, und sie ersetzen es durch „Zubeschulende". Doch genug an der Weltesche gesägt. Als Schriftsetzer stehst du in einer Tradition, die bei Gutenberg begann. Kundige Menschen, die mit der Schrift umzugehen verstehen, im wirklichen handwerklichen Sinne Schriftkundige, wird es immer geben, solange es Menschen gibt, die lesen. Denn schließlich hat auch jeder Text, den der Computer auf den Monitor zeigt, seine Urahnen in Gutenbergs Setzkasten. Deinen künftigen Beruf, den du drei Jahre lang gründlich erlernt hast, solltest du tatsächlich als Berufung empfinden. Denn wie kaum ein anderer Beruf stellt er die Verbindung zwischen Tradition und Innovation her. In keinem anderen Beruf gibt es diese enge Verflechtung von alten handwerklichen Tugenden mit modernsten technischen Entwicklungen. In diesem Sinne, lieber Martin, würde ich mich freuen, immer wieder etwas von dir lesen zu dürfen. Ich wünsche dir alles Gute für die Zukunft – und: Sei etwas vorsichtig heute Abend, denn sie werden versuchen, dich auch inwendig zu gautschen ...

Gautschen – die angehenden Drucker und Setzer werden in einen Wasserbottich gesetzt und kräftig mit Wasser begossen.

Reden im privaten Kreis

Die Mutter verabschiedet die Tochter

Typus Ansprache
Anlass Auszug der Tochter aus der elterlichen Wohnung
Dauer ca. 2–3 Minuten
Stil besinnlich

Liebe Franziska,

Fränze darf ich dich wohl nicht mehr nennen, das kommt dir ganz sicher zu kindlich vor. Und ich will an so einem Tag keine sentimentalen Kindheitserinnerungen heraufbeschwören. Schließlich ist uns allen etwas weh ums Herz und die Tränendrüsen scheinen etwas produktiver zu sein als an anderen Tagen.

Ein Abschied ohne sentimentale Kindheitserinnerungen.

Franziska, wir wussten und du wusstest, dass dieser Tag unausweichlich kommen würde – dieser Tag der Trennung. Alles andere hätte uns auch gewundert. Denn wir haben dich ja schließlich nicht deshalb zur Selbstständigkeit erzogen, damit du uns am Rockzipfel hängst. Es war trotzdem ein seltsames Spiel, das du mit uns in den letzten 14 Tagen getrieben hast. Du kamst uns vor wie eine Katze, die eine wertvolle Glasvase zerbrochen hat und die nun nicht weiß, ob sie sich noch an den heimischen Futternapf trauen darf. Man sagt ja, dass Kinder, die zu ihren Eltern eine besonders herzliche und enge Beziehung hatten, sich auch besonders heftig aus den elterlichen Bindungen frei kämpfen müssen. Glücklicherweise haben wir die Kämpfe nach relativ kurzer Zeit beenden können. Und besonders im letzten Jahr ging es bei uns so harmonisch zu, dass es uns schon manchmal unheimlich vorkam. Nun ist es also heraus, und dir ist bestimmt leichter ums Herz, seitdem du uns deinen Entschluss mitgeteilt hast.

Die besten Wünsche mit auf den Weg in die Zukunft.

Wir verkennen nicht, dass dein Auszug auch manchen Vorteil mit sich bringt. Dein Zimmer wird von nun an immer vorbildlich aufgeräumt sein, weil niemand mehr da ist, der es verwüstet. Bestimmte Musikstile, zu denen wir uns nicht mehr mit leidenschaftlicher Begeisterung bekennen wollten, werden nun deutlich seltener erklingen. Und das leidige Problem, wer zuerst ins Bad darf, löst sich in Wohlgefallen auf.

Franziska, wir wünschen dir einen festen Tritt, ein sicheres Augenmaß und ein paar gute, verlässliche Gefährten auf dem

Auf dem beruflichen Weg

Weg durchs Leben, der sicher nicht immer ganz gerade und ungefährlich sein wird.

Übrigens: Wir werden dein Zimmer nicht vermieten; solltest du also einmal Lust verspüren, einfach mal bei uns vorbeizuschauen, so sei uns herzlich willkommen. Wir wollen nur eins klarstellen: Zuerst geht Papa ins Bad, dann ich – und dann nach einer ganzen Weile du.

Freunde feiern die Beförderung

Typus Toast
Anlass Beförderung einer Freundin
Dauer ca. 1 Minute
Stil fröhlich

Ellen, ick kieke, staune, wundre mir, würde der Berliner sagen – und dazu hätte er auch allen Grund.

Ich will ganz ehrlich sein, meine Liebe: Ich habe schon nicht mehr so richtig daran geglaubt, dass in eurem Laden noch mal jemand dahinter kommt, was alles in dir steckt. Und ich verrate ein offenes Geheimnis, dass wir dich alle bewundert haben, mit welchem scheinbaren Gleichmut du es weggesteckt hast, dass erst der eine und dann auch noch der andere männliche Kollege – wir wissen alle, von wem wir sprechen – bevorzugt wurden, obwohl keiner von beiden deine Klasse und deine Befähigung hatte. Nun bist du doch Direktionsmanagerin mit eigenem Geschäftsbereich geworden. Alles, was recht ist – das klingt doch wirklich bedeutend! Dass du es erst im dritten Anlauf geschafft hast, spricht nicht gegen dich, sondern gegen jene, die in deinem Unternehmen Personalfragen entscheiden. Auch der große Musiker Johann Sebastian Bach wurde nur deshalb Thomaskantor, weil dem Leipziger Rat „in Ermangelung eines Besseren" keine andere Wahl blieb. Und wie ist es heute? Bach ist aller Welt bekannt und von den Zeitgenossen, die dem Leipziger Rat besser schienen, spricht kein Mensch mehr. In diesem Sinne: Zeig es ihnen! Kraft und Erfolg! Zum Wohl, liebe Ellen!

Auch der berufliche Aufstieg wird gern im Freundeskreis gefeiert.

Reden im privaten Kreis

Die Gratulationscour

Typus Vortrag
Anlass Jede erdenkliche Feier
Dauer ca. 5 Minuten
Stil ironisch, unterhaltsam

Für die Feier jedes beliebigen Anlasses eignet sich der folgende heitere Vortrag. Er hat überdies den Vorzug, dass man ihn problemlos kürzen oder durch Hinzudichten eigener Verse erweitern kann.

Es war ein normaler Tag auf Erden;
er schien wie jeder andere zu werden;
der einzige Unterschied, den es gab,
Harry (aktueller Name) hielt seine Feier ab,
als plötzlich – als wär's ein Walpurgisnachtstraum –
zur Gratulationscour, man glaubt es kaum,
alle möglichen Leute eintraten:
Künstler, Promis und Potentaten,
Männer des Worts und der Muskelkraft,
Frauen voll Schönheit und Leidenschaft.

Mit einer Birne, außen rund, innen hohl,
Altbundeskanzler Helmut Kohl.
Verschlagen und rheinisch, auch sonst immer schlauer,
der noch ältere Altkanzler Adenauer.
Hinterm Rücken verborgen noch Hammer und Sichel,
von den Gorbatschows der Michel.
Mit einer diplomatischen Note,
Otto von Bismarck und Wilhelm der Zwote.
Mit einem Löffelchen Fensterkitt,
Benjamin Franklin und William Pitt.
Mit einem Cocktail aus brennbarem Stoff,
Ex-Außenminister Molotow.
Mit einem Apfel und wie stets oppositionell,
der Armbrustschütze Wilhelm Tell.

Mit einem Pudding mit Himbeersoße,
Pippin der Kurze und Karl der Große.
Mit einer mobilen Puppenbühne,
Philipp der Gute und Karl der Kühne.
Mit Wehr und Waffen protzt nicht wenig,
Friedrich Wilhelm, Soldatenkönig.

Auf dem beruflichen Weg

Mit einer zur Gartenarbeit tauglichen Harke,
der sächsische Kurfürst August der Starke.
Mit einem ebensolchen Spaten,
Heinrich Heine und August von Platen.
Direkt aus seinem eigenen Witz,
der preußische Leutnant von Zitzewitz.

Als monegassische Praline
verpackt, Prinzessin Caroline.
Mit fast nichts an sind ebenfalls da:
Naomi, Cindy und Claudia.
Mit ihrem was weiß ich wievielten Kind,
die Superschriftstellerin Hera Lind.

Mit einem Lenkrad voll goldener Clips,
Huschke von Hanstein und Berghe von Tripps.
Mit einem Rennauto, stolz wie ein Kind,
der ungezogene Jochen Rindt.
Mit Langlaufschuhen, die stehen vor Dreck,
Nurmi und Emil Zatopek.
Mit einem Fußball, ich sag's nicht genauer,
Overath, Netzer und Beckenbauer.

Mit einem Gedicht von Theodor Körner,
Brian Adams und Tina Turner.
Mit einer west-östlichen Zauberflöte,
Johann Wolfgang Geheimrat von Goethe.
Mit seiner Blechschmiede, erhaben und stolz;
der deutsche Dichter Arno Holz.
Mit viel Getrommel und Gebimmel,
Günther Grass und Johannes Mario Simmel.

Mit einem transzendentalen Ton,
Meyerbeer, Schumann und Mendelssohn.
Mit Theaterdonner und starkem Applaus,
Richard Wagner und Richard Strauss.
Mit skandinavischer Musik,
Sibelius, Gade und Edvard Grieg.
Mit ihrem neuesten Zwölftonwerk
Anton von Webern und Alban Berg.

Reden im privaten Kreis

Arno Holz, der die Anregung für diese Reimrede gab, hätte bestimmt nichts dagegen, wenn Sie in der Art seiner Modernen Walpurgisnacht anderes und Weiteres dichteten.

Mit einer Aktzeichnung – olala,
David, Ingres und Delacroix.
Wer bildet im Triptychon die Mitte,
Mattheuer, Tübcke, Willi Sitte?
Mit einer Flasche Muskateller,
Arnold Böcklin und Gottfried Keller.

Mit einer Filmrolle rücken an
Kapitän Hook und Peter Pan.
Mit einem Oscar im Gepäck,
Jodie Foster und Gregory Peck.
Mit einem elektrischen Pianola,
Marlene Dietrich als fesche Lola.

Mit einer physikalischen Pampelmuse,
Conrad Röntgen und Konrad Zuse.
Mit einem teuflischen Spaltungsplan,
Fritze Straßmann und Otto Hahn.
Vor Freude strahlend wie sonst nie,
Lise Meitner, Marie Curie.
Mit einem quantenmechanischen Scherz,
Heisenberg, Bohr und Heinrich Hertz.

Mit einem Fernrohr, den Weltraum zu schaun,
Hermann Oberth und Wernher von Braun.
Mit einem Tricorder, wie sonderbar,
der Enterprise-Captain Jean-Luc Picard.
Mit Zeugnissen unternehmenden Sinnes,
Alfred Krupp und Hugo Stinnes
Mit wolframveredelten Chromstahlnüssen,
Friedrich Flick und August Thyssen.

Sie alle wollten, wenn ich erwachte,
dass ich die Glückwünsche überbrachte
So will ich's auch halten, so sei es getan;
ich schließe mich der Reihe an
und verbleibe, das Herz will überfließen,
lieber Harry, mit herzlichen Grüßen.

Auf dem beruflichen Weg

Papa ante portas

Typus Ansprache
Anlass Eintritt in den Ruhestand
Dauer ca. 2 Minuten
Stil nachdenklich, fröhlich

Lieber Horst,

was sagt man nicht alles an so einem Tag? Von „verdientem Ruhestand" ist die oft die Rede – dabei verdient man nun gar nichts mehr, sondern bekommt Rente. Der „Unruhestand" wird einem anempfohlen – dabei kann man doch froh sein, dass der Stress endlich vorbei ist. Man könne sich nun in aller Ruhe und Ausgiebigkeit seinem Hobby widmen, wird einem beschieden – dabei hatte man das Hobby doch nur gebraucht, um sich von nervigen Chefs abzulenken und um netten Kollegen etwas erzählen zu können. Was braucht man ein Hobby, wenn man keinen Job mehr vergessen muss. Man möge noch „viele Jahre im Kreise der Familie" verbringen, wird einem gewünscht – dabei weiß man doch, dass die Familie schon nach einer Woche in höchster Aufregung sein wird, weil der Alte nun jeden Tag zu Hause ist, überall seine Nase reinhängt und alles durcheinander bringt.

Wie schwierig es sein kann, mit dem Ruhestand zurechtzukommen.

Du merkst an diesen Beispielen schon, lieber Horst, dass sich die Sache viel komplizierter darstellt, als du angenommen hast. Würdest wohl noch ein paar Jahre Arbeit drangehängt haben, wenn man dir das eher gesagt hätte, was?

Da wir wissen, wie schwer es dir fallen wird, dich in der ersten Zeit zurechtzufinden – im eigenen Haus und im eigenen Tag, den kein anderer dir mehr organisiert –, haben wir beschlossen, dir den Terminkalender zu führen. Damit der Einschnitt für dich nicht zu tief wird, haben wir eine Reihe kleiner Aufgaben für dich vorgesehen, zu deren pflichtgemäßer Erfüllung wir dich anhalten werden. Und Sonja, deine liebe Frau, wird dich auch an ungewohnte Tätigkeiten – wie das Füllen einer Waschmaschinentrommel – einfühlsam heranführen.

Eine Reihe kleinerer Aufgaben für den Ruheständler.

Nimm also, lieber Horst, diesen Ruhestandskalender als Versprechen, dass wir dich auf deinem neuen Lebensabschnitt nicht allein lassen werden.

Errungenschaften und Anschaffungen

Man muss die Feste feiern, wie sie fallen. Und wenn gerade kein runder Geburtstag, keine Hochzeit und auch sonst kein bedeutender Anlass ansteht, muss man sich eben damit behelfen, Begebenheiten des Alltags zum Ereignis zu erheben und gebührend zu feiern.

Hat man Spaß am Feiern, braucht man nach einem Grund nicht lange zu suchen. Ob nun die neue Polstergarnitur oder die Genesung eines guten Freundes, die Heimkehr nach einer langen Reise oder der Sieg im Wettangeln … Anlässe lassen sich immer finden. Der Erwerb des Führerscheins oder des ersten Autos stehen hier stellvertretend für weitere, weniger gewichtige Anlässe zum Feiern und Reden.

Das Richtfest oder die Wohnungseinweihung hingegen sind klassische Anlässe für Festredner. Doch auch die Eröffnung eines Geschäfts, einer Praxis oder Kanzlei wird oft nicht nur mit einer offiziellen Feier, sondern auch im kleinen Kreis der engsten Freunde gefeiert.

Der Schein fürs Sein

Typus Toast
Anlass Führerscheinprüfung einer Freundin
Dauer ca. 1 Minute
Stil heiter, entschlossen

Was ist der Mensch ohne Auto?

Was ist der Mensch ohne Auto, liebe Dana? Ein hilfloses, zweibeiniges Tier. Eine Frau ohne Auto? Beute der Männer. Wollen wir das? Nein! Mit deinem Schein, liebe Dana, hast du eine neue Daseinsstufe erreicht, die Stufe der mobilen Frau. Du kannst jetzt bei den Kerlen aufkreuzen, du kannst sie stehen lassen, du kannst dich mit durchdrehenden Reifen aus dem Staube machen und die Kerle angestaubt stehen lassen, du kannst sie fragen, ob sie 'ne Panne haben … Alles so Sachen, die so richtig nur mit dem Auto Spaß machen. Und die erst Spaß machen dürfen, wenn man den Führerschein hat. Du hast. Und das ist uns eine Flasche Sekt wert. Unter der Bedingung, dass du heute nach der Party das Auto stehen lässt! Denn du willst doch den Schein fürs Sein noch eine Weile behalten, oder? Auf dein Wohl, Dana!

Errungenschaften und Anschaffungen

Auf vieren rollt man besser

Typus Ansprache
Anlass Erwerb des ersten Wagens
Dauer ca. 2 Minuten
Stil   heiter

Lieber Markus,

du hast uns eingeladen, um den Erwerb deines ersten Autos mit uns zu feiern. Wir als deine Eltern haben diese Einladung gern angenommen, vor allem, da wir uns in gewissem Umfang als Sponsoren des neuen Fahrzeugs betrachten, auch wenn du davon noch nichts weißt.

Es stimmt schon, wir wollen alle eine größere Umweltverträglichkeit erreichen. Aber doch nicht zu Fuß! Natürlich ist Fahrrad fahren umweltverträglicher und auch gesünder als Auto fahren. Aber doch nicht bei dem Wetter! Wäre das Auto nur ein Verkehrsmittel, gäbe es so viele vernünftige Argumente, die gegen es sprechen, dass kein Mensch von Verstand es mehr benutzen würde. Doch bekanntlich handeln wir Menschen nicht nur nach Vernunftgründen. Und so verbinden wir mit dem Auto eben auch Aufstiegswünsche und Statusbestätigung, die Sehnsucht nach unreglementiertem Leben und das Versprechen einer universellen Mobilität. *[Argumente für und gegen das Auto.]*

Lieber Markus, zu deinem Charakter passt es, dass du dir unter keinen Umständen ein Auto von deinen Alten zum Abi schenken lassen wolltest. Nein, es musste das selbst verdiente Geld sein. Bis dahin bist du lieber weiter auf zwei Rädern gerollt. Aber auf vieren rollt es sich am Ende doch besser.

Und nun zu unserem Sponsoring. Da wir wussten, dass dein Stolz es nicht zulassen würde, von uns direkt Geld anzunehmen, haben wir mit deinem Autohändler gesprochen. Wir kennen ihn schließlich schon seit vielen Jahren. Er hat uns versprochen, dass er einen Satz Winterreifen auf Felgen gratis für dich bereitstellt, und wir haben ihm geholfen, dir trotzdem einen günstigen Hauspreis zu machen.

Lieber Markus, wir wünschen dir sommers wie winters gute und unfallfreie Fahrt und immer eine Handbreit Luft zwischen dir und der Leitplanke. *[Wünsche für unfallfreie Fahrt.]*

Reden im privaten Kreis

Der Laden

Typus Ansprache
Anlass Geschäftseröffnung eines Freundes
Dauer ca. 2½ Minuten
Stil nachdenklich, fröhlich

Lieber Henry,

Goethe wurde einmal von Eckermann gefragt, warum er manchem so lange nicht geschrieben habe. „Wenn ich nicht jemand etwas Besonders oder Gehöriges sagen konnte, wie es in der jedesmaligen Sache lag, so schrieb ich lieber gar nicht", erklärte er seinem Sekretär Eckermann. „Oberflächliche Redensarten hielt ich für unwürdig, und so ist es dann gekommen, dass ich manchem wackeren Mann, dem ich gern geschrieben hätte, nicht antworten konnte."

Wenn du mich jetzt fragst, warum ich so lange gezögert habe, das Wort zu ergreifen, so lange, dass es fast so aussehen musste, als ob ich mich zierte, dann hat es genau damit zu tun: mit meiner Furcht vor oberflächlichen Redensarten.

Aber da ich nun schon einmal mitten im Reden bin und es folglich zu spät dafür ist, lieber gar nichts zu sagen, will ich mich ganz bewusst in eine Redensart flüchten. Die Großmutter meiner Frau, die in Berlin einen Laden betrieb, pflegte zu reimen: „Ist das Geschäft auch noch so klein, es bringt doch mehr als Arbeit ein." Großmutters Spruch scheint heute nicht mehr zu stimmen. Scheint doch Nichtstun oft mehr einzubringen als Tun – und gar unternehmerisches Tun.

Ist das Geschäft auch noch so klein, bringt es doch mehr als Arbeit ein – zunächst einmal Mehrarbeit.

Errungenschaften und Anschaffungen

Aber vielleicht sollten wir auch den Doppelsinn des Verses beachten. Du hast, lieber Henry, bestimmt auch schon die Erfahrung gemacht, dass die Eröffnung eines Geschäfts weitaus mehr einbringt als nur Arbeit; nämlich Ärger, Bürokratie, Stresspickel, Schulden und Mehrarbeit.

Das klingt alles so, als wollte ich dich entmutigen. Aber wenn es die Behörden nicht geschafft haben, dich zu entmutigen, werden es deine Freunde erst recht nicht schaffen. Im Gegenteil. Was ich mit meinen düsteren Visionen sagen will: In guten wie in schlechten Zeiten kannst du auf uns, deine Freunde, bauen. Darum wandele ich Großmutters Spruch sinngemäß ab: „Ist unser Kreis auch noch so klein, so bringt er Sicherheit dir ein."

In diesem Gefühl der Sicherheit, lieber Henry, wollen wir es wagen, das Glas zu erheben, und vielleicht auch noch ein zweites, auf den gedeihlichen Gang der Geschäfte, auf deine Gesundheit und – vor allen Dingen – auf zahlungskräftige Kunden. Angesichts dieses köstlichen Trunks, wünschen wir dir, dass du niemals eine Durststrecke durchschreiten musst.

Freunde bieten ihre Unterstützung an.

Der Bauherr dankt seinen Helfern und Partnern

Typus Rede
Anlass Richtfest
Dauer ca. 4 Minuten
Stil heiter, optimistisch

Liebe Gäste,

meine Frau und ich sind sehr froh, Sie alle hier zu einer zünftigen Feier unseres Richtfestes begrüßen zu können. Denn man nennt mich zwar den Bauherrn, aber ich trug diese Würde ja nicht allein, sondern meine geliebte Bauherrin stand immer gleichberechtigt neben mir – vor allem auf dem Darlehensvertrag.

Wir haben die Hebesprüche gehört, wir haben die Worte des Poliers vernommen und die Grobheiten der Zimmerleute klaglos erduldet, wie es sich gehört. Jetzt nun, da nicht mehr Werkzeuge,

Reden im privaten Kreis

sondern Worte gebraucht werden, möchte ich allen Beteiligten, meinen Partnern und Helfern Dank sagen. Zunächst schicke ich – bevor alle weiteren Danksagungen in unser beider Namen gesprochen werden – ein großes Dankeschön an meine Frau voraus: Liebe Gisela, nur weil du den letzten Nagel heute so perfekt eingeschlagen hast, sind wir bei den Zimmerleuten so glimpflich davongekommen; ich habe richtig so was wie Enttäuschung in ihren Gesichtern gesehen. Hättest du nicht so perfekt zugeschlagen, müssten wir gleich noch mal ein Bankdarlehen aufnehmen.

Ein langer Satz, der den Dank an alle umfasst, die einen Anteil am Bau hatten.

So, und jetzt will ich zuschlagen, gewissermaßen mit einem Rundumschlag der Dankbarkeit. Wollte ich nämlich auf jeden Einzelnen das Glas erheben, wäre ich in Kürze sturzbetrunken. Darum muss ich alles in ein Prosit fassen. Ich danke

- allen Damen und Herren vom Bau, die das Werk vom Kelleraushub bis zum letzten Dachsparren aufgeführt haben;
- insbesondere dem Architektenbüro Kelm für die kulante Ausführung unserer Sonderwünsche und für die brillante Abwicklung der entsprechenden Genehmigungsverfahren;
- unseren Freunden Gerd, Ilka, Samuel und Lo samt ihren Familien, ohne deren Zuspruch wir das Unternehmen Hausbau wahrscheinlich gar nicht begonnen hätten und ohne deren tätige Hilfe, wenn Hände zum Zupacken gebraucht wurden, manches viel schwieriger gewesen wäre und länger gedauert hätte;
- meinem Bruder Winfried, dass er meine beiden linken Hände durch seine beiden rechten unterstützt hat und meiner Schwägerin Regine für den zuverlässigen Catering-Service am Bau;
- meinen Schwiegereltern und meinen Eltern für die eine oder andere Finanzspritze in finanziell trockenen Zeiten;
- Herrn Wucherpfennig von der Volksbank, dass er mit uns vor dem Haus aus Steinen ein Haus aus Scheinen gebaut hat, das genauso solide konstruiert ist wie das Haus, dem wir heute die Richtkrone aufgesetzt haben;
- meinen Kindern, die sich nicht beklagt haben, dass es in diesem Jahr mit dem Urlaub nichts geworden ist.

Nicht zuletzt danke ich der Kellerei Töchterlein Diamant, der wir das köstliche Nass verdanken, das ich nun genüsslich zu schlucken bitte.

Prost

Errungenschaften und Anschaffungen

Das Richtfest. Immer ein Anlass zu feierlichen Reden und markigen Sprüchen.

Richtsprüche

Gott schütz dies Haus stets vor Gefahr
und schütze seinen Herrn.
Es stehe sicher Jahr um Jahr
und halt die Sorgen fern.
Der grüne Kranz sei ein Symbol
für unsres Bauherrn Glück,
das in dem Hause wohnen soll
in jedem Augenblick.

Wer baut, der hat der Hasser viel,
der Neider auch nicht minder,
ich bau mein Haus so wie ich will
für mich und meine Kinder.

Die Maurer und die Zimmerleut'
hab ich mit schwerem Geld erfreut;
jetzt freu ich mich mit leichtem Sinn,
dass ich im eignen Hause bin.

Reden im privaten Kreis

Trauerfall

Wenn ein Mensch stirbt, haben es die Angehörigen schwer, mit dem Verlust fertig zu werden. Die Riten der Trauer helfen uns, unabhängig von Nationalität, Weltanschauung und religiösem Bekenntnis, Schmerz und Kummer zu bewältigen.

Zu diesen Riten gehört auch eine Ansprache, die auf einer Trauerfeier oder am offenen Grab gehalten wird. Den meisten Menschen fällt es schwer, mit Tod und Trauer umzugehen. In so einem Fall die passenden Worte zu finden, ist schwierig und erfordert Einfühlungsvermögen. Entscheidend ist, wie nah Sie dem verstorbenen Menschen gestanden haben.

Ein guter Trauerredner befolgt immer drei Grundsätze:
● Er spricht nicht den Toten an, sondern die Hinterbliebenen.
● Er spricht nicht zu gefühlvoll, um den Schmerz besonders der nahen Angehörigen nicht noch zu vergrößern.
● Er enthält sich abgegriffener Floskeln und versucht, mit individuellen Formulierungen den Weg in die Herzen seiner Zuhörer zu finden.

Je näher der Redner dem Verstorbenen stand, desto schwieri-

Schönheit und Vergänglichkeit – Blumen besitzen eine große Symbolkraft.

Trauerfall

Aus Gottfried Benns Totenrede für den Dichter Klabund

… Unser Freund hier suchte nach Göttern in allem Tun. Nichts konnte ihn beirren in der Freiheit dieses Drangs. Und wenn ich an seine Urne etwas zu schreiben hätte, wäre es ein Satz aus einem der großen Romane von Joseph Conrad, über die ich oft in der letzten Zeit mit dem Verstorbenen sprach. Ein Wort, das die Verwirrungen des Menschenherzens und der Menschheitsgeschichte raunend erhellt: „dem Traum folgen und nochmals dem Traum folgen und so ewig – usque ad finem." Mit diesem Satz nehme ich Abschied von unserer fünfundzwanzigjährigen Freundschaft, und im Raunen dieses Satzes ruhe ewig Klabund.

ger wird es für ihn sein, während seiner Ansprache die Fassung zu bewahren. Zugleich hat er die große Chance, seine ganz persönliche Beziehung zu dem Verstorbenen zum Gegenstand seiner Rede zu machen. So kann er zum Beispiel dessen Lieblingsschriftsteller zitieren oder einen Ausschnitt aus einem Buch lesen, das der Verstorbene besonders schätzte. Auch Blumen, zu denen er eine besondere Beziehung hatte, besitzen große Symbolkraft, die der Trauergemeinde im Angesicht des Todes ein bestimmtes Lebensgefühl vermitteln.

Obwohl es gemeinhin üblich ist: Wenn der engere Kreis der Familie zusammenkommt, ist es in der Regel überflüssig, eine Biografie des Verstorbenen mitzuteilen oder seine beruflichen Verdienste herauszustreichen. Solche Würdigungen sollten offiziellen Trauerfeiern von Personen des öffentlichen Lebens vorbehalten bleiben.

Ein Trauerredner sollte Übertreibungen und aufgeblasene Phrasen vermeiden: Der „über alles geliebte Mann", der „aufopfernde Familienvater" und der „teure Tote", wirken leicht deplatziert, fragt man sich doch, was „über alles" bedeutet und welche „Opfer" der Familie gebracht werden mussten und was der Tote uns denn gekostet hat.

Vermeiden Sie auch unter allen Umständen eine Wertung und eine Beurteilung der Charaktereigenschaften des Verstorbenen. Das fällt vielleicht schwer, wenn er zu Lebzeiten nicht immer der Liebenswerteste gewesen ist. Vor der Trauergemeinde geht es aber nicht darum, dem Toten ein Zeugnis auszustellen, sondern den Hinterbliebenen Kraft und Zuversicht zu geben.

Worte der Trauer sind nicht leicht zu finden. Zurückhaltung und Schlichtheit kommen aber immer besser an als Übertreibungen und pathetische Phrasen.

Reden im privaten Kreis

Ein Verwandter spricht auf der Trauerfeier

Typus   Ansprache
Anlass   Trauerfeier für einen Angehörigen
Dauer   ca. 3 Minuten
Stil   ernst und gefasst

Liebe Angehörige,

diese Rede, das werdet ihr verstehen, halte ich nicht wie irgendeine andere Ansprache. Es fällt mir schwer, euch in die Augen zu schauen, denn aus euren Blicken scheinen mir die Verstörung, das Erschrecken, ja das Entsetzen über den Tod entgegen, die Verunsicherung, ob man dem Aufstand der Gefühle nachgeben oder ob man ihn mit Vernunftgründen unterdrücken soll.

Bezugnehmend auf ein Gedicht, das der Verstorbene besonders schätzte.

Heinz hat mir vor ein paar Wochen, als er wahrscheinlich schon wusste, dass seine Lebensbahn sich dem Ende zuneigt, ein Gedicht von Gottfried Benn vorgelesen. Es heißt „Was schlimm ist" und es endet so:

„Am schlimmsten:
nicht im Sommer sterben,
wenn alles hell ist
und die Erde für Spaten leicht."

Es ist Juli, und Heinz Lohmann ist tot. Allzu sehr hat er sich Gottfried Benns Verse zu Herzen genommen – allzu sehr und allzu früh.

Persönliche Erinnerungen bringen der Trauergemeinde den Verstorbenen nah.

Es ist Juli. Heinz hat sich selbst immer als Sommermensch empfunden. Wenn andere schon über die Hitze stöhnten, fühlte er sich erst richtig wohl. Früh aufstehen, manchmal schon um vier Uhr morgens, um möglichst wenig vom Licht des Sommers zu verpassen – ich habe einmal versucht, es ihm nachzumachen. Ich habe nicht lange durchgehalten. Aber der Winter sei nicht seine Jahreszeit, zu kurzatmig, sagte Heinz, zu kalt, zu wenig Licht.

Es ist Juli. Zeit für Urlaub in der Ferne oder für Spaziergänge ganz in der Nähe. Zeit zum Träumen, wenn man in der Hitze nachts lange wach liegt, Zeit im Biergarten zu sitzen, Zeit zu segeln und Zeit durch die Wälder zu streifen, Zeit für die Ernte, Zeit des Lichts und der kurzen Schatten, eine Zeit, so voll aufgeblüht, dass sie uns doch schon spüren lässt, wie nahe der Tag ist, der

Trauerfall

den Sommer endet. Wir werden hinaustreten in diesen Sommertag und ihn genießen, wie Heinz es getan hätte. Wir werden den Kopf zurücklegen und erkennen, dass alles hell ist. Und alles Dunkle wird von unserer Seele gleiten. Alle Erinnerungen an Heinz werden sich vereinigen, denn jeder wird die seinigen mitbringen und in den hellen Julitag entlassen. Und alle diese Erinnerungen werden um uns sein, wenn wir jetzt gleich den Weg hinaus nehmen. Das wird so sein, als wenn Heinz Lohmann uns vorausginge und uns heimlich ein Zeichen gäbe. Heinz würde es wollen, dass wir sein Zeichen verstehen, dass wir unser Herz stärken und seiner nicht in Kummer und Traurigkeit gedenken, sondern den Sommer preisen.

Also wollen wir es tun!

An den Stätten der Trauer und des Gedenkens finden die Hinterbliebenen Ruhe und Besinnung.

Reden im privaten Kreis

Am Grab

Typus Ansprache
Anlass Trauerfeier, Beerdigung
Dauer ca. 1½ Minuten
Stil feierlich

Liebe Angehörige,

unser Heinrich ist von uns gegangen. Er fehlt uns, wir sind traurig und schämen uns unserer Trauer nicht. Heinrich hatte, wie wir alle wissen, einen großen Traum: Er wollte erreichen, dass der Burg Seehausen, der er vierzig Jahre lang buchstäblich jede Minute seiner Freizeit geopfert hatte, endlich die Anerkennung zuteil würde, die sie verdiente. Mit der Aufnahme unserer Burg in die Denkmalliste hat sich sein Traum erfüllt. Mehr noch, er hat uns damit ein Vermächtnis hinterlassen. Und wem das zu erhaben klingt, der mag sich vorstellen, dass ein Stück von Heinrich Bredows Leben an jedem Stein dieser Burg haftet, die ohne ihn eine verkommene Ruine wäre. Und jeder von uns, der etwas für unsere Burg Seehausen tut, kann sich sagen: Heinrich hat das begonnen, und ich setze es fort. Und so werden wir es weitergeben, denn so lebt Heinrichs Wirken durch uns fort.

Mit einer Minute des schweigenden Gedenkens nehmen wir Abschied von unserem lieben Heinrich Bredow.

Ruhe in Frieden!

Viele Menschen finden im Glauben und in religiösen Symbolen Kraft und Trost.

Trauerfall

Manchmal genügt es vollkommen, am offenen Grab einen kurzen literarischen Text zu sprechen, der alles ausdrücken kann und in dem sich die Menschen mit ihren sehr unterschiedlichen Empfindungen wiederfinden können.

Egal welche Form der Rede gewählt wird, wichtig ist die Aufrichtigkeit und die Glaubwürdigkeit des Redners.

Gedichte für die Trauerfeier

Wem ein Geliebtes stirbt, dem ist es wie ein Traum,
die ersten Tage kommt er zu sich selber kaum.
Wie er's ertragen soll, kann er sich selbst nicht fragen;
und wenn er sich besinnt, so hat er's schon ertragen.

Friedrich Rückert

Dass doch der unverschämte Tod
nicht lässet lange sein,
was uns vor anderen lieb und not
und sonst nicht ist gemein!
Es ist bei ihm kein Unterschied,
er fordert alle raus
und lässt vor andern seinen Neid
an werten Sachen aus.

Paul Fleming

Du bist ein Schatten am Tage
und in der Nacht ein Licht;
du lebst in meiner Klage
und stirbst im Herzen nicht.

Wo ich mein Zelt aufschlage,
da wohnst du bei mir dicht;
du bist mein Schatten am Tage
und in der Nacht mein Licht.

Wo ich auch nach dir frage,
find ich von dir Bericht,
du lebst in meiner Klage
und stirbst im Herzen nicht.

Du bist ein Schatten am Tage
und in der Nacht ein Licht,
du lebst bin meiner Klage
und stirbst im Herzen nicht.

Friedrich Rückert

Am offenen Grab kann man einen literarischen Text sprechen.

Reden im privaten Kreis

Konflikte mit dem Nachbarn

Nachbarschaftsstreit gehört zu den Tatbeständen, die deutsche Gericht am meisten beschäftigen – insgesamt 600 000 Fälle.

Wie der Streit begann, schildern viele Betroffene so oder ähnlich: „Es fing alles damit an, dass er mich angeschrien hat. Daraufhin habe ich mir seinen Ton verbeten. Dann gab ein Wort das andere…"

Hat es aber erst einmal begonnen, dauert mancher Streit sehr, sehr lange. 1999 gab zum Beispiel das Bundesverfassungsgericht Karlsruhe der Verfassungsbeschwerde eines Mannes statt, der seit fünfzehn Jahren wegen Ruhestörung gegen Hausbewohner geklagt hatte, ohne dass der Rechtsstreit in dieser Zeit endgültig geklärt worden war.

Einen laut quakenden Frosch per Gerichtsbeschluss aus dem Gartenteich des Nachbarn zu werfen ist kaum möglich.

Konfliktmanagement am Maschendrahtzaun

Deutschlands berühmtester Maschendrahtzaun stand in Auerbach, im sächsischen Vogtland. Die Gartenbesitzerin auf der einen Seite hatte etwas dagegen, dass der Gartenbesitzer auf der anderen Seite einen Knallerbsenstrauch pflanzte, dessen Triebe sich angeblich unaufhaltsam und bedrohlich dem Drahtzaun näherten. Aus diesem nichtigen Anlass entstand eine erbitterter Streit, der durch die Medien und durch die Popmusik-Charts ging.

Der Gartenzaun steht als Synonym für die Frontlinie, an der sich Nachbarschaftsstreitigkeiten abspielen. In Mehrfamilienhäusern oder Wohnanlagen ist die Streitlust indes kaum geringer.

Das meiste Streitpotenzial enthalten:
● Störende Bäume, überhängende Äste
● Haustiere
● tatsächliche oder vermeintliche Lärmbelästigung
● Beleidigungen und üble Nachrede.

Ist der Streit erst einmal ausgebrochen, folgt der Klage in der Sache meist auch eine Klage wegen Beleidigung. Nicht selten kommt es dann sogar zu Tätlichkeiten, was wiederum ein Verfahren wegen Körperverletzung nach sich ziehen kann. In einem

Konflikte mit dem Nachbarn

Fall waren wegen eines wirklich nichtigen Nachbarschaftsstreits zehn verschiede Verfahren anhängig.

Machen Sie sich vor allem bewusst, was mit Ihnen geschieht, wenn ein Konflikt heranreift und ausbricht. Bedenken Sie folgende Punkte, bevor Sie reagieren:

● **Mangel an Information erweckt Misstrauen.** Wenn Sie das Gefühl haben, dass hinter Ihrem Rücken etwas vorgeht, werden Sie unsicher. Unsicherheit aber erhöht die Gefahr von falschen Reaktionen oder von Überreaktionen.

● **Einseitige Betrachtung verengt das Blickfeld.** In der Auseinandersetzung verzerrt sich die Wahrnehmung. Der emotionale Stress lässt Elemente, die für uns Störung und Bedrohung bedeuten, besonders scharf hervortreten.

● **Kontroverse Meinungen treffen aufeinander.** Sie akzeptieren die Forderungen des Gegners nicht, und er will die Ihren nicht annehmen. Doch hinter den geäußerten Meinungen der Kontrahenten stehen Interessen, die oft gar nicht so weit auseinander liegen, wie man im Streit meint.

Ein Streit mit den Nachbarn macht unzufrieden und hat oft unangenehme, juristische Konsequenzen.

Reden im privaten Kreis

Der Ausgleich von Interessen ist immer konstruktiver als das Verharren in festen Positionen.

Konflikte entschärfen

Viele meinen, aus einem Konflikt könne nur einer als Sieger hervorgehen, und der andere müsse folglich der Verlierer sein. Aber es gibt auch eine Strategie, wie beide Kontrahenten gewinnen können. Die Grundregel lautet: Statt sich auf Positionen festzulegen ist es besser, seine Interessen zu formulieren und mit den Interessen des Gegenübers zu vergleichen. Gehen Sie dabei wie folgt vor;
● Hören Sie Ihrem Nachbarn in Ruhe bis zum Ende zu, auch wenn Sie die Argumente Ihres Kontrahenten für unrichtig halten. Geben Sie ihm das Gefühl, dass Sie ihn – trotz der Meinungsverschiedenheit – achten.
● Bleiben Sie ruhig. Die Regel, bis zehn zu zählen, bevor man antwortet, ist gar nicht so schlecht. Signalisieren Sie in der Zeit „von eins bis zehn" Verständnis. Anstatt zu zählen, wiederholen Sie beispielsweise die Forderung Ihres Gegenspielers („Habe ich Sie richtig verstanden, Sie wünschen, dass ich…").
● Suchen Sie hinter dem Angriff oder der Forderung Ihres Gegenspielers dessen Interessen und

Konflikte mit dem Nachbarn

machen Sie ihm im Gegenzug Ihre Interessen deutlich.
- Stellen Sie keine Forderungen, sondern machen Sie Vorschläge. Formulieren Sie die Vorschläge nicht als Aufforderung, sondern als Frage. „Fänden Sie es nicht auch besser, wenn Sie vorher wüssten, dass es auf der Party nebenan etwas lauter zugehen wird, damit Sie sich darauf einstellen können?"
- Laden Sie Ihr Gegenüber zur Mitwirkung ein. Halten Sie den Dialog in Gang, indem Sie offene Fragen stellen, d. h. solche Fragen, auf die der andere nicht allein mit ja oder nein antworten kann. Zum Beispiel: „Wie würden Sie sich denn eine einvernehmliche Lösung vorstellen?"
- Bringen Sie verschiedene Optionen an, über die gesprochen werden kann, fällen Sie erst danach eine Entscheidung über das weitere Vorgehen. Zum Beispiel: „Wir können versuchen, das Problem gemeinsam zu lösen, wir können versuchen, uns so weit wie möglich aus dem Weg zu gehen, wir können unser Problem einem Schiedsmann vorlegen, oder wir können vor Gericht gehen."
- Erweitern Sie das Konfliktfeld. Verändern Sie die Perspektive. Formulieren Sie Ihre Interessen neu. Das kann Sie unter Umständen zu ganz neuen Lösungen anregen.

Wie teilt man drei Äpfel unter vier Kindern auf?

Normalerweise würde das vierte Kind leer ausgehen, die Folge wäre ein Kampf darum, wer dieses vierte Kind sei. Die kluge Mutter löst das Problem anders. Sie macht aus den drei Äpfeln Apfelmus. Überdies findet sie in einem Glas noch einen Rest Sauerkirschen, den sie ans Apfelmus gibt, und das Ganze bekrönt sie noch mit einem Tupfen Schlagsahne. Sie konnte diese Lösung finden, weil sie das Konfliktfeld „Äpfel" zum Themenfeld „Kompott" erweiterte.

Hilfe aus dem Internet

www.nachbarschaftsstreit.de
In diesem Internet-Forum finden Sie Informationen zu interessanten Fällen und zur aktuellen Rechtsprechung.

www.nachbarrecht.de
Unter dieser Adresse finden Sie alle relevanten Gesetzestexte zum Nachbarrecht und die Adressen von Fachanwälten

Reden im privaten Kreis

Drohung und Beleidigung

Wie Sie auf eine bedrohliche Situation richtig reagieren können.

Wenn Sie bedroht werden, ist das eine unangenehme Situation; auch wenn nicht physische Gewalt im Spiele ist, die Drohung mit einem empfindlichen Übel hat fast immer zur Folge, dass Sie sich schlecht fühlen.

Sie sollten auf eine Drohung immer gelassen und niemals mit einer Gegendrohung reagieren.

Auch wenn es Ihnen schwer fällt, in dieser Situation gelassen zu reagieren:

Es gibt für Sie keinen Anlass, vor einer Drohung sofort zurückzuweichen. Bedenken Sie folgende Gründe, bevor Sie handeln.
● Eine Drohung durchzusetzen braucht Zeit. Diese Zeit haben Sie, um in Ruhe zu prüfen, wie ernst die Drohung gemeint war und welcher Schaden Ihnen entstehen könnte.
● Eine Drohung durchzusetzen verursacht Kosten. Es ist nicht ausgemacht,

Drohung und Beleidigung

Aus dem Strafgesetzbuch

§ 185 Beleidigung
Die Beleidigung wird mit Freiheitsstrafe bis zu einem Jahr oder mit Geldstrafe und, wenn die Beleidigung mittels einer Tätlichkeit begangen wird, mit Freiheitsstrafe bis zu zwei Jahren oder mit Geldstrafe bestraft.

§ 186 Üble Nachrede
Wer in Beziehung auf einen anderen eine Tatsache behauptet oder verbreitet, welche denselben verächtlich zu machen oder in der öffentlichen Meinung herabzuwürdigen geeignet ist, wird, wenn nicht diese Tatsache erweislich wahr ist, mit Freiheitsstrafe bis zu einem Jahr oder mit Geldstrafe und, wenn die Tat öffentlich oder durch Verbreiten von Schriften (§ 11 Abs. 3) begangen ist, mit Freiheitsstrafe bis zu zwei Jahren oder mit Geldstrafe bestraft.

§ 187 Verleumdung
Wer wider besseres Wissen in Beziehung auf einen anderen eine unwahre Tatsache behauptet oder verbreitet, welche denselben verächtlich zu machen oder in der öffentlichen Meinung herabzuwürdigen oder dessen Kredit zu gefährden geeignet ist, wird mit Freiheitsstrafe bis zu zwei Jahren oder mit Geldstrafe und, wenn die Tat öffentlich, in einer Versammlung oder durch Verbreiten von Schriften (§ 11 Abs. 3) begangen ist, mit Freiheitsstrafe bis zu fünf Jahren oder mit Geldstrafe bestraft.

§ 199 Wechselseitig begangene Beleidigungen
Wenn eine Beleidigung auf der Stelle erwidert wird, so kann der Richter beide Beleidiger oder einen derselben für straffrei erklären.

dass diese Kosten durch den Effekt, den die Durchsetzung der Drohung macht, gerechtfertigt sind.
● Drohungen sind Machtdemonstrationen. Die Frage ist aber, warum der andere Macht nur demonstriert und nicht einsetzt. Vielleicht, weil das zu viel kostet oder zu lange dauert?
● Zurückweichen vor einer Drohung gibt dem anderen das Gefühl, Sie noch weiter in die Enge treiben zu können. Standhaftes, aber sachliches Erwidern überzeugt den Gegner vielleicht, dass Drohungen bei Ihnen nichts fruchten.

Solange auf zivilrechtlichem Boden über Sachfragen gestritten wird, ist eine gütliche Einigung immer der beste Weg. Etwas anders sieht es aus, wenn Tatbestände vorliegen, die das Strafrecht berühren. Einen nach Ihrer Ansicht eindeutigen Rechtsbruch sollten Sie Ihrem Gegenspieler keinesfalls durchgehen lassen. Suchen Sie die Hilfe eines erfahrenen Anwalts,

Nein sagen lernen

Vielen Menschen fällt es schwer, zu einem Angebot oder einer Einladung nein zu sagen. Vielleicht ist es Ihnen ja auch schon passiert.

Was tun, wenn man einer Einladung nicht folgen kann oder ihr nicht folgen möchte. Sollen Sie, um den anderen nicht zu verletzen, seiner Einladung zu einer Party, auf der Sie sich tödlich langweilen, folgen?

Nein sagen ist nicht immer einfach. „Kommt doch einfach mal bei uns vorbei!" Mit einer solchen Einladung kann man relativ leicht umgehen. Man kann Sie sogar ignorieren, weil sie hinreichend ungenau formuliert ist. Schwieriger wird es, wenn Ihr Chef Sie zum Essen einlädt. Oder

Manchmal sagt der Körper schon entschieden nein, während die Zunge noch nach einer Ausrede sucht.

Nein sagen lernen

wenn ein Geschäftspartner eine kleine Jubiläumsfeier veranstalten will, bei der Sie unmöglich fehlen dürfen.

Einladungen ausschlagen

Wenn Ihnen die Einladung überhaupt nicht passt, haben Sie grundsätzlich zwei Möglichkeiten zu reagieren: Sie können die Einladung von vornherein ausschlagen, höflich, mit Bedauern aber bestimmt nein sagen. Sie können aber auch erst einmal zusagen, um dann kurz vor dem Termin doch noch abzusagen.

Die zweite Reaktionsweise ist moralisch anfechtbar, dennoch wird sie sich hin und wieder nicht umgehen lassen, zum Beispiel, wenn Sie von einer Einladung regelrecht überrumpelt werden und Ihnen erst nach einer Weile bewusst wird, dass Ihnen der Termin nicht passt, der Anlass oder die Person missfällt.

Ganz schwierig wird es, wenn sich Besuch angesagt hat, den Sie gar nicht eingeladen haben. Häufig sind nahe Verwandte oder so genannte gute Freunde zu solchen Überraschungen aufgelegt. Dann müssen Sie sich, besonders wenn es sich um nahe Verwandtschaft handelt oder wenn der Besuch bereits in der Tür steht, geistesgegenwärtig eine besonders wirkungsvolle Ausrede einfallen lassen.

Wirkungsvolle Ausreden

Ich würde ja gern kommen, aber gerade an diesem Tag ist in der Schule meiner Tochter Elternabend. Sonst geht ja meine Frau hin, aber die Lehrerin meinte, meine Tochter wäre jetzt in einem schwierigen Alter und sie müsste das Gefühl haben, dass sich auch ihr Vater um ihre Schulangelegenheiten kümmert. Bestimmt hat die Lehrerin Recht, denn ich habe meine Tochter in letzter Zeit wirklich etwas vernachlässigt.

Es tut mir Leid, aber heute Abend geht es wirklich nicht. Ludwig kommt von einer zweiwöchigen Geschäftsreise zurück. Ich habe ihm versprochen, für ihn chinesisch zu kochen. Ihr kennt ja Ludwig! Er mag es gern frisch. Und er mag das kulinarische Experiment. Wir machen das immer so, wenn er auf Reisen war. Und dieser Ritus hat oberste Priorität. Ihr habt doch sicher Verständnis dafür und seid mir nicht böse, wenn ich keine Zeit für euch habe, ich muss noch in die Markthalle ..."

Reden im privaten Kreis

Bringen Sie eine Entschuldigung oder Ausrede stets freundlich und verbindlich vor.

Die beiden vorangegangenen Texte sind Beispiele für eine klassische Ausredestrategie, die eine gewisse Allgemeingültigkeit für alle Ausreden besitzt.

- Sie geben Ihrem Bedauern Ausdruck.
- Sie geben eine plausible Begründung für Ihre Absage.
- Sie lenken die Aufmerksamkeit des Einladenden möglichst weit vom Thema Einladung weg zur eigenen Situation hin.
- Sie formulieren Ihre Begründung so, dass der Einladende Verständnis für Ihre Situation entwickeln kann, sich in Ihre Situation einfühlt und vielleicht sogar Mitleid empfindet.

Vielleicht wird es dem Einladenden am Ende sogar peinlich sein, Sie in eine solch schwierige Situation gebracht zu haben, zwischen seiner Einladung und Ihrer schon bestehenden dringenden Verpflichtung entscheiden zu müssen. Ist das Thema erst einmal gehörig zerredet, fällt es dem Einladenden vielleicht von selber ein, dem Gewissenskonflikt der Eingeladenen ein Ende zu bereiten und einen anderen Termin vorzuschlagen oder eine andere Einladung auszusprechen.

Höfliche Absage

Wir kommen wirklich gern zu euch, das wisst ihr ja. Aber ich kann im Moment Sigrun nicht fragen. Ich möchte nicht über ihre Termine verfügen. Ihr wisst ja, sie ist beruflich stark eingespannt und abends öfter unterwegs. Wir möchten natürlich zusammen kommen. Reicht es euch aus, wenn wir euch kurzfristig Bescheid geben oder müssen wir uns gleich entscheiden?

Nein sagen lernen

Damit geben Sie dem Einladenden die Verantwortung zurück, ob er unter den von Ihnen vorgeschlagenen Bedingungen, kurzfristig zu- oder abzusagen, die Einladung aufrechterhält.

Besuch wieder ausladen

Noch komplizierter wird es, wenn Sie jemanden eingeladen haben, den Sie aus bestimmten Gründen wieder ausladen wollen oder müssen. Was die Wirklichkeit an Gründen nicht hergibt, muss in solchen Fällen die Ausrede leisten. Und oftmals ist eine gut erfundene Ausrede dann glaubhafter als die banale Wirklichkeit.

Ihre Ausrede sollte eine „innere Wahrhaftigkeit" haben. Wie können Sie das erreichen? Stellen Sie sich vor, Sie wären der Gast. Fragen Sie sich, unter welchen Umständen Sie Ihrem Gastgeber eine Absage glauben würden.

Ausladungen

Es tut uns sehr Leid. Wir haben Oma zu Besuch. Und Oma ist krank geworden. Sie liegt bei uns im Wohnzimmer auf der Couch. Ich denke, wir können euch das nicht zumuten.

Heinz, hör mal, ihr könnt heute doch nicht zu uns kommen. Wir haben uns ausgesperrt und warten auf den Schlüsseldienst. Wir wissen noch nicht, wann wir wieder in unsere Wohnung können.

Leider klappte es heute doch nicht. In Lores Firma sind überraschend die Betriebsprüfer eingefallen. Alle sind in heller Aufregung, und Lore sitzt bis spät in die Nacht über Körben von Belegen.

Wir müssen unser Treffen leider verschieben. Wir haben eine Störung an der Heizung. Die ganze Wohnung ist eiskalt. Wir sitzen hier in dicken Strickjacken und warten auf den Notdienst, der es heute noch richten soll.

Es geht heute Abend doch nicht. Wir hatten einen Kabelbrand im Wohnzimmer. Die Hausverwaltung hat heute Morgen sämtliche Unterputzleitungen aufhacken lassen. Bei uns sieht's aus wie auf einer Baustelle.

Hier finden Sie einige bewährte Ausreden für den Fall, dass Sie Besuch wieder ausladen müssen.

Im Berufsleben und bei Behörden

Im Berufsleben und bei Behörden werden einerseits besondere rhetorische Fähigkeiten benötigt, andererseits ergeben sich mannigfache Möglichkeiten, seine Redegewandtheit zu trainieren. Wer sich gut ausdrücken kann, wird auch im Berufsleben nur gewinnen.

Im Berufsleben und bei Behörden

Am Arbeitsplatz

Zwei Gesprächs- und Redesituationen sollen in diesem Zusammenhang besonders betrachtet werden: das Bewerbungsgespräch und die Gehaltsverhandlung.

In beiden Situationen entscheidet Ihre Persönlichkeit über den erfolgreichen Ausgang und in beiden Fällen ist eine gründliche Vorbereitung die Voraussetzung für Ihren Erfolg. Je genauer Sie schon vorher Bescheid wissen, was Sie sagen wollen und was Sie möglicherweise gefragt werden, desto geringer ist die Gefahr, dass Sie aus der Fassung geraten.

Im Bewerbungsgespräch wird nur selten die fachliche Qualifikation abgefragt. Vielmehr will der Arbeitgeber soziale Kompetenz, Reaktionsvermögen und nicht zuletzt die Motivation des Bewerbers einschätzen.

Das Bewerbungsgespräch

Sie haben Stellenanzeigen ausgewählt und studiert. Sie haben einen formvollendeten Bewerbungsbrief geschrieben, Ihren Lebenslauf aktualisiert, Ihre Zeugnisse kopiert und die vollständigen Unterlagen, sicher verpackt, an die Personalabteilung Ihres Wunschunternehmens verschickt. Sie haben das Glück, dass Ihre schriftlichen Unterlagen gut ankommen; man möchte Sie kennen lernen und lädt Sie zu einem Gespräch ein. Das Bewerbungsgespräch ist der entscheidende Moment und der Höhepunkt einer Bewerbung. Für viele ist es der Endpunkt. Das muss aber nicht so sein.

Wenn Sie einem professionellen Interviewer gegenübersitzen, wird er ein strukturiertes Gespräch mit Ihnen führen. Im Allgemeinen wird er zu Beginn das Unternehmen und die Unternehmensziele vorstellen, anschließend wird er Ihnen gezielt Fragen stellen. Im Bewerbungsgespräch steht seltener Ihre fachliche Qualifikation zur Debatte als vielmehr Ihre Persönlichkeit. Der Vertreter des Unternehmens möchte mehr über Ihre Motivation wissen, über Ihre Karriereziele, Ihre Art, sich zu präsentieren, Ihre Fähigkeit, auf eine überraschende Fragestellung zu antworten.

Beispiel

„Herr Mustermann, wie viel Prozent des Restmülls in Deutschland sind Filtertüten?", fragt Sie die Personalchefin, bei der Sie sich als Informatiker beworben haben. Gegenfragen wie „Was soll denn diese Frage?" oder „Woher soll ich das wissen?" sind nicht optimal. Sie sollten auch nicht versuchen, irgendeine Zahl zu raten, vielmehr besteht das Interesse der Fragenden darin, Ihren Lösungsansatz kennen zu lernen: „In Deutschland wird dreimal täglich Kaffee getrunken. Drei verbrauchte Filtertüten machen etwa 0,5 Liter Müll. Durchschnittlich beteiligen sich – im Büro und im Haushalt – zwei Per-

Am Arbeitsplatz

sonen an einer Kaffeekanne. Also müsste man die erwachsene Kaffee trinkende Bevölkerung durch zwei teilen, mit 0,5 und dann mit 365 multiplizieren. Das ergibt das Müllvolumen aus Kaffeefiltertüten, das man zum jährlichen Gesamtmüllvolumen in ein prozentuales Verhältnis setzen kann."

Folgen Sie den Ausführungen Ihres Gegenübers aufmerksam und aktiv. Beantworten Sie die Fragen wahrheitsgemäß und ohne Umschweife.

Allerdings gibt es eine Reihe von Fragen, die nicht erlaubt sind – oder doch nur, wenn ein unmittelbares berufsbezogenes Interesse des Arbeitgebers vorliegt. So wird eine kirchliche Einrichtung als Arbeitgeber nach Ihrer Konfession fragen dürfen – eine Frage, die ansonsten tabu ist.

Obwohl nicht legal, werden diese Fragen dennoch immer wieder gestellt. Wie sollen Sie sich in diesem Fall verhalten? Verwahren Sie sich gegen eine dieser Fragen, was Ihr gutes Recht ist, setzen Sie sich möglicherweise dem Verdacht aus, etwas verbergen zu wollen.

Eine Ausrede oder sogar eine Lüge sind oft der bessere Weg, die Wahrheit, die keinen etwas angeht, für sich zu behalten. Antworten Sie auf die Frage: „Sind Sie schwanger?" mit „Nein." Auf die Frage: „Haben Sie für die SPD gestimmt?" erwidern Sie „Ich bin nicht zur Wahl gegangen."

Unerlaubte Fragen,

die Sie nicht wahrheitsgemäß beantworten müssen, beziehen sich zum Beispiel auf
- Schwangerschaft und Familienplanung
- gewerkschaftliches Engagement
- frühere Krankheiten
- Freizeitgestaltung
- private Vermögensverhältnisse
- Vorstrafen im Allgemeinen
- politische Meinung
- Zugehörigkeit zu Religionsgemeinschaften oder Sekten

Rechtliche Konsequenzen drohen Ihnen aus unwahren Angaben zu illegalen Fragen nicht.

Im Verlauf des Bewerbungsgesprächs werden Sie in der Regel um eine Selbstdarstellung gebeten und aufgefordert, selber Fragen zum Unternehmen oder zum Produkt zu stellen.

Bei Ihrer Selbstdarstellung kommt es darauf an, Ihre soziale Kompetenz, etwa in Bezug auf Ihre Teamfähigkeit, zu demonstrieren und Ihr Vermögen zur Selbstkritik darzustellen. Erläutern Sie das an konkreten Beispielen aus Ihrer Berufspraxis und vermeiden Sie allgemeine Beteuerungen. Sprechen Sie über Ihre Stärken, aber auch über Schwächen – wenn Sie es nicht tun, werden Sie bestimmt danach gefragt. Keiner verlangt von Ihnen, dass Sie sich selbst klein machen, aber wer sich für rundum vollkommen

Auf so genannte unerlaubte Fragen brauchen Sie nicht wahrheitsgemäß zu antworten.

Im Berufsleben und bei Behörden

Im Bewerbungsgespräch steht Ihre Persönlichkeit auf dem Prüfstand.

hält und erst auf Nachfragen auch Unvollkommenheiten eingesteht, kommt nicht gut an.

Bereiten Sie sich darauf vor, gezielte Fragen zum Unternehmen – nicht zum Gehalt und zum Dienstwagen – zu stellen. Auf die Gehaltsfrage müssen Sie aber trotzdem vorbereitet sein. Warten Sie ab, bis sie gestellt wird!

Gehaltsverhandlungen

Gehaltsfragen sind immer heikel. Sie müssen mit Fingerspitzengefühl verhandelt werden. Scheinbar stehen Sie als Einzelner einem weitaus mächtigeren Partner gegenüber. Warum sollte dieser Partner Ihnen mehr bezahlen, als Sie jetzt kriegen?

Am Arbeitsplatz

Die Frage nach dem Wunschgehalt wird manchmal schon in der Stellenausschreibung, spätestens aber im Bewerbungsgespräch gestellt. Wenn Sie in Ihrer Branche bleiben, dürften Ihnen die Einkommensverhältnisse einigermaßen vertraut sein und Sie können Ihre Vorstellungen relativ unbefangen äußern.

Wenn Sie die Branche wechseln, sollten Sie sich in geeigneten Medien über das durchschnittliche Gehaltsniveau informieren. Informationen bekommen Sie bei den Arbeitsämtern, in der Zeitschrift Capital und unter der Adresse www.businesschannel.de/bch/capital/index.htm im Internet.

Wenn Sie sich über die Gehaltshöhe nicht im Klaren sind, ist es angebracht, im Gespräch selbst keine Summe zu nennen; Sie können sich aus der Affäre ziehen, indem Sie Ihr derzeitiges Gehalt nennen und die Absicht bekunden, sich keinesfalls zu verschlechtern.

Ganz gleich, ob Sie als Neueinsteiger ein möglichst hohes Anfangsgehalt oder als langjähriger Mitarbeiter eine Gehaltserhöhung aushandeln wollen, die Grundlage für Ihr Verhandlungsgespräch sollte die Analyse Ihrer eigenen Arbeit sein. Fragen Sie sich ganz ehrlich und selbstkritisch, was Sie für das Unternehmen tun: wie groß Ihr Arbeitsaufkommen ist, wie effektiv Sie arbeiten und welche Ergebnisse Sie verbuchen können. Haben sich seit der letzten Gehaltsverhandlung die Inhalte Ihrer Arbeit verändert?

In der Gehaltsverhandlung geht es nicht darum, dass Sie dem Unternehmen zu dessen Nachteil etwas abjagen und auch

Bevor Sie in eine Gehaltsverhandlung gehen: Machen Sie sich den Wert bewusst, den Sie für Ihren Arbeitgeber haben.

Argumente für eine Gehaltserhöhung

- Stellen Sie Ihre Fähigkeiten dar.
- Weisen Sie Ihre Qualifikationen nach.
- Verweisen Sie auf Ihre Erfahrungen und Leistungen.
- Belegen Sie beispielhaft Ihre Initiative.
- Rücken Sie Ihren persönlichen Wert für das Unternehmen in den Vordergrund.

Argumente, die Sie nicht verwenden sollten

- Meine letzte Gehaltserhöhung liegt schon x Jahre zurück.
- Alles wird teurer.
- Woanders würde man mir mehr bieten.
- Ich bin jetzt schon x Jahre in diesem Unternehmen.

Im Berufsleben und bei Behörden

> **Regeln für Gehaltsverhandlungen**
>
> **1. Regel**
> Beginnen Sie nicht damit, etwas zu fordern, was das Unternehmen für Sie tun soll, sondern stellen Sie dar, was Sie für das Unternehmen getan haben und tun werden.
>
> **2. Regel**
> Feilschen Sie nicht! Wenn Sie eine konkrete Zahl nennen, um Ihre Gehaltsvorstellungen zu konkretisieren, müssen Sie diese Zahl begründen können.
>
> **3. Regel**
> Halten Sie sich verschiedene Optionen offen, um Ihre materiellen Verhältnisse zu verbessern, zum Beispiel eine bezahlte Nebentätigkeit.
>
> **4. Regel**
> Behalten Sie Ihre beste Alternative im Auge, aber sprechen Sie niemals zu früh oder an der falschen Stelle darüber.

Wenn's ums Geld geht – besonders gründlich vorbereiten!

nicht darum, dass das Unternehmen Ihnen zu Ihrem Nachteil etwas verweigert. Gehen Sie vielmehr davon aus, dass beide Seiten – das Unternehmen ebenso wie Sie als Beschäftigter – Interessen haben, die sich an bestimmten Punkten berühren.

Ihr Interesse ist die materielle Besserstellung. Schon die Formulierung dieses Interesses macht Ihnen deutlich, dass die formelle Festsetzung der Gehaltshöhe nicht das einzige Element ist, das sich auf Ihre materielle Situation auswirkt. Auch eine geringere Arbeitszeit bei gleicher Bezahlung würde eine Gehaltserhöhung bedeuten. Die Genehmigung des Arbeitgebers, bezahlten Nebentätigkeiten außerhalb des Unternehmens nachzugehen, zum Beispiel als Gutachter, als Fachautor oder Referent, kann den gewünschten Effekt der materiellen Besserstellung bewirken.

Das Interesse des Unternehmens ist auf kostengünstiges, effektives Arbeiten auf einem hohen Qualitätsniveau ausgerichtet. Häufige Fluktuation in bestimmten Bereichen bringt in der Regel Qualitätsverluste und Zusatzkosten für die Personalsuche

Am Arbeitsplatz

und die Einarbeitung neuer Mitarbeiter mit sich. Darum hat das Unternehmen ein großes Interesse daran, gut eingearbeitete, hoch qualifizierte Mitarbeiter langfristig im Unternehmen zu halten.

Die beiderseitigen Interessen stecken den Spielraum ab, in dem sich die Verhandlungen um die Höhe des Gehaltes bewegen können.

Für Verhandlungen jeder Art ist es gut, eine so genannte beste Alternative zu haben. Die beste Alternative ist die Option, die Ihnen bleibt, wenn die Verhandlungen scheitern. Ist Ihre beste Alternative, zu einem anderen Unternehmen zu wechseln, weil Sie von dort schon ein lukratives Angebot haben, können Sie Ihre Gehaltsverhandlung viel selbstbewusster führen, als wenn Ihre beste Alternative darin besteht, zu kündigen und sich beim Arbeitsamt zu melden.

Die Gehaltsverhandlung ist für Sie dann positiv verlaufen, wenn das Ergebnis besser ist als die bestmögliche Alternative, die Sie haben.

Schriftliche Leistungseinschätzungen können die Grundlage für eine Gehaltsverhandlung bilden.

Im Berufsleben und bei Behörden

Reden auf Kollegen und Vorgesetzte

Runde Geburtstage und Betriebsjubiläen sind immer Anlässe für feierliche Ansprachen.

Wenn sich runde Geburtstage nähern oder bekannt wird, dass ein Betriebsjubiläum ansteht, sind die Redegewandten aufgerufen, sich auf das Ereignis vorzubereiten. Aber auch andere Anlässe – zum Beispiel das Gelingen eines Projektes, der Abschluss eines wichtigen Vertrages, die Verabschiedung eines ausscheidenden Kollegen oder der Abschluss eines Lehrgangs – sind beliebte Anlässe für eine kleine Feier im Betrieb.

Ansprache für kaufmännische Kolleginnen oder Kollegen

Typus Ansprache
Anlass Kleine Feier im Betrieb oder Geschäft
Dauer ca. 2 Minuten
Stil heiter, kollegial

Lieber / Liebe ...,

Der Gratulant hält eine ausgesprochen „rechnerische" Rede.

sonst machst du ja stets das Rechnerische, heute lass es mich einmal versuchen: Sagen wir: 12 Jahre als Kind die Welt erobert, danach ungefähr 8 Jahre gebraucht, um halbwegs erwachsen zu werden. Dann 13 recht geglückte Berufsjahre, mal hier, mal dort. Nun seit 7 Jahren über unsere Bücher gebeugt – das macht ... Null hin zwei im Sinn: 40 Jahre.

Vierzig Jahresbilanzen hast du also glücklich abgeschlossen. Wir nehmen an, wie bei uns allen, mal mit mehr und mal mit weniger Gewinn. Dass noch viele gute folgen mögen, darauf stoßen wir mit dir an. Unsere Glückwünsche verbinden wir mit einem großen Dankeschön für die gute Zusammenarbeit. Ein großer Gewinn ist es nämlich für uns auf jeden Fall gewesen, dass wir dich vor sieben Jahren zu uns locken konnten und seitdem bei uns haben. Und schließlich ist im Betriebsergebnis ein Faktor nicht zu unterschätzen: das Betriebsklima, das du mit deiner Ausgeglichenheit und deinem Humor so positiv beeinflusst hast.

Bleib uns erhalten und bleib, wie du bist! Wir wünschen dir Glück und Gesundheit – und niemals Probleme mit der Steuer.

Reden auf Kollegen und Vorgesetzte

Ein älterer Mitarbeiter zum Geburtstag der Kollegin

Typus Ansprache
Anlass 40. Geburtstag einer Kollegin
Dauer ca. 2 Minuten
Stil heiter, kollegial

Liebe Simone,

in einem Unternehmen im Allgemeinen und in unserer wilden Truppe im Besonderen ist es doch so: Über jeden von uns haben sich alle anderen ein Bild gemacht. Und dagegen kommt man, als Abgebildeter, bekanntlich schwer an. Mich zeichnet dieses Bild, wie mir zugetragen wurde, als den Spaßvogel der Abteilung. Ich muss dies so umständlich vorausschicken, damit du verstehst, liebe Simone, warum ich es bin – und nicht der befugte Abteilungsleiter Dr. Keller – , der heute hier diese Ansprache hält. Wir haben lange darüber debattiert und sind schließlich zu dem kollektiven Ratschluss gekommen, dass nur einer wie ich dich heil über die 40er-Schwelle tragen kann, ohne dass du in tiefste Depressionen abstürzt. Meine wichtigste Qualifikation: Ich bin selbst seit einer Weile über 40. Deshalb kann ich dir aus eigener Erfahrung versichern: Es tut wirklich nicht weh. Im Gegenteil. Jetzt beginnen erst die komfortablen Jahre. Solange du noch nicht 40 bist, halten dich alle für unerfahren, ungefestigt, formbar, unselbstständig oder aber, wenn du deine Meinung sagst, für naseweis. Von 40 an hält man dich für erfahren, für einen Charakter, gilt dein Wort etwas, fragt man dich um Rat. Nutze diese Jahre und fülle die Scheuern, denn es dauert nicht lange, dass man dich für rückständig, deine Ansichten für überholt und den Rat, den du ungefragt gibst, für lästig hält. Ansonsten richte dich auf an der Erkenntnis: Die sechs Lebensalter des Mannes sind Kind, Jüngling, junger Mann, reifer Mann, alter Mann, Greis; die sechs Lebensalter der Frau sind Kind, Mädchen, junge Frau, junge Frau, junge Frau, junge Frau. Alsdann: Willkommen im Club!

Nie sollte ein Geschenk ohne ein paar würdigende Worte übergeben werden.

Im Berufsleben und bei Behörden

Zeugnis für den Chef

Typus Rede
Anlass Mitarbeiter gratulieren zum Geburtstag des Chefs
Dauer ca. 5 bis 6 Minuten
Stil heiter, ironisch

Lieber Herr Doktor Segeberg,

Voraussetzung für so humorvolle Einlagen ist, dass zwischen Mitarbeitern und Vorgesetzten ein Verhältnis herrscht, das diesen lockeren Stil erlaubt.

Sie gaben sich die Ehre uns anlässlich Ihres 50. Geburtstages zu einem kleinen Umtrunk einzuladen. Wir danken Ihnen herzlich für die Einladung und gratulieren Ihnen zum Geburtsjubiläum, das mit dem Jubiläum Ihrer zehnjährigen Betriebszugehörigkeit beinahe ideal zusammenfällt.

Wir meinen, dass Sie nun aus diesem Anlass – wie jeder Ihrer Mitarbeiter auch – ein Anrecht auf ein qualifiziertes Zwischenzeugnis haben.

Das ist, meinten wir, ein triftiger Grund, es unserem Chef mal so richtig heimzuzahlen. Alle Ihre Mitarbeiter haben sich bemüht, nein, haben jederzeit zu unserer vollsten Zufriedenheit Ihren Chef unter die Lupe genommen und können ihm somit das folgende Zeugnis erteilen.*

*Der Vortragende öffnet nach dieser Einleitung eine gesonderte Mappe und liest das – von allen Mitarbeitern unterschriebene – Zeugnis vor, das dem Jubilar am Ende überreicht wird.

Zeugnis

Herr Dr. Joachim Segeberg ist seit 1. September 19XX in unserem Unternehmen beschäftigt. Zunächst als persönlicher Referent des Direktors eingesetzt, übernahm er schon ein Jahr später die Leitung der Abteilung III. Ungeachtet des Sprichworts „Neue Besen kehren gut", zeigte sich Herr Dr. Segeberg seinen neuen Untergebenen gegenüber aber weder borstig noch widerborstig. Auch wirkte er stets alles andere als in sich gekehrt, wenn seine Mitarbeiter, mit denen er auf kollegialem Fuß verkehrte, anfangs auch oft den Eindruck hatten, er zäume das Pferd von der verkehrten Seite auf und müsse bald wieder zu den bewährten Methoden seines Vorgängers zurückkehren.

Im Rahmen seiner Tätigkeit führte Herr Dr. Segeberg nach unserer Beobachtung folgende Tätigkeiten aus:
- die Vorbereitung von Sitzungen
- die Einberufung von Sitzungen
- die Leitung von Sitzungen
- die Vertagung von Sitzungen

Reden auf Kollegen und Vorgesetzte

- die Kontrolle von Sitzungsprotokollen
- die Nachbereitung von Sitzungen
- die Auswertung von Protokollen solcher Sitzungen, an denen er nicht selbst teilgenommen hatte.

Darüber hinaus nahm Herr Dr. Segeberg an zahlreichen Sitzungen teil, die er selbst nicht leitete, und konnte die Erkenntnisse, die er in solchen Sitzungen gewann, nutzbringend in den Sitzungen verwerten, die er leitete.

Aufgrund seiner Qualifikation und seiner beruflichen Erfahrung war Herr Dr. Segeberg jederzeit in der Lage, sich auf die unterschiedlichen Themen der einzelnen Sitzungen einzustellen. Neben seinem überaus fundierten Fachwissen kam in diesem Zusammenhang besonders sein sicheres Gespür für die jeweilige Tagesordnung zum Tragen.

Mit großem Verantwortungsgefühl für die Belange seiner Mitarbeiter kümmerte sich Herr Dr. Segeberg um die Bereitstellung von Tee und Kaffee; mögen diese Getränke auch von Farbe und Geschmack kaum voneinander zu unterscheiden gewesen sein. Mit Rührung und Dankbarkeit erinnern sich seine Mitarbeiter der liebevoll drapierten Kekstellerchen, die zu jeder Sitzung bereitstanden. Zu den Höhepunkten jeder Sitzungsperiode gehörten die Lebkuchenherzen in der Adventszeit und der Rosinenstollen nach Dresdner Art, mit dem die Mitarbeiter in die Weihnachtsferien verabschiedet wurden. Außerordentlich belebend wirkte die Darreichung von Schokoladeneiern, die den Kekstellerchen zur Osterzeit beigegeben wurden. Teamprägend wirkte sich die Entscheidung Dr. Segebergs aus, vor dem Montagskreis die Stühle aus dem Sitzungsraum zu entfernen und so die Sitzung in eine Stehung zu verwandeln, natürlich nicht ohne die Kekstellerchen durch Laugenbrezelkörbchen zu ergänzen. Infolge des bandscheibengerechten Stehens anstatt des ungesunden Sitzens gelang es, die Stehungszeit gegenüber der Sitzungszeit um 30 Minuten zu verlängern.

Legendär wurde Dr. Segebergs Methode, verwickelte Probleme in den von ihm geleiteten Sitzungen zu lösen. Dr Segeberg pflegte, wenn das Chaos am größten war, den Sitzungsraum mit den Worten zu verlassen: „Ihr wisst ja nun Bescheid. Nun klärt das mal." Wir waren mit den Leistungen von Herrn Dr. Segeberg in dieser Hinsicht stets außerordentlich zufrieden.

Die Rede bedient sich konsequent typischer Formulierungen der „Zeugnissprache".

Im Berufsleben und bei Behörden

Es empfiehlt sich, das Zeugnis für den Chef mit einer Reihe von individuellen Details auszustatten, die seine Einzigartigkeit unterstreichen.

Wir haben Herrn Dr. Segeberg als einen immer freundlichen, zuvorkommenden, hilfsbereiten und lernwilligen Vorgesetzten kennen gelernt, der bei seinen Mitarbeitern sehr beliebt war. Wann immer es nötig war, ließ er sich von seiner Sekretärin sagen, wo's lang geht. Und es war eigentlich immer nötig.

Dieses Zwischenzeugnis wird Herrn Dr. Segeberg aufgrund seiner zehnjährigen Betriebszugehörigkeit und anlässlich seines 50. Geburtstages ausgestellt. Wir wünschen Herrn Dr. Segeberg weiterhin Gesundheit und beruflichen Erfolg und versichern ihn des anhaltenden Wohlwollens seiner Mitarbeiter.

Zum Jubiläum

Typus Ansprache
Anlass Feier des 25. Betriebsjubiläums
Dauer ca. 2 Minuten
Stil feierlich

Lieber Harald,

In der Einleitung stellt der Redner seine persönliche Beziehung zum Jubilar dar.

als ich selbst vor sieben Jahren in dieses Unternehmen kam, war ich zwar nicht ganz ohne Berufserfahrung, aber die Personalleiterin, die mich meinen neuen Kollegen offiziell vorstellte und mich in die Unternehmenshierarchie einwies, sagte hinterher inoffiziell zu mir: „Wenn es Probleme gibt – egal welcher Art – fragen Sie Harald."

Der Wert der Berufserfahrung wird unterstrichen.

Wie wertvoll dieser Rat war, habe ich schon nach ganz kurzer Zeit bemerkt. Denn Harald war schon 18 Jahre in diesem Laden, als ich kam, also von Anfang an. Ich wusste zwar, auf welchem Papier ich die Unterschrift des kaufmännischen Direktors brauchte und welches andere Papier vom Abteilungsleiter abzuzeichnen war. Von Harald aber konnte man erfahren, welche Frage welchem Vorgesetzten in welcher Situation vorgelegt werden sollte, wenn man Wert darauf legte, dass sie positiv entschieden würde, wann man den „Alten" auf keinen Fall behelligen durfte und auf welche Protokollformulierungen er reagierte wie Karbid auf Wasser.

Reden auf Kollegen und Vorgesetzte

Jetzt bin ich selber schon sieben Jahre da, gehöre mittlerweile zu den Alten, die den „Frischlingen" manch ungebetenen Rat geben, Harald ist immer noch 18 Jahre länger hier, und das hat sich nun auf 25 Jahre addiert. Es gibt bestimmt nicht viele unter uns, die sich vorstellen können, 25 Jahre lang in ein und derselben Firma zu bleiben. Und da gerade unsere Firma sich gern als „junges Unternehmen" präsentiert, habe ich manchmal das Gefühl, mit einer Verweildauer von sieben Jahren schon zum vorgeschichtlichen Sedimentgestein zu zählen. Ich sage das mal so, um dir den Rang als „Urgestein" nicht streitig zu machen, der dir nach 25 Jahren Betriebszugehörigkeit zusteht. Manchmal gerät es ein bisschen in Vergessenheit, dass wir es uns nur deshalb leisten können, ein „junges Unternehmen" zu sein, weil ein paar von den „Alten" auf ihrem Platz bleiben und die Kenntnisse und Erfahrungen geduldig an die Jungen weitergeben – immer wieder, auch wenn wir manchen Mitarbeitern nur noch hinterher rufen können: „Schön, dass Sie mal vorbeigeschaut haben!"

Dein 25. Betriebsjubiläum, lieber Harald, sollte Anlass sein, nicht nur dich dafür zu beglückwünschen, dass du es so lange mit uns ausgehalten hast, sondern auch uns dazu zu gratulieren, dass wir dich haben.

Betriebsfeiern müssen nicht immer im Unternehmen selbst stattfinden.

Im Berufsleben und bei Behörden

> **Ein Mitinhaber spricht zum Firmenjubiläum**
>
> **Typus** Toast
> **Anlass** Kleine Feier im Betrieb oder Geschäft
> **Dauer** ca. 1½ Minuten
> **Stil** heiter, kollegial
>
> Liebe Kollegen, liebe Gäste,
>
> ist das alles wirklich schon zehn Jahre her? Haben wir uns nicht gerade erst auf die Suche nach Geschäftsräumen gemacht? Sind wir nicht gestern erst von Amt zu Amt gezogen, um alle erforderlichen Genehmigungen für den Umbau zu bekommen? Haben wir nicht heute Morgen erst unsere neuen, umgebauten Geschäftsräume eigenhändig weiß gepinselt? Das soll nun schon zehn Jahre her sein?
>
> Wir haben zu viert in einem Büro begonnen, das diesen Namen kaum verdiente. Jeder von uns Gründervätern belegte eine Zimmerecke mit Beschlag. Entscheidungen wurden auf Zuruf gefällt. Wir brauchten uns dabei nicht einmal anzusehen. Inzwischen ist der eine oder andere gekommen und gegangen. Wir sind unser heute mehr als 20. Wenn eine Entscheidung ansteht, machen wir jetzt richtige Meetings. Auch wenn es manchmal ein bisschen Überwindung kostet. Wir schauen uns auch an dabei. Geblieben aber ist das blinde Vertrauen, das wir ineinander haben können.
>
> Bei aller Freude über die Veränderungen und Expansionen, die wir in den vergangenen zehn Jahren durchgemacht haben, freue ich mich am meisten darüber, dass sich an unserem gegenseitigen Vertrauen nichts geändert hat. Darauf möchte ich mein Glas erheben!

Diese kleine Ansprache kann auch von Kollegen für Kollegen gehalten werden.

Oft haben sich heute die Arbeits- und Beschäftigungsverhältnisse schon so stark verändert, dass die formelle Gegenüberstellung von Arbeitgebern und Arbeitnehmern oder die Unterstellungsverhältnisse der Beamtenhierarchie nicht mehr greifen. Gerade in kleineren Unternehmen der Dienstleistungsbranche werden die Grenzen zwischen Mitarbeitern und Mitinhabern durch die wirtschaftliche Dynamik fließend. Etwas von dieser Dynamik finden Sie auch im vorangegangenen Mustertext.

Reden auf Kollegen und Vorgesetzte

Verabschiedung einer Kollegin

Typus Ansprache
Anlass Verabschiedung eines Mitarbeiters durch Kollegen
Dauer ca. 2½ Minuten
Stil feierlich

Liebe Marion,

wir haben lange überlegt, was wir dir zum Abschied schenken sollen. Ich gebe zu, diese Überlegungen haben ein wenig unsere Wehmut darüber betäubt, dass du gehst. Wir haben intensiver an das Geschenk und die Ausrichtung der kleinen Feier gedacht als an den Anlass, dem sie gewidmet sind. Du kennst ja den Ritus von anderen Gelegenheiten. Da geht eine Liste um, jeder gibt einen Obolus und macht einen Vorschlag, aus den Vorschlägen werden die am häufigsten vorkommenden ausgesiebt, die dann von einer Kommission konkretisiert werden. Diese Kommission besteht aus Karin und aus mir. Warum das so ist, wissen wir nicht; es hat sich so eingebürgert. Karin geht immer einkaufen, und ich muss immer sagen, was. Dafür ist es bei der Rede umgekehrt. Ich muss immer reden, und Karin sagt mir, was.

Als wir begannen, über ein Geschenk nachzudenken, war uns klar: Es sollte etwas Nützliches sein, und es sollte bewirken, dass du immer an uns denkst – wie ein Lesezeichen, das einem stets ins Auge fällt, sobald man ein Buch aufschlägt, ohne sich in den Vordergrund zu drängen. Schließlich kamen wir drauf, als wir deinen täglichen morgendlichen Arbeitsbeginn rekonstruierten. Es ist ja inzwischen sprichwörtlich: Was immer geschieht, du bist erst zwei Tassen Kaffee später ansprechbar. Wenn du um acht deinen ersten Termin hattest, warst du um sieben da, um in Ruhe den Kaffee aufzusetzen und schweigend und in Ruhe zwei Tassen zu trinken. Wir wissen, dass du elektrische Kaffeemaschinen als Zeichen kulturellen Niedergangs verurteilst, deshalb haben wir uns im Fachhandel beraten lassen und dir einige Utensilien zur Kaffeebereitung zusammengestellt, die deinen Ansprüchen hoffentlich genügen werden. Dazu fanden wir ein Buch, wie wir es so noch nicht gesehen haben, es ist nicht nur in kaffeebraunes Leder gebunden, es hat nicht nur die Form einer Filtertüte, es ist auch tatsächlich auf echtem Filterpapier gedruckt. Darin erfährst

Die Suche nach dem passenden Geschenk zum Abschied wird zum Aufhänger der Ansprache.

Die Vorlieben und Eigenarten der Gefeierten werden als liebenswerte Marotten dargestellt.

Im Berufsleben und bei Behörden

du alles, was du wahrscheinlich schon weißt, aber es ist doch auf unnachahmlich charmante Weise dargestellt.

Liebe Marion, wir hätten gern einen erfreulicheren Anlass mit dir gefeiert als die Trennung. Aber wir wissen, was diese Chance zu einem Neuanfang für dich bedeutet. Und unter uns ist keiner, der sie in deiner Situation nicht wahrgenommen hätte. So bleibt uns nur, dir alles Gute zu wünschen, die Kraft und die Gesundheit, die nötig sind, um dir deine Erfolge zu organisieren, und immer eine gute Tasse Kaffee im richtigen Moment. Lass dich umarmen und mach es gut!

Verabschiedung in den Ruhestand

Typus Ansprache
Anlass Verabschiedung eines Mitarbeiters durch Kollegen
Dauer ca. 2½ Minuten
Stil   feierlich

Meine sehr verehrten Damen und Herren,

Die Verabschiedung in den Ruhestand – der Redner schwankt zwischen Neid und Traurigkeit.

Anlässe wie diese stimmen immer etwas wehmütig. Mit dem heutigen Tag verlässt uns unser hoch geschätzter Kollege, Herr Manfred Schubert, um, wie es so schön heißt, in den verdienten Ruhestand einzutreten. Die Wehmut rührt aus den zwiespältigen Empfindungen her, die sich anlässlich dieses Tages einstellen. Auf der einen Seite ist es ein bisschen Neid, dass es da wieder einer geschafft hat, so gesund und tatendurstig der alltäglichen Tretmühle zu entkommen, während man selbst weiterstrampeln muss. Auf der anderen Seite ist es ein Gefühl der Ratlosigkeit, wie man jetzt weitermachen soll, ohne Manfred Schubert. Man spricht mitunter von der Lücke, die ein Ruheständler hinterlässt. Das klingt ein bisschen so, als wäre er schon gestorben. Nein, es ist eigentlich anders. Da ist keine Lücke, dafür hat Manfred Schubert selbst gesorgt, indem er seinen Nachfolger eingearbeitet hat. Aber hinter seiner Tür, an seinem Schreibtisch sitzt ein anderer, und wenn man, wie man es gewohnt war, die Tür aufmacht, um Herrn Schubert schnell etwas zu fragen, wird ab

Reden auf Kollegen und Vorgesetzte

morgen Herr Grothe antworten. Gut, das wird uns, die wir am Gewohnten hängen, anfangs irritieren, aber damit werden wir schon fertig werden. Viel irritierender ist es für mich selbst, mit der Tatsache fertig zu werden, dass ich der Nächste bin, auf den der Ruhestand lauert, um ihn auf Hobbys, Heim und Hund zurückzuwerfen.

Lieber Manfred, als der nach dir dienstälteste Kollege darf ich sagen: Es war uns allen ein Vergnügen, mit einem so zuverlässigen und tatkräftigen Kollegen zusammenzuarbeiten. Wir alle, die Älteren ebenso wie die Jüngeren, konnten von der Fülle deiner Erfahrungen, von den Kenntnissen – den offiziellen wie den inoffiziellen – profitieren. Du wusstest immer genau, wo das Ölkännchen anzusetzen war, damit der Laden lief, ohne zu quietschen. Aber du hast diese Kenntnis nie als Herrschaftswissen für dich behalten, sondern alle anderen daran teilhaben lassen. Das Honorar dafür war, dass sie dich an ihrem Wissen teilhaben ließen. Und so hast du, in gegenseitigem Vertrauen, durch gerechten Ausgleich und Kollegialität jenen ungeheuren Schatz angehäuft, den man Berufs- und Lebenserfahrung nennt. Das ist das Geheimnis, warum sich dir Türen (und Ohren) öffnen, die anderen verschlossen bleiben: weil du es geschafft hast, anderen dein Herz zu öffnen.

Lieber Manfred, diese Herzlichkeit und Kollegialität werden wir sehr, sehr vermissen, und ich will es einfach nicht glauben, dass du uns ganz verloren sein sollst. Erlaube uns wenigstens, dich im Notfall anzurufen, wenn es mal ganz gewaltig quietscht und wir nicht wissen, wo wir das Ölkännchen ansetzen sollen.

In diesem Sinne entlassen wir dich heute aus unserer Mitte. Ich reiche dir namens aller Kollegen die Hand zum Abschied und wünsche dir alles erdenklich Gute.

Als Vorgesetzter sollten Sie sich persönlich bei einem Mitarbeiter, der den Betrieb verlässt, verabschieden.

Im Berufsleben und bei Behörden

Bei Behörden

Die Auseinandersetzungen mit Behörden und mit behördenähnlichen Institutionen gehört für viele Menschen zu den unerfreulichen Dingen, die ihnen den Alltag vergällen.

Zwar verstehen sich viele Behörden mehr und mehr als Dienstleister an der Steuern zahlenden Bevölkerung; besonders die viel gescholtenen Finanzämter haben sich zu kontaktfreudigen Service-Centern gemausert, seit sich herausgestellt hat, dass der „Steuerbürger" viel bereitwilliger freiwillig zahlt, wenn man ihn freundlich berät, erinnert, bittet, als wenn man ihn in harschen Worten bedrängt, mahnt und auffordert.

In vielen Amtsstuben – hört man von Betroffenen – scheint das größte Vergnügen aber immer noch darin zu bestehen, unbescholtene Bürger zu schikanieren, unter dem Vorwand, dem Buchstaben des Gesetzes Geltung zu verschaffen und hoheitliche Aufgaben auszuführen.

Nicht immer ist es leicht, sich bei Behörden Gehör zu verschaffen.

Vier Seiten einer Nachricht
- Sachinhalt
- Beziehungsbotschaft
- Selbstbekundung
- Appell

In Verhandlungen mit Behörden sitzen Sie in der Regel am kürzeren Hebel. Es nützt Ihnen nichts, dass Sie, wenn Sie glauben, im Recht zu sein, Ihr Recht auch mithilfe der Gerichte durchsetzen können. Denn solche Verfahren dauern lang und sind meist sehr teuer.

Wie kommunizieren Sie?

Wenn Sie mit dem Vertreter einer Behörde verhandeln, erwarten Sie, dass Sie sich mit einem „vernünftigen" Menschen professionell über „die Sache" austauschen können. In der Realität sieht das anders aus. Nie reden Sie nur über die Sache. Es kommt Ihnen so vor, als höre der Amtsleiter einfach nicht zu, wenn Sie einen vernünftigen Vorschlag machen, als interessierten sich die Sachbearbeiterinnen mehr dafür, wo Sie Ihre Garderobe gekauft haben als für Ihre Problem mit dem Steuerbescheid.

In den Achtziger- und Neunzigerjahren haben wissenschaftliche Studien genauer untersucht, was sich eigentlich ereignet, wenn Menschen miteinander kommunizieren. Demzufolge hat jede Nachricht, die von einem Sender (Sprecher) zu einem Empfänger (Zuhörer) geht, vier Seiten. Nehmen wir als Beispiel aus dem Behördenalltag den Satz: „Sie haben mir das falsche Formular geschickt."

Bei Behörden

Die eine Seite der Nachricht dieses Satzes ist der Sachinhalt – nämlich dass Sie ein falsches Formular bekamen. Zugleich schwingt als so genannte Beziehungsbotschaft ein unausgesprochener Satz mit; er könnte lauten: „Warum muss ich mich eigentlich mit Leuten wie Ihnen herumärgern?" Darüber hinaus enthält der Satz auch ein Element der Selbstbekundung, eine Mitteilung über Ihr Befinden

Der Sprecher	Der Hörer
● denkt	● nimmt wahr
● formuliert	● interpretiert
● meint zu sagen	● meint zu hören

(z. B.: „Ich bin sauer, weil ich mich jetzt selbst um das richtige Formular kümmern muss.") Außerdem enthält die Nachricht auch einen Appell („Passen Sie

Lassen Sie sich nicht durch eine hektische oder unpersönliche Atmosphäre aus der Ruhe bringen.

Im Berufsleben und bei Behörden

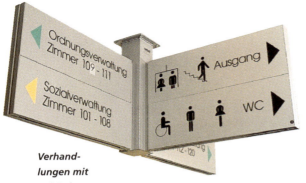

Verhandlungen mit Behörden erfordern Geduld, innere Gelassenheit und Sachlichkeit.

beim nächsten Mal besser auf!"). Diese „vier Seiten einer Nachricht" bilden den Rahmen, in dem wir miteinander sprechen und umgehen. In der Praxis wird zudem kaum ein gesprochenes Wort ohne seine unausgesprochene „Begleitmusik" (zum Beispiel Mimik, Gestik, Stimmqualität und Betonung) und ohne seinen situativen Rahmen (nüchterne Amtsstube, aufgeheizte Stimmung, Hektik und Ähnliches) wahrgenommen.

Welche Konsequenzen hat diese Erkenntnis für unsere Kommunikation? So wie der Sprecher eigentlich vier Botschaften mitteilt, so empfängt auch der Zuhörer, die angesprochene Person, vier – allerdings unterschiedliche – Botschaften. So ist es vollkommen klar, dass der Beamte, mit einem direkten Vorwurf konfrontiert, er habe das falsche Formular geschickt, sofort Argumente zu seiner Verteidigung suchen wird, anstatt dem Sprecher weiter zuzuhören. Wie könnte der Satz anders lauten?

„Ich habe ein falsches Formular bekommen."

Die Ich-Aussage entlastet den Beamten davon, sich gegen einen Vorwurf zu verteidigen, die Beziehungsbotschaft ist viel entgegenkommender (z. B.: „Etwas ist zwischen uns schief gelaufen."), und der Beamte hat verschiedene Optionen, im weiteren Gespräch zu reagieren.

Wie entsteht Informationsverlust?

Informationsübermittlung geht auch zwischen zwei Menschen so vor sich, wie das Kinderspiel von der „stillen Post".

Betrachten wir uns zunächst den Sprecher. Zunächst entsteht beim Sprecher ein Gedanke, der Gedanke gewinnt sprachliche Form, d. h. er wird formuliert und ausgesprochen, und oft meint der Sprecher dabei, etwas zu sagen, was er in Wirklichkeit aber gar nicht deutlich ausgesprochen hat.

Umgekehrt beim Hörer. Er nimmt etwas Objektives (eine Äußerung) wahr, er unterwirft Sie dem Filter seines Sachverstandes, d. h. er entscheidet, was er zu hören meint.

Je komplizierter oder unbestimmter eine Äußerung also ist, desto größer ist die Gefahr, dass die darin enthaltenen Informationen verloren gehen oder fehlinterpretiert werden.

Bei Behörden

Kommunikationsregeln beim Umgang mit Behörden

Das oberste Gebot im Umgang mit Behörden ist strikte, jederzeit protokollfähige Sachlichkeit. Treten Sie selbstbewusst und bestimmt, aber nicht laut und herrisch auf. Lassen Sie sich vom Behördendeutsch nicht einschüchtern; wenn Ihnen etwas „spanisch" vorkommt, fragen Sie nach, ob Sie den Beamten richtig verstanden haben oder ob Sie seine Aussage richtig interpretieren. Sprechen Sie in kurzen, einfachen Sätzen, protzen Sie nicht mit Bildungsdeutsch und versuchen Sie nicht, die Juristensprache nachzuahmen. Gehen Sie nicht mit Vorwürfen auf den Beamten los (Du-Aussagen), sondern schildern Sie Ihre Situation (Ich-Aussagen). Versuchen Sie, die Führung im Gespräch zu übernehmen, indem Sie offene Fragen stellen, die den Beamten zur Mitwirkung bei der Problemlösung veranlassen, zum Beispiel: „Was halten Sie von folgendem Lösungsvorschlag?" oder „Wie können wir nach Ihrer Meinung solche Informationsverluste künftig ausschließen?" Halten Sie Ergebnisse in einem Brief an die Behörde fest.

Auf amtlichen Bescheiden finden Sie eine Rechtsbehelfsbelehrung. Aus ihr geht hervor, dass gegen den Entscheid oder Bescheid Widerspruch erhoben oder Einspruch eingelegt werden kann. Meist heißt es dazu, dass der Einspruch oder Widerspruch „schriftlich einzureichen oder zur Niederschrift bei dem vorbezeichneten Amt zu erklären" ist. Ihnen steht also die Möglichkeit offen, Ihren Widerspruch mündlich vorzutragen und protokollieren zu lassen. Achten Sie, wenn Sie sich dafür entscheiden, auf einfache, präzise Formulierungen und überprüfen Sie, ob die Niederschrift des Beamten Ihrer Darlegung entspricht.

Im Umgang mit Behörden sollten Sie einige besondere Kommunikationsregeln beachten.

Kommunikationsregeln

- Bleiben Sie sachlich.
- Lassen Sie sich nicht provozieren.
- Hören Sie aktiv zu.
- Sprechen Sie deutlich.
- Formulieren Sie eindeutig.
- Verwenden Sie Ich-Aussagen.
- Führen Sie im Gespräch mit Fragetechniken.
- Formulieren Sie Ihre Einwände als Vorschläge.

Im Berufsleben und bei Behörden

Handwerker und Dienstleister

Ähnlich wie Behörden und behördenähnliche Institutionen können auch Dienstleister und Handwerker im Umgang manchmal ziemlich schwierig sein.

Ihre Position als Kunde ist jedoch günstig, da sich Handwerker und Dienstleister dem Vergleich des Marktes stellen.

Ihre rhetorischen Fähigkeiten im Umgang mit Dienstleistern und Handwerkern sind vor allem in zweierlei Hinsicht gefragt, nämlich wenn es darum geht,
- Ärger zu vermeiden und
- Ärgernisse zu beseitigen.

Achten Sie auf Ihre Worte! Schon ein mündlicher Auftrag löst ein Vertragsverhältnis aus.

Ärger vermeiden – präzise Aufträge erteilen

Erteilen Sie einem Handwerker oder einem anderen Dienstleister (z. B. einem Partyservice oder einem Zimmermann) einen Auftrag, kommt im Rechtssinn ein Vertrag zustande.

Ein Vertrag ist in der Regel ein zweiseitiges Rechtsgeschäft, bei dem durch mindestens zwei übereinstimmende Willenserklärungen ein rechtlicher Erfolg erzielt werden soll. Ein Vertrag kommt zustande, wenn der Vertragsantrag (Offerte, Angebot) des einen Beteiligten mit der vorbehaltlosen Annahme dieses Antrags durch den anderen Partner beantwortet wird.

Die Schriftform ist nicht in allen Fällen Voraussetzung für das Zustandekommen eines Vertrages. Im Gegenteil, es besteht bei Rechtsgeschäften der Grundsatz der Formfreiheit, außer bei gesetzlich geregelten Ausnahmen oder wenn die Beteiligten eine bestimmte Form vereinbaren.

Auch eine mündliche Verabredung begründet einen Vertrag, zum Beispiel wenn Sie ein Gerät oder ein paar Schuhe zur Reparatur bringen. Um späteren Ärger zu vermeiden, ist es wichtig, präzise und unmissverständlich zu formulieren, was Sie wollen, und genauso deutlich zu sagen, was Sie nicht wollen.

Wenn Sie das Gefühl haben, dass Sie nicht richtig verstanden werden, bestehen Sie unbedingt auf einer schriftlichen Auftragsbestätigung.

■ **Tipp:**

Wenn Sie eine schriftliche Auftragsbestätigung zugesandt bekommen, überprüfen Sie genau, ob die Bestätigung auch tatsächlich in vollem Umfang dem mündlich Vereinbarten entspricht. Ist das nicht der Fall und widersprechen Sie der abweichenden schriftlichen Bestätigung nicht, so gilt nach Handelsbrauch der Inhalt des Schreibens als der vereinbarte Vertragsinhalt.

Handwerker und Dienstleister

Ärgernisse ausräumen

Reklamieren sollten Sie nur dann mündlich, wenn wirklich Aussicht besteht, im Gespräch mit dem Handwerker, Dienstleister oder Händler sofort eine zufrieden stellende Einigung zu erzielen (z. B. durch Rücknahme, Umtausch oder Nachbesserung). Hierfür gelten die Kommunikationsregeln sinngemäß, die Sie auf S. 193 für den Umgang mit Behörden finden. Einem sachlichen und höflichen Vorgehen im Falle einer Reklamation, kann sich ein Dienstleister kaum entziehen.

Sie sollten unbedingt schriftlich reklamieren, wenn sich vermuten lässt, dass eine längere Auseinandersetzung oder ein Rechtsstreit folgt. Der Nachweis einer schriftlichen Reklamation kann dann unter Umständen für die Festsetzung von Fristen oder für die Nachbesserung von Bedeutung sein. Heben Sie unbedingt alle weiteren Schriftstücke, auch Telefonnotizen, zum Sachverhalt auf.

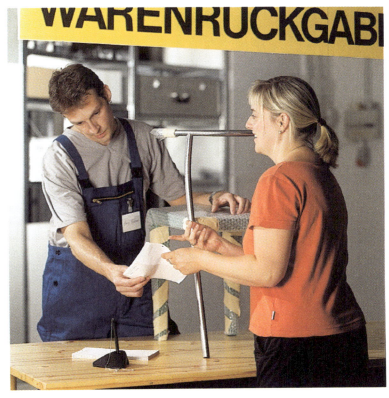

Kulanz bei Reklamationen gehört heute zum guten Ton.

Reden des Arbeitgebers

Arbeitgeber und Dienstherren kommen häufiger als andere in die Verlegenheit, eine Ansprache halten zu müssen. In größeren Unternehmen sind es oft die Vorgesetzten, die den Arbeitgeber gewissermaßen rhetorisch vertreten.

Reden des Arbeitgebers

Ein Vorstellungsgespräch führen

Besonders in kleinen und mittleren Unternehmen, die über keine eigene Personalabteilung verfügen, entscheidet der Unternehmer oder der Geschäftsführer die Personalfragen selbst.

Vorstellungsgespräche unterscheiden sich oft sehr stark von ihren Darstellungen in diversen Bewerbungsratgebern, besonders wenn es keine Personalabteilung gibt. Zum Beispiel verlief ein authentisch überliefertes Vorstellungsgespräch eines Maurers in einem brandenburgischen Baubetrieb so:

Chef: „Schon mal Kamin jemauert?"

Bewerber: „Hmm."

Chef: „Wann kannste'n anfangen?"

Nicht nur die Bewerber, sondern auch die Arbeitgeber sehen sich oft einer ungewohnten Situation gegenüber. Manchmal kehrt sich das Verhältnis sogar zuungunsten des Arbeitgebers um: Erfahrene Bewerber, die im letzten Quartal ein Dutzend Vorstellungsgespräche geführt ha-

Als Arbeitgeber dürfen Sie die Führung im Vorstellungsgespräch nicht aus der Hand geben.

Ein Vorstellungsgespräch führen

ben, sitzen einem Chef gegenüber, der alle Jahre wieder mal eine Stelle zu besetzen hat. Ist der Chef mit der Gesprächsführung überfordert, übernimmt der Bewerber die Führung. Welchen Respekt ein Arbeitnehmer, der sich auf diese Weise quasi selbst einstellt, gegenüber seinem künftigen Chef haben wird, kann man sich leicht vorstellen.

Ein gut strukturiertes Vorstellungsgespräch erfordert Vorbereitung. Studieren Sie genau die Bewerbungsunterlagen. Machen Sie sich aus dem Lebenslauf ein genaues Bild des Bewerbers. Führen Sie das Gespräch durch gezielte Fragen, für die Sie sich einen „Fahrplan" schriftlich ausarbeiten können. Ihre Fragen sollten in folgende Richtungen gehen.

● Mögliche Unstimmigkeiten im beruflichen Werdegang, die sich aus dem Lebenslauf ergeben. Zum Beispiel: „Hier steht im Jahr 1992: Weiterbildung. Das ist mir zu vage. Könnten Sie bitte zu Thema und Ziel dieser Weiterbildung genauere Ausführungen machen?"

● Einzelheiten der fachlichen Qualifikation, zum Beispiel: „Sie geben Kenntnisse in allen gängigen DTP-Programmen an. Haben Sie auch schon mit InDesign gearbeitet. Welche Erfahrungen haben Sie damit gemacht. Halten Sie es für geeignet, QuarkXPress zu ersetzen?"

> **Fehler, die Sie im Gespräch vermeiden sollten**
>
> ● Hemdsärmeligkeit: Schulterklopfen und den Kumpel herauskehren, ist die falsche Strategie.
> ● Detailversessenheit: Bohren nach Details verstellt den Blick aufs Wesentliche.
> ● Oberflächlichkeit: Die Fixierung aufs große Ganze übersieht den „Teufel im Detail".
> ● Pragmatismus: Sie beurteilen nur den augenblicklichen Nutzen, nicht die Persönlichkeit des Bewerbers.
> ● Schwärmerei: Statt den Bewerber zu fragen, reden Sie sich in Begeisterung.

● Analyse der sozialen Kompetenz, zum Beispiel: „Als Sie in Ihrer letzten Firma neu angefangen haben und Ihren Kollegen vorgestellt wurden, wie haben Sie sich da gefühlt? Können Sie mir schildern, wie Sie in Ihrem alten Unternehmen verabschiedet worden sind?"

Bei einem Bewerber, der Ihnen vom Arbeitsamt geschickt wird, haben Sie oftmals keine vollständigen, aussagefähigen Bewerbungsunterlagen vorliegen. Verzichten Sie keinesfalls auf ein ausführliches Interview! Erfragen Sie, was normalerweise im Lebenslauf stehen müsste. Machen Sie sich genaue Gesprächsnotizen. Fassen Sie das Interview mit eigenen Worten zusammen und lassen Sie sich vom Bewerber bestätigen, dass Sie ihn richtig verstanden haben.

Von Ihnen als Arbeitgeber erwartet man, dass Sie ein gut strukturiertes Gespräch führen.

Reden des Arbeitgebers

Ein Mitarbeitergespräch führen

Es ist in vielen Unternehmen üblich, dass die Arbeitgeber oder an ihrer Stelle die unmittelbaren Vorgesetzten mit den Mitarbeitern in regelmäßigen Abständen Gespräche führen.

Für die Mitarbeiter sind diese Gespräche wichtig, weil sie auf diese Weise Anerkennung für Ihre Leistungen erfahren und eigene Vorstellungen über die Gestaltung Ihrer Arbeitsinhalte einbringen können.

Für den Arbeitgeber oder Vorgesetzten sind diese Gespräche wichtig, um sich ein objektives Bild über Leistungsfähigkeit und -bereitschaft der Mitarbeiter zu machen, deren Sorgen oder Karrierewünsche kennen zu lernen und zugleich ein kritisches Echo auf die eigene Führungstätigkeit zu bekommen.

Um diese Gesprächsziele zu erreichen, sollten Sie für eine entspannte Atmosphäre sorgen und einen Gesprächsrahmen setzen, der auch Privates nicht ausschließt. Das Chefbüro ist – wegen des Heimvorteils des Chefs – für Mitarbeitergespräche nicht geeignet; besser ist ein neutraler Konferenzraum oder ein Besprechungszimmer.

Mitarbeitergespräche verfehlen ihren Sinn, wenn Sie in Monologe des Arbeitgebers ausarten. Geben Sie dem Mitarbeiter ausreichend Gelegenheit, seine Vorstellungen darzulegen.

Mitarbeitergespräche sollten in einer sachlichen, aber entspannten Atmosphäre stattfinden.

Ein Mitarbeitergespräch führen

Grundlage des Gesprächs sollte die Stellenbeschreibung des Mitarbeiters sein. Da sich die Arbeitsinhalte dank neuer Technologien und Arbeitsmethoden ständig verändern, wird auch die Stellenbeschreibung den wachsenden Anforderungen anzupassen sein.

Der Mitarbeiter sollte rechtzeitig vor dem Gesprächstermin einen Leitfaden erhalten, damit er sich auch selbst auf das Gespräch vorbereiten kann. Dieser Leitfaden sollte die Gesprächsthemen – geordnet nach der Priorität – enthalten. Zum Beispiel

- Unternehmens- und Abteilungsziele
- Fachkenntnisse, Berufserfahrungen und Qualifizierung
- Arbeitsmenge und -qualität
- Information und Kommunikation zwischen Mitarbeitern und Vorgesetzten
- Veränderte Arbeitsanforderungen
- Selbstständigkeit und Teamfähigkeit
- Zusammenarbeit mit Vorgesetzten
- Personalentwicklung, Karriereziele
- Arbeitsbedingungen und Arbeitsmittel
- Gehalt

Ziel des Gesprächs sollten klare Verabredungen und Festlegungen sein, die gemeinsam vereinbart werden, keine allgemeinen Willensbekundungen („Wir werden uns weiter um eine Verbesserung der Arbeitsbedingungen bemühen…"). Lassen Sie möglichst den Mitarbeiter die Ergebnisse des Gesprächs protokollieren und treffen Sie sich ca. 14 Tage nach dem Gespräch noch einmal mit dem Mitarbeiter, um das Protokoll durchzusprechen und wenn nötig zu korrigieren.

Regeln für Mitarbeitergespräche

1. Regel
Führen Sie Mitarbeitergespräche nicht im Chefbüro, sondern in einem neutralen Raum.

2. Regel
Schaffen Sie ein entspanntes Gesprächsklima.

3. Regel
Geben Sie einen Leitfaden vor.

4. Regel
Legen Sie dem Gespräch die Stellenbeschreibung des Mitarbeiters zugrunde.

5. Regel
Führen Sie das Gespräch, aber geben Sie dem Mitarbeiter Gelegenheit für eine ausführliche Selbstdarstellung.

6. Regel
Legen Sie gemeinsame Ziele fest.

7. Regel
Lassen Sie das Gespräch vom Mitarbeiter protokollieren.

Ein Konfliktgespräch führen

Es gehört zu den unangenehmen Aufgaben eines Arbeitgebers oder Vorgesetzten, den Mitarbeitern auch einmal unangenehme Dinge zu sagen und in Konflikte einzugreifen.

Ein Vorgesetzter muss auch unangenehme Dinge aussprechen können, ohne die Würde seiner Untergebenen zu verletzen.

Zu unterscheiden ist zwischen Konflikten, die spontan – zum Beispiel im Verlauf eines Meetings – aufbrechen, und solchen Konflikten, die sich schon seit einer Weile aufgestaut haben und nun durch ein klärendes Einzelgespräch gelöst werden müssen.

Was geschieht, wenn ein Konflikt ausbricht? Wenn unterschiedliche Interessen aufeinander prallen? Das Bedürfnis des einen – zum Beispiel nach höherer Arbeitsleistung – kollidiert mit dem Bedürfnis des anderen – zum Beispiel nach mehr Bequemlichkeit. Unterschiedliche Auffassungen zu einer Sache eskalieren zum Bedürfniskonflikt.

Im Meeting

Manche Vorgesetzte fürchten, man könnte sie für führungsschwach halten, wenn sie nicht das letzte Wort haben. Dabei muss bedacht werden: Die Teilnehmer sollen miteinander kommunizieren, Ideen sammeln, Meinungen austauschen, Lösungsvorschläge diskutieren, Alternativen bewerten. Der Moderator – so denn einer diese Funktion ausübt – soll den Gedankenaustausch reibungslos und möglichst strukturiert verlaufen lassen. Der Vorgesetzte schließlich muss entscheiden. Und das bedeutet: Sobald er seine Meinung sagt, wird sie als entscheidende Meinung aufgefasst. Je früher er damit herausrückt, desto eher kann die Kommunikation daran ersticken; sie muss dann erst mühsam – durch Ermutigung und Beauftragung – wieder angefacht werden. Die Zeit sparendere Alternative ist es meist, die hohe Kunst des Zuhörens zu pflegen und nur dann in den Konflikt einzugreifen, wenn die eigenen Interessen und Bedürfnisse betroffen sind.

Im Einzelgespräch

Als Chef sind Sie immer in der Zwickmühle. Gehen Sie Konflikten aus dem Wege, weil Sie meinen, dass es für das Klima besser wäre, gelten Sie als führungsschwach, und Sie können auf den Moment warten, da einer Ihrer Untergebenen testen wird, wie weit man bei Ihnen gehen kann.

Weichen Sie keinem Konflikt aus und greifen hart durch, werden Sie sich nicht unbedingt beliebt machen und als derjenige gelten, der die Mitarbeiter „maßnimmt", „zusammenfaltet", „rund macht" – die Bürosprache kennt

Ein Konfliktgespräch führen

viele Metaphern für den Stil des so genannten „harten" Chefs.

Die Erfahrung besagt, dass konsequentes Vorgehen im Konfliktfall von den Untergebenen akzeptiert und nicht mehr als „hart" angesehen wird, wenn einige Kommunikationsregeln dabei beachtet werden.

Erste Kommunikationsregel. Wenden Sie eine Jeder-gewinnt-Strategie an. Sie könnte, bezogen auf den jeweiligen Diskussionsgegenstand, deutlich machen: „Wir haben einen Bedürfniskonflikt. Ich achte Ihre Bedürfnisse, aber ich muss auch meine beachten. Ich kann Sie nicht auf meine Kosten gewinnen lassen. Ich habe die Macht zu gewinnen, aber ich werde sie nicht einsetzen. Stattdessen werden wir gemeinsam eine Lösung suchen, die sowohl Ihre als auch meine Bedürfnisse berücksichtigt."

Zweite Kommunikationsregel. Formulieren Sie Ich-Aussagen. Damit machen Sie das Konfliktpotenzial zu Ihrem eigenen Problem und können es auf die Ebe-

In Meetings brechen oftmals Konflikte auf, die schon lange latent bestehen.

Reden des Arbeitgebers

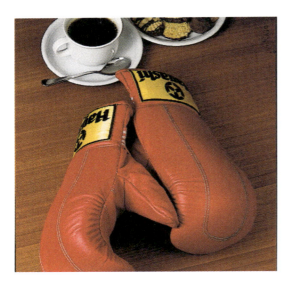

Lassen Sie die Boxhandschuhe im Schrank. Üben Sie Kritik hart in der Sache, aber rücksichtsvoll gegen die Person.

ne eines Bedürfniskonflikts überführen. Heben Sie sich die Sie/Du-Aussagen („Sie haben das falsch dargestellt!", „Da hast du uns ja in was Schönes reingeritten!", „Dafür sind Sie verantwortlich!") als besondere Waffe auf, die umso schärfer bleibt, je seltener Sie davon Gebrauch machen.

Dritte Kommunikationsregel: Lassen Sie den anderen ausreden; schließlich erwarten Sie von ihm das Gleiche.

Vierte Kommunikationsregel: Betreiben Sie keine Vergangenheitsbewältigung

Fünfte Kommunikationsregel: Argumentieren Sie induktiv, das heißt geben Sie zuerst die Begründung (Argument) und danach das, was Sie begründen wollen (Argumentandum); besonders bei unangenehmen Mitteilungen baut sich oft schon Widerstand beim Gegenüber auf, bevor Sie zur Begründung kommen.

Kritik und Tadel – sachlich und konstruktiv

Jeder Mitarbeiter hört es gern, wenn er vom Chef gelobt wird. Möglichst vor versammelter Mannschaft. Es können gar nicht genug Kollegen anwesend sein…

Ganz anders sieht es aus, wenn Kritik geübt und Tadel verteilt wird. Dann möchte sich der Mitarbeiter am liebsten in einem Erdloch verkriechen. Aber auch seine Kollegen werden – wenn es sich um ein intaktes Team handelt – nicht erfreut sein, dass einer der ihren „heruntergeputzt" wird.

Für Sie als Arbeitgeber oder Vorgesetzter ist das Recht zu kritisieren Bestandteil Ihrer sozialen Rolle. Sie geben Anweisungen, Sie haben den Betriebsablauf zu verantworten, also haben Sie auch zu kontrollieren und zu bewerten, wie Ihre Untergebenen die Anweisungen ausgeführt haben.

Kritik verfolgt das Ziel, das Verhalten des Kritisierten zu verändern. Da es Ihnen nicht darum geht, Ihrem Ärger Luft zu machen, sondern Sie ein Problem, einen Bedürfniskonflikt lösen wollen, sollte Ihre Kritik auch lösungsorientiert sein.

Ein Konfliktgespräch führen

Falsch	Richtig
„Ihre Abrechnung war falsch. Die können Sie gerad' wieder mitnehmen und noch mal machen!"	„Ich habe ein Problem mit Ihrer Abrechnung. Ich denke, einige Positionen sind korrekturbedürftig."
„Sie haben den Anruf vom Vorstand wieder nicht durchgestellt. Ich habe Ihnen schon hundertmal gesagt, Sie sollen wichtige Anrufe sofort zu mir durchstellen!"	„Haben Sie vergessen, was wir vereinbart hatten? Dass Sie wichtige Anrufe, sofort zu mir durchstellen sollten? Sind Ihnen die Prioritätsstufen nicht klar gewesen?"
„Ich habe Ihnen das schon vorigen Monat gesagt, wenn das noch mal passiert wie vor einem Jahr, dann fliegen Sie!"	„Ich finde, Sie verfallen in alte Fehler. Wie stellen Sie sich die weitere Mitarbeit bei uns vor?"
„Sie müssen im Winterhalbjahr Ihren angestammten Parkplatz räumen und jetzt sage ich Ihnen auch warum: Wir haben Frauenparklätze eingerichtet, das sind die nahe beim Haupteingang…"	„Wir haben im Winterhalbjahr die Parkplätze nahe beim Haupteingang zu Frauenparkplätzen erklärt, darum müssen wir Sie bitten, Ihren angestammten Parkplatz für diese Zeit frei zu machen."

- Üben Sie Kritik nie aus der ersten Gefühlsaufwallung heraus.
- Legen Sie Ziele des Kritikgesprächs fest (zum Beispiel soll der andere das Problem erkennen, sein Fehlverhalten einsehen und es ändern wollen).
- Analysieren Sie die möglichen Gründe für das Fehlverhalten des anderen und ob Sie selbst auch eine Mitverantwortung haben.
- Führen Sie das Gespräch unter vier Augen, nicht vor versammelter Mannschaft, etwa um ein „Exempel zu statuieren"; solche Disziplinierung des Teams auf dem Rücken eines Einzelnen demotiviert nicht nur den unmittelbar betroffenen Mitarbeiter, sondern zerstört auch den Geist des Teams.
- Gehen Sie immer von Fakten aus, nie von Vermutungen oder Gerüchten. Bringen Sie immer sich selbst (durch eine Ich-Aussage) ins Spiel. Also nicht: „Es gibt Kritik an Ihren Arbeitsleistungen, Herr Schubert." Sondern: „Ich habe mir Ihre Leistungsnachweise angesehen, Herr Schubert, ich muss leider sagen, ich bin damit sehr unzufrieden."

Reden auf Mitarbeiter

Vom Arbeitgeber oder Dienstherrn – ebenso vom unmittelbaren Vorgesetzten, der den Arbeitgeber oder Dienstherrn juristisch und in der täglichen Arbeitspraxis vertritt – erwartet man zu bestimmten Anlässen eine Ansprache.

Wo es weniger formell zugeht, ergibt es sich manchmal aus dem zwanglosen Gespräch, dass der Arbeitgeber oder Vorgesetzte die Gelegenheit ergreift, wenn er das Wort hat, um aus dem Plaudern in eine kleine improvisierte Ansprache überzugehen. Diese Art von Ansprachen wird oft als angenehmer empfunden als die steife Rede, die vorher durch Klopfen ans Glas angekündigt wurde. Nichtsdestotrotz ist es unbestrittener Brauch, den quasi offiziellen Teil, in dem Reden gehalten und Präsente übergeben werden, vom inoffiziellen Teil, in dem das Büfett gestürmt wird, abzusondern. Namentlich bei größeren Veranstaltungen, regelmäßig wenn mehr als 12 Gäste zusammenkommen, ist es kaum noch möglich, nur ein Gespräch aufrechtzuerhalten; die Runde zerfällt in einzelne Gesprächsgruppen, ehe sich die Gelegenheit geboten hat, die „offiziellen" Worte loszuwerden. Die Mitarbeiter erwarten von ihrem Chef, dass er auch in dieser Hinsicht strukturierend eingreift.

Langjährige Treue verdient Anerkennung.

Reden auf Mitarbeiter

Eröffnung der Tafel

Typus Toast
Anlass Feier eines Vertragsabschlusses
Dauer ca. 1½ Minuten
Stil heiter

Liebe Kollegen,

Sie ahnen sicher, warum ich Sie heute in ein chinesisches Restaurant zum Essen gebeten habe. Der berühmte Dirigent Karl Böhm sagte einmal bei so einem Anlass: „Mit einem Staberl kann ich mich ganz gut ernähren. Mit zwei Staberln müsste ich glatt verhungern." Für uns verhält sich die Sache genau umgekehrt. Dank unserer Geschäftspartner, die mit zwei Staberln zu speisen pflegen, werden auch wir uns weiterhin unsere Essen leisten können. Der Vertrag mit China ist unter Dach und Fach und sichert die Auslastung unserer Kapazitäten für zwei Jahre. Und wie ich den chinesischen Markt einschätze und den Appetit unserer chinesischen Partner auf unsere Technologie kennen gelernt habe, steckt noch ein großes Potenzial für die Zukunft in diesem Markt. Leider können unsere Partner heute nicht bei uns sein. Ich bin aber sicher, dass sie heute Abend in Kanton zusammensitzen und vielleicht für einen Moment die beiden Staberln aus der Hand legen und mit einem Glas Radeberger Pilsner anstoßen.

Ohne einen Dirigentenstab zu benutzen, darf ich Sie nun auffordern, sich am Büfett zu bedienen. Zuvor bitte ich Sie, mit mir das Glas erheben und auf den Beginn einer hoffentlich lang andauernden Partnerschaft mit China zu trinken.

Einerseits liebt niemand lange Reden. Andererseits gehört es zu den Führungsinstrumenten eines Unternehmers oder Vorgesetzten, seinen Mitarbeitern Dank und Anerkennung auszusprechen, hervorragende Leistungen zu würdigen, besonders wenn sie unter schwierigen Bedingungen vollbracht worden sind. Je leichter und unverkrampfter einem Vorgesetzten solche Ansprachen von den Lippen kommen, desto positiver wird sich das auf die Motivation der Mitarbeiter auswirken. Auch wenn es darum geht, Mitarbeiter in komplizierten Situationen zu ermutigen, kann eine Rede des Vorgesetzten manchmal Wunder wirken.

Reden des Arbeitgebers

Mit einer feierlichen Freisprechung werden die Auszubildenden des Handwerks ins Berufsleben entlassen.

Freisprechung

Typus Ansprache
Anlass Freisprechung der Auszubildenden
Dauer ca. 3 Minuten
Stil feierlich

Lieber Mitarbeiterinnen und Mitarbeiter,

wer sich am heutigen Tag am meisten freut, dass Sie es geschafft haben, ist nicht sicher. Sie selbst? Ihre Eltern? Ihre Meister und Ausbilder? Die Geschäftsleitung? Ich kann nicht für Sie und Ihre Eltern sprechen, aber ich kann Ihnen versichern, dass wir alle nicht nur hoch zufrieden, sondern voller Freude sind, dass alle, die vor drei Jahren hier die Ausbildung begannen, sie heute auch erfolgreich abgeschlossen haben.

Rückblick auf den Beginn der Ausbildung.

Als Sie vor drei Jahren das erste Mal das Betriebsgebäude betraten, haben Sie mit Neugier – und sicher der eine oder andere auch mit Herzklopfen – Ihre neue Arbeitsstätte betrachtet.

Reden auf Mitarbeiter

Inzwischen sind Sie längst keine Fremden mehr; auch nicht mehr die Neuen, denn zwei jüngere Jahrgänge Auszubildender sind in unseren Betrieb eingezogen. Denen haben Sie ein bis zwei Jahre der Mühen voraus. Jetzt, da Sie das erste Teilstück Ihres beruflichen Weges zurückgelegt haben, werden Sie zu sich sagen: Die Mühen haben sich gelohnt. Und nicht nur wegen des Papiers, das Sie jetzt in der Hand halten und das Ihre Qualifikation bescheinigt, nicht nur wegen der Zeugnisse, die Ihnen Ihre Vorgesetzen ausgestellt haben, sondern weil Sie sich selbst bewiesen haben, dass es möglich ist, mit Schwiergkeiten fertig zu werden, dass es möglich ist, den inneren Schweinehund zu überwinden, dass man es mit Mühe, Engagement und manchmal Überwindung schaffen kann, eine gute Fachkraft zu werden.

Heute hat sich vor Ihnen eine Tür zu Ihrer beruflichen Zukunft geöffnet. Bedenken Sie aber: Das schöne Zeugnis, das Sie heute bekommen haben – so wertvoll es ist, mehr als ein Türöffner für diese erste Tür ist es nicht. Sie können sich nicht darauf verlassen, dass Sie es als überall passenden Schlüssel benutzen können, etwas für die nächste Tür, auf die Sie stoßen werden, und wieder die nächste und immer so weiter... Nein. Den anderen Schlüssel, der Ihnen die Tür zu einer höheren Qualifikation, zu mehr Verantwortung öffnet, müssen Sie sich selber feilen. Und wenn Sie eines Tages Meister oder Lehrausbilder werden wollen, müssen es wieder neue Schlüssel sein, und wenn der eine oder die andere von Ihnen studieren will, werden ganz andere Werkzeuge gefordert.

Ausblick auf die berufliche Zukunft.

In Ihren Zeugnissen steht schwarz auf weiß, was Sie gelernt haben und was Sie können. Und „was man schwarz auf weiß besitzt, kann man getrost nach Hause tragen", heißt's bei Goethe. Damit soll's aber nicht getan sein! Wo immer Sie das berufliche Leben hin verschlägt: Ich bitte Sie, machen Sie Ihrem Ausbildungsbetrieb und Ihren Lehrmeistern keine Schande.

Ich schließe mit dem Wunsch, dass Sie Ihr berufliches Leben mit dem Schwung und Elan fortsetzen, den Sie bisher an den Tag gelegt haben und den Sie – wie ich vermute – bei der anschließenden Feier erneut beweisen werden. In unserem Unternehmen, das sage ich in voller Verantwortung, ist für jeden von Ihnen ein perspektivenreicher Arbeitsplatz. Ich lade Sie dazu ein, mit uns gemeinsam die Zukunft zu gestalten. Wir alle bauen auf Sie!

Wünsche für das Berufsleben.

Reden des Arbeitgebers

Zum Jubiläum

Typus Ansprache
Anlass Feier des 25. Dienstjubiläums
Dauer ca. 2½ Minuten
Stil feierlich

Lieber Kollege Lichtner,

ich erinnere mich an einen Moment vor fünf Jahren, als ich neu in der Dienststelle war und noch nicht jeden Einzelnen so genau kannte. Ich fragte Sie, wie lange Sie schon hier wären. Und Sie sagten mir: „Seit sieben Amtsleitern. Sie sind der achte." Diese originelle Zeitrechnung war mir bis dahin noch nicht begegnet. Ich habe mir das später von Ihnen in Jahre umrechnen lassen. Darum ist mir auch Ihre Dienstzeit so genau im Gedächtnis geblieben.

Der Begriff der Treue wird zum Thema erhoben.

25 Dienstjahre haben Sie mit dem heutigen Tag hinter sich gebracht. Da ist es wohl angebracht, den alten, abgenutzten Begriff der Treue wieder einmal aufzupolieren, damit er blank und silbern glänzt. 25 Jahre Verantwortung und Pflichterfüllung, 25 Jahre Leistungsbereitschaft, die von der alltäglichen Routine niemals abgeschliffen wurde. Pflichterfüllung, Verantwortung, Leistungsbereitschaft – das hieß aber auch Bereitschaftsdienst an Sonn- und Feiertagen, in besonderen Situationen Urlaubssperre, Amtshilfe in den neuen Bundesländern, Reform und Gegenreform mit all den Umstrukturierungen und Neuregelungen, die solche Reformen mit sich bringen und die geregelte Arbeit erschweren. Dies nur all denen zur Erinnerung, die in der Beamtenlaufbahn stets nur eine Versorgungseinrichtung und ein Sozialwerk sehen.

Seit wie viel Verwaltungsreformen sind Sie eigentlich schon im Amt, Herr Lichtner? Spaß beiseite! Wir sind heute zusammengekommen, um an die 25 zurückliegenden Jahre zu erinnern und Ihnen für Ihren Einsatz, Ihre Treue und Ihre menschliche und hilfsbereite Haltung zu danken. Wir verbinden damit die Hoffnung, dass auch die nächsten Jahre Ihrer Laufbahn nie zu einem Hindernislauf werden mögen und dass Sie allen Stolpersteinen rechtzeitig ausweichen können. Im Namen der ... (vorgesetzte Behörde) überreiche ich Ihnen diese Urkunde und dieses Präsent – als Anerkennung Ihrer Verdienste und zur Erinnerung an Ihren heutigen Ehrentag.

Reden auf Mitarbeiter

Verabschiedung bei Firmenwechsel

Typus Ansprache
Anlass Verabschiedung der Assistentin durch den Chef
Dauer ca. 2½ Minuten
Stil feierlich, wehmütig

Liebe Frau Kühne-Ast,

als Sie mir vor einigen Wochen eröffneten, dass Sie sich von uns trennen würden, um eine andere Stelle anzutreten, war ich – ehrlich gesagt – ziemlich betroffen. Wenn die Assistentin geht, mit der man über mehrere Jahre viele Ideen, Projekte und Sitzungsprotokolle geteilt hat, mit der gemeinsam man scheinbar aussichtslose Sachen durchgeboxt und auch unvermutete Niederlagen eingesteckt und weggesteckt hat, wenn so eine nahe Mitarbeiterin geht, dann ist das schon irgendwie ein bisschen wie eine Scheidung. Natürlich hatte ich bemerkt, dass die Aufgaben, die unser Unternehmen Ihnen stellte, nicht mehr so ganz die Herausforderungen waren, die Sie sich vorstellten. Aber insgeheim hatte ich gehofft, dass sich unsere seit mehr als vier Jahren andauernde Zusammenarbeit noch eine gute Weile fortsetzen lassen würde. Aber wenn ich schon einmal von Scheidung gesprochen habe: Es gibt Scheidungen, bei denen viel schmutzige Wäsche gewaschen wird und bei denen es nicht ohne Verletzungen und Kränkungen abgeht, und es gibt Scheidungen, bei denen man sich fair und in gegenseitigem Respekt voneinander trennt. Ein solcher Scheidungsfall ist erfreulicherweise auch zwischen uns eingetreten, liebe Frau Kühne-Ast. Und wenn ich heute zu Ihrem Ruhm sage, dass ich noch nie eine Assistentin hatte, die sich so stark mit den Unternehmenszielen identifiziert hat, die so stark die Belange der gesamten Abteilung im Blick hatte – manchmal sogar mehr als ich – und die in jeder Situation hundertprozentig loyal war, dann kann ich das in vollem Umfang auch für den Ablösungs- und Übergabeprozess sagen. Wenn Sie Ende der Woche gehen, hinterlassen Sie, liebe Frau Kühne-Ast, nicht nur ein aufgeräumtes Büro, sondern ein wohlbestelltes Haus. Ihr Nachfolger wird es leicht haben, sich einzuarbeiten.

Sie werden, wie Sie mir sagten, in einem Unternehmen, das am Neuen Markt aktiv ist, Führungsaufgaben übernehmen. Dass

Bedauern, dass sich die beruflichen Wege trennen…

…schließt nicht aus…

…dass die Trennung in gegenseitigem Respekt vollzogen wird.

Reden des Arbeitgebers

Beste Wünsche für die kommenden beruflichen Herausforderungen.

Sie diese große Herausforderung meistern werden, davon bin ich überzeugt. Ich wünsche Ihnen Temperament und Wagemut, wenn es darum geht, ein gutes Geschäft zu machen, und die Gelassenheit, ein allzu riskantes Geschäft auch mal sausen zu lassen, und ein gutes Auge, das immer den Unterschied erkennt.

Und wenn Sie später mal wieder in Recklinghausen vorbeikommen und sich an uns erinnern, sollen Sie wissen: Unsere Tür steht Ihnen offen.

Eröffnung der Betriebsfeier

Typus Toast
Anlass Betriebsfeier
Dauer ca. 1½ Minuten
Stil feierlich, fröhlich

Liebe Mitarbeiterinnen und Mitarbeiter,

Eröffnungsansprachen vor Betriebsfeiern sollten so kurz wie möglich sein und die Zuhörer nicht mit Bilanzdaten langweilen.

ich heiße Sie auf unserer kleinen Betriebsfeier herzlich willkommen. und freue mich, dass Sie meiner Einladung gefolgt sind. Es heißt, dass man eine Rede nicht mit dem Wort „ich" beginnen soll. Ich hoffe jedoch, Sie werden mir diese lässliche Sünde nachsehen, bedeutet Sie Ihnen doch zugleich, dass ich nicht die Absicht habe, eine „richtige" Rede zu halten.

Lassen Sie uns heute Abend ein paar Stunden Ferien vom Arbeitsalltag machen, denn es gab viel zu tun im letzten Jahr. Das sagen zu können, ist heute in unserer Branche nur noch wenigen möglich. Unser Unternehmen gehört glücklicherweise dazu. Darum glaube ich, haben wir uns alle ein paar fröhliche Stunden außerhalb des Betriebes verdient. Und wem die beiden Herrschaften, die sich jetzt gerade neben mir auf der Bühne breit machen, irgendwie komisch vorkommen, hat vollkommen Recht. Es ist uns gelungen, Hendrike und Dieter für ein kabarettistisches Programm zu gewinnen. Es hat also durchaus einen eigenen Sinn, wenn ich Ihnen allen für den heutigen Abend viel Spaß wünsche. Ich bitte Sie nur um eins: Lassen Sie uns das Erheben der Gläser noch um die halbe Stunde verschieben, die das Programm dauert.

Reden auf Mitarbeiter

Trauerfeier

Typus Ansprache
Anlass Trauerfeier für einen Mitarbeiters
Dauer ca. 2 Minuten
Stil feierlich

Liebe Trauerversammlung,

wir nehmen Abschied von Peter Gast. Wir verabschieden uns von einem ausgezeichneten Mitarbeiter, der bei seinen Kollegen geachtet und von seinen Vorgesetzten geschätzt wurde. Wir verneigen uns vor einem Leben, das voller Arbeit war und in dem Begriffe wie Verantwortung, Hilfsbereitschaft und Solidarität einen hohen Stellenwert hatten.

Jeder von uns hängt in dieser Stunde seinen eigenen Gedanken nach, beginnt sein eigenes Leben zu bilanzieren und fragt sich vielleicht, was er hinterließe, wenn er jetzt aus dem Leben gehen müsste. Ich weiß nicht, ob sich Peter Gast diese Frage in den letzten Wochen seiner schweren Krankheit gestellt hat. Er hat es uns nicht gesagt. Aber wenn er es getan hat, dann muss er sich selbst geantwortet haben: „Ja, ich habe mein Werk getan, ich habe eine Arbeit hinterlassen, der sich niemand zu schämen braucht, ich habe meine Familie versorgt und ich habe meine Kinder auf den Weg gebracht. Ich schulde niemandem etwas und habe niemandem wehgetan. Ich kann ohne Feinde sterben." Jeder von uns frage sich: Lebe ich so, dass ich das eines Tages auch von mir sagen kann? Wenn ein Mensch von uns geht, hinterlässt er uns Fragen wie diese. So wird sein Tod zur Herausforderung unseres Lebens.

Der Tod ist Anlass, über das eigene Leben nachzudenken.

In dieser Stunde gehen meine Gedanken zu den nahen Angehörigen Peter Gasts. Sie haben es am schwersten, den Verlust zu überwinden und zur Normalität zurückzukehren. Wenn wir nur einen kleinen Teil dessen an seine Familie zurückgeben können, was Peter Gast uns, dem Unternehmen, gegeben hat, so wollen wir das mit fröhlichem Herzen tun. Seien Sie, liebe Angehörige, unseres tätigen Beistandes versichert.

Der Redner versichert die Angehörigen seines Beistands.

Das Werk und die Erinnerung unseres Mitarbeiters und Kollegen Peter Gast wird in uns lebendig bleiben. Ruhe in Frieden!

Reden des Arbeitgebers

Ghostwriter

Ghostwriter schreiben die Rede, treten jedoch nicht in Erscheinung.

Der Überlieferung nach war der Grieche Isokrates (436–338 v.Chr.) der erste Ghostwriter – und einer von bedeutendem Format. Denn er trat selbst nicht als öffentlicher Redner in Erscheinung, aber er schrieb für andere Leute Reden, die sie vor Gericht hielten.

Ghostwriter gelten im angelsächsischen Raum als angesehene Dienstleister. In Deutschland hingegen haftet ihnen leider etwas Anrüchiges an, als handelten Sie mit unrecht erworbenem Gut und als würde sich jeder beschmutzen, der sich mit ihnen einlässt.

Das Vorurteil besteht jedoch zu Unrecht. Keiner verlangt zum Beispiel von einem Schriftsteller, dass er die Textverarbeitungssoftware selbst entwickelt, mit der er schreibt. Menschen, die von Berufs wegen viel reden, werden nicht unbedingt wegen ihrer rhetorischen Qualitäten zum Reden aufgefordert, sondern wegen ganz anderer Eigenschaften: weil Sie kompetente Wissenschaftler, weil Sie entschlossene Politiker oder erfolgreiche Unternehmer sind. Wenn sie darüber hinaus noch in der Lage sind, gute Reden zu schreiben, umso besser. Wenn nicht, können Sie professionelle Hilfe in Anspruch nehmen. „Die Rede ist ein Führungsinstrument", schreibt Thilo von Trotha, Vorsitzender des Verbandes der Redenschreiber deutscher Sprache. „Wer führen will, muss gut reden. Wer das nicht kann oder keine Zeit hat, ein anspruchsvolles Manuskript sorgfältig vorzubereiten, ist gut beraten, sich der Hilfe professioneller Redenschreiber zu bedienen. Redenschreiben ist eine normale Dienstleistung – wie Steuer- oder Unternehmensberatung." Er muss es wissen, hat er doch selbst sechs Jahre lang Reden für Bundeskanzler Helmut Schmidt geschrieben. Manche Redenschreiber bleiben immer im Hintergrund, andere machen nach einiger Zeit selbst politische Karriere, wie Friedbert Pflüger, der zeitweilig für Richard von Weizsäcker schrieb, und Günter Verheugen, der einst der schreibende Geist Hans-Dietrich Genschers war.

Auch von Günter Grass hat man immer behauptet, dass er der Ghostwriter Willi Brandts gewesen sei.

Ganz ohne Zweifel hat Grass als Schriftsteller und Intellektueller Willy Brandt nahe gestanden und seine politischen Ansichten beeinflusst, wie auch

Der Weg zum Ghostwriter im Internet

www.bargenda.de
www.redenschreiben.de
www.redenservice.de
www.renate-darin.de
www.rheine.de/wortart/
www.textschmiede.de
www.textservice.de
www.wortatelier.de

Ghostwriter

umgekehrt Brandts Persönlichkeit den politischen Standort des Schriftstellers zu beeinflussen vermochte. Man hat Grass' Romanwerk nicht zu Unrecht als literarisches Vorspiel der neuen Ostpolitik Willy Brandts aufgefasst, und nicht umsonst betrieb der Autor später für den SPD-Kanzler-Kandidaten Wahlkampf.

Wenn Sie sich einen Ghostwriter nehmen, lassen Sie sich unbedingt einen Probetext schreiben. Sprechen Sie diesen Probetext. Nur so können Sie herausbekommen, ob der Ghostwriter auch gesprochene Sprache geschrieben hat. Laden Sie den Ghostwriter zu einem Gespräch ein. Nehmen Sie sich mindestens eine Stunde dafür Zeit und sprechen Sie alle Themen gründlich durch, die mit der Rede in Zusammenhang stehen. Zeichnen Sie dieses Gespräch möglichst auf Band auf und geben Sie es dem Ghostwriter mit. Er sollte sich Ihren Sprechduktus und Ihre Wortwahl so verinnerlichen, dass er Ihnen die Rede sozusagen passgerecht auf die Zunge schreibt.

Vereinsleben und Öffentlichkeit

Reden im Verein verlassen den Boden des Privaten und des im engeren Sinne Geschäftlichen. Sie wenden sich Angelegenheiten von öffentlichem Interesse zu. Die Anforderungen steigen, weil Sie vor einem hoch interessierten und kundigen Publikum auftreten. Nicht zuletzt darum sollten die Reden besonders gründlich vorbereitet werden.

Vereinsleben und Öffentlichkeit

Vereinsgründung

Die Gründung eines Vereins ist nicht nur ein Verwaltungsakt, sondern oft auch ein gesellschaftliches Ereignis. Auf einer solchen Feier haben Reden eine ganz besondere Bedeutung.

Schließlich bekunden die Gründer des Vereins ihren Willen, künftig als eine Einheit aufzutreten, und zwar unter einem Vereinsnamen und vertreten durch einen Vorstand. Dass der Wille des Vereins durch Beschlussfassung der Mehrheit der Mitgliederversammlung gebildet wird, ist nur der formale Ausdruck der Tatsache, dass sich Menschen aus freiem Willen zusammengefunden haben, um gemeinsame Interessen durchzusetzen, gemeinsam einer Freizeitbeschäftigung nachzugehen, Sport zu treiben, Gefahren abzuwehren, kulturelle Aktivitäten zu unterstützen und was immer der Zweck eines Vereins sein kann. So scheint es ganz selbstverständlich, dass die Entscheidung, einen Verein zu gründen, auch mit einer kleinen Festrede gewürdigt wird.

Immer wieder werden neue Vereine gegründet, in denen sich engagierte Menschen für ganz bestimmte Ziele einsetzen.

Vereinsgründung

Zur Gründung eines Schulvereins

Typus Ansprache
Anlass Vereinsgründung
Dauer ca. 2 Minuten
Stil feierlich

Liebe Freundinnen und Freunde,

Bildung ist kein Privileg mehr. Darüber sind wir sehr froh. Und daran wollen wir nichts ändern. Bildung ist aber auch keine Selbstverständlichkeit, auf die man sich allein durch regelmäßigen Schulbesuch Anrecht erwirbt. Daran wollen wir uns und daran wollen wir unsere Kinder immer erinnern.

Bildung setzt Chancengleichheit voraus. Das ist ein Grundprinzip unseres demokratischen Gemeinwesens. Darauf sind wir stolz. Denn es bedeutet, dass alle Kinder freien Zugang zu den höchsten Bildungseinrichtungen haben. Aber Bildung darf auch nicht Gleichmacherei und staatlicher Reglementierung überlassen bleiben. Wenn alle an der gleichen Startlinie stehen, heißt das doch noch lange nicht, dass alle auch immer den gleichen Weg nehmen müssen. Gerade die Unterschiedlichkeit der Bildungsangebote und Bildungswege macht doch die Vielgestaltigkeit unserer Kulturlandschaft aus und ermöglicht so erst Selbstverwirklichung und Persönlichkeitsentwicklung.

Aus Verantwortung für unsere Kinder haben wir uns entschlossen, ein Schulprojekt zu unterstützen, das sich nicht nur die staatliche Anerkennung erworben hat, sondern das auch uns – die Eltern – überzeugt hat: durch seine besonders durchdachte Verflechtung wissenschaftlicher und musischer Ausbildung mit Erziehung zu sozialer Verantwortung.

Als neu gewählter Vorsitzender möchte ich Ihnen namens der Damen und Herren des Vorstandes meine große Freude ausdrücken, dass heute nicht nur die erwarteten 20 bis erhofften 30 Interessenten zur Gründungsversammlung erschienen sind, sondern 67 Eltern. Noch nie habe ich mit größerem Vergnügen Klappstühle aus dem Hinterzimmer geholt wie heute. Diese Zahl auf dem Gründungsprotokoll wird unserer Arbeit von Anfang an ein größeres Gewicht verleihen. Das ist, meine ich, Anlass genug, die Gründung unseres Schulvereins gehörig zu feiern.

Bildung ist kein Privileg, aber auch keine Selbstverständlichkeit.

Vereinsleben und Öffentlichkeit

Grundsteinlegung, Einweihung, Enthüllung

Grundsteinlegungen, Einweihungen und Enthüllungen sind nicht alltäglich, sie gehören vielmehr zu den festlichen Höhepunkten im Vereinsleben, die feierlich, häufig im öffentlicher Rahmen, begangen werden.

In kaum einem anderen Land gibt es so viele Vereine wie in Deutschland. Nicht wenige dieser Vereine verfolgen einen Zweck, der mit der Nutzung von Sportanlagen, Baulichkeiten, Räumen oder Geräten und technischen Einrichtungen verbunden ist.

Ein funktionierender Verein braucht mindestens einen Versammlungsraum, besser noch ein eigenes Vereinshaus. Viele Vereine haben sich auch der Pflege von Kulturdenkmalen verschrieben, zum Beispiel der Erhaltung einer Burganlage oder eines Parkes. Solche Aktivitäten werden zum Beispiel bei einer Grundsteinlegung, Einweihung oder Enthüllung mit einer Rede gewürdigt. Dabei werden auch die Sponsoren geehrt.

Der erste gemeinsame Spatenstich vor Baubeginn soll dem Bau und dem Verein Glück bringen.

Grundsteinlegung und Einweihung

Grundsteinlegung zu einem Tierheim

Typus Ansprache
Anlass Grundsteinlegung
Dauer ca. 2 Minuten
Stil feierlich

Verehrter Herr Bürgermeister, liebe Freunde des Tierschutzvereins, liebe Gäste,

noch vor einem Jahr hätte selbst ich, der ich mich zu den unverbesserlichen Optimisten zähle, nicht damit gerechnet, dass wir heute hier stehen würden, um den Grundstein zu unserem neuen Tierheim zu legen. Umso größer ist meine Freude, dass ich heute gemeinsam mit dem Herrn Bürgermeister in diesen Grundstein eine Schatulle versenken kann, die eine aktuelle Tageszeitung, einen Satz Kursmünzen, das Vereinsstatut und ein Hundehalsband enthält.

Unser neues Tierheim soll nicht nur ein Aufenthalt für Tiere sein, es soll auch der Anlaufpunkt für Rat suchende Tierhalter und für alle Tierliebhaber werden, die ein neues Haustier suchen.

Mein erster Hammerschlag gilt den Stiftern, Spendern, Sponsoren und Förderern; den vielen bekannten Persönlichkeiten unserer Stadt und unserer Region, die nicht nur Geld gegeben haben, sondern die sich auch Zeit genommen haben, unsere Anliegen zu popularisieren und mit ihrer Autorität zu unterstützen; ebenso aber den vielen unbekannten und ungenannten Spendern und Helfern, die mit kleinen Beträgen und mit kleinen Handreichungen dazu beigetragen haben, dass wir heute den Grundstein für unser neues Tierheim legen können.

Mein zweiter Hammerschlag gilt allen Behörden unserer Stadt, die in Sachen Tierheim mit Anträgen und Genehmigungsverfahren befasst waren; ich danke stellvertretend dem Bürgermeister dafür, dass alle bürokratischen Hürden in relativ kurzer Zeit genommen werden konnten.

Mein dritter Hammerschlag gilt allen Tieren in Not, die heute noch bei Mitgliedern unseres Vereins notdürftig untergebracht sind, und vor allem jenen Tieren, denen wir heute noch nicht helfen können. Auch für sie gibt es nun bald ein Zuhause, das hoffentlich immer nur ein vorübergehender Aufenthalt sein wird.

Mit den drei traditionellen Hammerschlägen werden Worte des Dankes, oft aber auch Wünsche für die Zukunft verbunden.

Vereinsleben und Öffentlichkeit

Der Vorsitzende dankt dem Stifter

Typus Ansprache
Anlass Einweihung eines Vereinsheimes
Dauer ca. 3 Minuten
Stil feierlich

Verehrter Herr Dr. Brettschneider, meine sehr geehrten Damen und Herren,

es fällt mir nicht leicht, die richtigen Worte zu finden; zu ungewöhnlich ist die Situation, in der ich spreche. Dabei – und das ist das Paradoxe daran – ist es eine durchaus angenehme Situation, um die mich viele beneiden werden. Aber wo beginnen, wenn man im Grunde alles auf einmal sagen möchte. Was sollen überhaupt Worte bewirken, die doch nur unzureichend widerspiegeln können, was einen im Innersten bewegt.

Für den Dank an den Stifter hat sich der Verein etwas Besonderes ausgedacht.

Ich habe gemeinsam mit meinen Vorstandsgefährten lange darüber nachgedacht, auf welche Weise unser Verein Ihnen, verehrter Herr Dr. Brettschneider, seinen Dank abstatten kann. Zunächst einmal einfach dadurch, dass ich ihn laut und vernehmlich und in aller Öffentlichkeit ausspreche. Es geschieht schließlich nicht alle Tage, dass ein Musikverein ein Vereinsheim geschenkt bekommt. Ich erinnere mich noch sehr gut an die Reaktion unserer Mitglieder, als Sie uns seinerzeit Ihre Stiftungsabsicht mitteilten, sie bewegte sich zwischen Fassungslosigkeit und spontaner Begeisterung. Heute, an diesem festlichen Tag der Einweihung, ist die Begeisterung noch größer, aber so richtig fassen können wir es immer noch nicht, was uns da widerfahren ist. Nehmen Sie den tief empfundenen Dank unserer Mitglieder, ja aller Musikfreunde unserer Stadt für Ihre großzügige Stiftung.

Noch auf eine weitere Art wollen wir Ihnen Dank sagen. Sie haben uns erzählt, dass Sie in Ihrer Kindheit und Jugend selbst Musik gemacht haben, es aber später aus Mangel an Gelegenheit und an Gleichgesinnten bleiben ließen; nicht zuletzt sei das für Sie ein Motiv gewesen, den örtlichen Musikverein zu unterstützen. Damit es Ihnen zeitlebens nie mehr an Gleichgesinnten und an Gelegenheit fehle, ernenne ich Sie hiermit auf Beschluss unserer Mitgliederversammlung zum Ehrenvorsitzenden des Musikvereins „Melodia".

Grundsteinlegung und Einweihung

> Und schließlich wollen auch unsere Jüngsten nicht nachstehen, sind sie es doch, die eines Tages unsere reiche Musikkultur tragen werden. Mit einer Komposition unseres Musikdirektors, Herrn Pflüger, die speziell Ihnen, Herr Dr. Brettschneider gewidmet ist, will die Streichergruppe unserer Kinder Ihnen danken.
>
> Ich wünsche uns allen in unserem neuen Vereinsheim viele schöne und erlebnisreiche Stunden. Möge der Geist unseres Stifters die Musik in diesen Mauern besonders schön zum Klingen bringen.

Überleitung zur musikalischen Darbietung.

Diese Rede eignet sich als Modell auch für andere Dankreden. Denn es ist im Grunde gleichgültig, ob Sie einem Stifter danken, einem Sponsor oder einer Institution oder Behörde, die Sie unterstützt, und ob Sie einem Gesangverein, einem Heimatbund oder einem Sportklub angehören. Vereine werden immer auf Hilfe und Unterstützung von außen angewiesen sein. Situationen, in denen Dank abzustatten ist, werden Ihnen häufig begegnen. Auf die vielfältigen und fantasiereichen Arten zu danken, kann auch die Rede eingehen.

Vereinsfeste, an denen auch die Familie und Interessierte teilnehmen können, sind stets beliebte Höhepunkte im Vereinsleben.

Einweihung einer Sportanlage

Typus Ansprache
Anlass Einweihung eines Schießstands
Dauer ca. 1½ Minuten
Stil feierlich

Liebe Mitglieder,

im Namen des Schützenvereins „Hubertus Kompanie" heiße ich Sie zur Einweihung unserer neuen Schießsportanlage herzlich willkommen.

Stolz auf das Erreichte.

Heute ist ein stolzer Tag in unserer Vereinsgeschichte. Nicht nur, weil Einweihungen immer zu den Höhepunkten im Vereinsleben gehören, sondern weil mit dem heutigen Tage auch die Notlösung – mit der wir uns jahrelang behelfen mussten – endlich eine Ende hat.

Wir sind nun Herr im eignen Haus und nicht mehr auf die Unterstützung unserer Kameraden in der Region angewiesen, wenn wir unserem Sport nachgehen wollen. Wir verfügen jetzt über eine eigene Anlage, die höchsten sicherheitstechnischen und – darauf sind wir besonders stolz – auch ökologischen Anforderungen entspricht. Nun können wir uns einmal revanchieren und unsere Sportfreunde zu uns einladen.

Bekenntnis zum Schießsport und zur Tradition der Schützenvereine.

Wir Schützinnen und Schützen des Schützenvereins „Hubertus Kompanie" sind keine Waffennarren und keine Gewaltanbeter, wie man uns in der Öffentlichkeit manchmal nachsagt. Das ist gerade so, als würde man jeden Fußgänger für einen Marschierer und potenziellen Kriegstreiber halten. Gerade weil wir den verantwortungsvollen Umgang mit Waffen pflegen, gerade weil unser Sport ein hohes Maß an Selbstbeherrschung, Disziplin und Konzentration erfordert, sehen wir das Wirken unserer Schützenvereine als vorbildlich und Sinn stiftend an. Schließlich stehen doch gerade die von mir hervorgehobenen Tugenden des Schützen einem zügellosen Ausleben von Gewaltfantasien direkt entgegen.

Liebe Mitglieder, liebe Gäste, ich darf Sie nun zu einem kleinen Rundgang über unsere neue Anlage bitten und Sie dazu einladen, anschließend an einem kleinen Preisschießen aus Anlass des heutigen Tages teilzunehmen.

Grundsteinlegung und Einweihung

Zur Enthüllung

Typus Ansprache
Anlass Enthüllung einer Gedenktafel
Dauer ca. 2 Minuten
Stil feierlich

Ich weiß, meine Damen und Herren, dass Sie wissen, wovon ich spreche, wenn ich sage: Für die einen war es eine Ruine, für Hans Bräutigam war es der älteste hölzerne Wehrgang Thüringens.

Sie, liebe Mitglieder des Heimatvereins, und Sie, liebe Gäste und Besucher, können ermessen, was es heißt, eine Idee gegen bürokratische Widerstände durchzusetzen. Hans Bräutigam hat es getan, aus Verantwortung für seine Heimat, für die Geschichte seines Landes und gegenüber seinen Vorfahren, auf deren Leben und Wirken wir aufbauen. Er tat es in einer Zeit nach dem Zweiten Weltkrieg, als man für verrückt erklärt wurde, wenn man sich um so etwas Abwegiges wie den ältesten hölzernen Wehrgang Thüringens kümmerte, er tat es unter einem Regime, das Heimatvereine nicht dulden wollte, weil sie für „Brutstätten der Reaktion" galten und Heimatforscher für „ewig Gestrige" gehalten wurden, er tat es auch dann noch, als der Staat, der sich nach und nach alles Eigentum nahm, auch alle Traditionen aneignete und die Heimatforscher ans Herz zu drücken begann.

Hans Bräutigam hat den Tag der Wiedervereinigung nicht mehr erlebt. Er hat nicht mehr erleben dürfen, wie der älteste hölzerne Wehrgang Thüringens fachgerecht restauriert wurde. Aber er hat vierzig Jahre für diesen Wehrgang gekämpft. Er hat seinen Abriss verhindert und die notwendigsten Sicherungsarbeiten veranlasst. Ohne ihn hätte es nach der Wende nichts zu restaurieren gegeben.

Dieses eine Beispiel erhellt Hans Bräutigams Bedeutung als Heimatforscher. Entdecken, sichern und bewahren – das war seine Devise. Diesen Grundsatz hat sich auch unser Heimatverein zu Eigen gemacht. Diese drei Worte stehen auch auf der Gedenktafel für Hans Bräutigam, die wir heute, anlässlich seines 100. Geburtstages, enthüllen. Wir ehren damit die Lebensleistung eines Mannes, die uns Ansporn und Verpflichtung ist.

Gedenktafeln erhalten die Erinnerung an Persönlichkeiten und wichtige historische Ereignisse.

Vereinsleben und Öffentlichkeit

Versammlungen und Wahlen

Mitgliederversammlungen und Vorstandswahlen bilden die demokratische Basis des Vereinslebens. Was dort zu sagen ist, bestimmen weitgehend das Bürgerliche Gesetzbuch und die Finanzgesetze.

Das Vereinsrecht der Bundesrepublik Deutschland bestimmt die Rechte und Pflichten der Mitglieder. Es trifft auch Regelungen über die demokratische Mitwirkung der Mitglieder an der Willensbildung des Vereins. Der Wille des Vereins wird durch Beschlussfassung der Mehrheit der Mitgliederversammlung gebildet. Berichte gehören zum Alltag des Vereins.

Versammlungen und Wahlen prägen den demokratischen Charakter des Vereinsrechts.

Berichte werden, schon in der einfachsten Form, meistens wörtlich vorgelesen. Denn es kommt dabei weniger auf die Brillanz des Redners als vielmehr darauf an, die rechtlichen und steuerlichen Konsequenzen zu berücksichtigen.

Dennoch tut der Vortragende gut daran, die Hinweise zu beachten, die für das Vorlesen eines Redemanuskripts gegeben wurden. Auch ein – vom Stoff her vergleichsweise trockener – Rechenschaftsbericht – muss den Zuhörern so vorgetragen werden, dass sie ihn auch verstehen. Gerade wenn ein Rechenschaftsbericht oder ein Sitzungsprotokoll nicht als Redemanuskript geschrieben ist, sollten Gliederung und logischer Aufbau besonders klar hervorgehoben werden.

Rechenschaftsbericht

Typus   Rede
Anlass Mitgliederversammlung
Dauer   ca. 6 Minuten
Stil   sachlich

Liebe Mitglieder, meine Damen und Herren,

gemäß § xx unserer Satzung ist der Vorstand verpflichtet, mindestens einmal im Jahr eine Mitgliederversammlung einzuberufen. Dieser Verpflichtung ist er auch in diesem Jahr termin-, frist- und formgerecht nachgekommen.

Der Vorstand des Vereins hat sich im abgelaufenen Geschäftsjahr zu zwölf Vorstandssitzungen getroffen. Zu den Sitzungen waren durchschnittlich fünf Mitglieder anwesend. Die Beschluss-

Versammlungen und Wahlen

fähigkeit des Vorstandes war bei jeder Sitzung gegeben. Aus der Vorstandsarbeit sind besonders zu erwähnen:
- die Initiative zur Ausrichtung der Parkfestspiele
- die Mitwirkung an der Organisation der Jugendumwelttage
- die Verhandlungen über die Pacht eines Sportgeländes
- die Einwerbung von Sponsorengeldern

Ich danke an dieser Stelle allen Vorstandskolleginnen und -kollegen für ihre engagierte Mitarbeit.

Außer dem Vorstand bestehen im Verein noch zwei ständige Ausschüsse, die mit folgenden Aufgaben betraut waren:
- Der Umweltausschuss widmete sich besonders der ökologischen Erziehung in unserem Gemeindeverband.
- Der Jugendausschuss setzet sich für die Erweiterung der Sport- und Freizeitmöglichkeiten ein.

Im Namen des Vorstands danke ich den Mitgliedern dieser Ausschüsse für ihre Arbeit

Der Mitgliederstand des Vereins hat sich im vergangenen Jahr folgendermaßen verändert:

Jahresbeginn:	144
eingetreten:	12
ausgetreten:	4
verstorben	1
ausgeschlossen:	0
heutiger Stand:	151
Davon sind	
Mädchen bis 17:	34
Jungen bis 17:	28
Damen:	54
Herren:	35

Die Mitgliedsbeiträge wurden ordnungsgemäß entrichtet. Es gibt lediglich Beitragsrückstände von .... DM.

Gemäß § 1 unserer Satzung ist der Zweck unseres Vereins: die Förderung der Filmkultur, insbesondere die Bewahrung und Pflege historischen Filmmaterials und die Pflege herausragender Zeugnisse der Filmkunst.

Er wurde im Wesentlichen erfüllt durch: 24 Filmveranstaltungen, vier Zuschauerforen zum Thema „Hessen im Film 1900 bis 1950", eine wissenschaftliche Fachtagung mit Beteiligung der Stiftung Deutsche Kinemathek.

Ein Rechenschaftsbericht lädt nicht dazu ein, rhetorische Glanzlichter zu setzen, aber er prägt das demokratische Selbstverständnis des Vereins.

Vereinsleben und Öffentlichkeit

Für das kommende Jahr hat der Vorstand folgende Schwerpunkte gesetzt:
1. Die Vorführung neu rekonstruierter Streifen in unserem Programmkino.
2. Installation eines neuen Archivierungssystems.
3. Erste Schritte zum Aufbau eines Kinderfilmarchivs in Zusammenarbeit mit dem Filmarchiv der DEFA.

Die finanzielle Situation des Vereins ist geordnet. Vermögensteilen von .... DM stehen Verbindlichkeiten von .... DM gegenüber. Daraus ergibt sich ein Reinvermögen von .... DM. Das sind .... DM oder .... Prozent mehr/weniger als im Vorjahr. Die Einnahme-Überschussrechnung weist Einnahmen von .... DM und Ausgaben von .... DM aus. Daraus ergibt sich Überschuss/ eine Unterdeckung von .... DM. Dies sind .... DM mehr/weniger als im Vorjahr. Der Schatzmeister wird die einzelnen Positionen noch erläutern.

Lassen Sie mich zusammenfassend feststellen, dass sich unser Verein auch im vergangenen Jahr positiv entwickelt hat. Das gelang vor allem durch den unermüdlichen Einsatz unserer Mitglieder, die viele Stunden ihrer Freizeit dafür geopfert haben. Namens des Vorstandes danke ich Ihnen, aber auch Ihren Familien, die für Ihre Vereinsarbeit so viel Verständnis aufgebracht haben. Besonders hervorheben möchte ich die Verdienste von Professor Enno Kraft und die stete Bereitschaft von Katarina Auerbach, an Feiertagen einzuspringen.

Aber auch allen uneigennützigen Spendern, die es uns ermöglicht haben, unsere Aufgaben zu erfüllen, gilt der Dank des Vereins. Ich möchte hier besonders nennen: Bäckerei Datum in Idstein und unsere niederländische Mäzenin Linda van de Voot.

Unser besonderer Dank gilt auch den politisch Verantwortlichen in unserer Stadt, bei denen wir immer viel Verständnis für die Belange unseres Vereins gefunden haben.

Und nicht zuletzt möchte ich auch Ihnen danken, meine Damen und Herren, die Sie durch Ihre aktive Mitwirkung am Vereinsleben und nicht zuletzt an dieser Mitgliederversammlung Ihre Verantwortung für den Verein und für die Arbeit des Vorstands bekunden.

Wünschen wir gemeinsam unserem Verein eine gute Zukunft.

Versammlungen und Wahlen

Der Ehrenvorsitzende eröffnet eine Versammlung

Typus Ansprache
Anlass Jahreshauptversammlung
Dauer ca. 2 Minuten
Stil sachlich

Liebe Mitglieder, liebe Gäste,

Jahreshauptversammlungen bieten in der Regel eine lange Tagesordnung, aber wenig Unterhaltung und Erbauung. Sie scheinen also dem Zweck unseres Vereins, wie ihn die Satzung festlegt, genau entgegengesetzt zu sein. Dennoch sind sie wichtig, denn sie geben Führung und Verwaltung des Vereins erst ihre demokratische Grundlage. Ohne das Vertrauen unserer Mitglieder hätte die Arbeit des Vorstands keinen Boden unter den Füßen. Und die Mitglieder wiederum können sicher sein, dass ihr Vorstand sie satzungsgemäß leitet, weil sie mit der Jahreshauptversammlung über ein demokratisches Kontrollinstrument verfügen, das ihnen die Mitwirkung sichert. Da Demokratie nicht nur freie Meinungsäußerung, sondern eben auch tätige Mitwirkung erfordert, kann sie nur von denen ausgeübt werden, die sich zu demokratischer Willensbildung zusammenfinden. In diesem Sinne danke ich Ihnen für Ihr Kommen, demonstriert es doch Ihr Interesse an unserem Verein.

Ich muss, bevor wir in die Tagesordnung eintreten, eine traurige Pflicht erfüllen. Im vergangenen Jahr starben unsere Mitglieder Paul Wittich und Michaela Silbermann. Dieser Verlust ist schmerzlich. Wir ehren in ihnen Menschen, die uns sehr nahe standen, hoch geachtete und verdienstvolle Mitglieder unseres Vereins und unserer Gemeinde. Ich bitte Sie, sich zum Andenken an unsere verstorbenen Mitglieder von den Plätzen zu erheben.

Ich danke Ihnen.

Die Beschlussfähigkeit der Versammlung ist festgestellt worden. Die Tagesordnung ist Ihnen durch die Einladung und durch Aushang bekannt. Die Berichte der ständigen Ausschüsse sind durch das Mitteilungsblatt veröffentlicht worden. Werden Ergänzungen zur Tagesordnung gewünscht? Da das nicht der Fall ist, erteile ich dem Vorsitzenden das Wort zu seinem Rechenschaftsbericht über das vergangene Jahr.

Auch die Eröffnungsrede einer wichtigen Versammlung kann stark von Formalien bestimmt sein.

Vereinsleben und Öffentlichkeit

Versammlungen leiten

Was ein Versammlungsleiter unbedingt beachten sollte

Wichtige Termine im Vereinsleben sind Mitgliederversammlungen. Sie erfordern einen strukturierten Verlauf und eindeutig geregelte Kompetenzen, wenn Sie nicht chaotisch verlaufen sollen.

Die Leitung der Diskussion und die Rechte des Versammlungsleiters

Der Versammlungsleiter hat das Recht, das Wort zu Diskussionsbeiträgen zu erteilen und auch zu entziehen.

Die Reihenfolge, in der Sie den Teilnehmern das Wort erteilen, ergibt sich in der Regel aus der Reihenfolge der Wortmeldungen. Bei vielen Meldungen zu einem Thema ist es sinnvoll, eine Liste zu führen, in welche die Redner in der Reihenfolge ihrer Wortmeldungen eingetragen werden. Sie können verabreden, dass Wortmeldungen außer der Reihe zugelassen werden, etwa durch den Zwischenruf „Direkt dazu", „Erwiderung", durch ein besonderes Handzeichen und Ähnliches.

Wortmeldungen zur Geschäftsordnung werden immer vorrangig behandelt. Um sie zu erkennen, sollten sie durch Hochheben beider Arme erfolgen.

Versammlungen leiten

Das vereinbart man am besten bei Versammlungsbeginn.

Übliche Geschäftsordnungsanträge sind Anträge
- auf Schluss der Rednerliste
- auf Beendigung der Diskussion
- auf Schluss der Sitzung
- auf Verweis des Antrags zur Behandlung im Vorstand oder in einem Ausschuss

Um Geschäftsordnungsdebatten zu vermeiden, werden üblicherweise nur Anträge zur Geschäftsordnung und die Abstimmung darüber zugelassen, aber keine Diskussion.

Wie wird abgestimmt?

In welcher Form in der Mitgliederversammlung abgestimmt werden kann, ergibt sich aus der Satzung. Haben Sie keine bestimmte Regelung getroffen, bestehen drei Möglichkeiten:

1. Bei eindeutigen Mehrheitsverhältnissen und unkritischen Themen wird durch allgemeine Zustimmung entschieden. Der Versammlungsleiter fragt: „Erhebt sich gegen diesen Vorschlag Widerspruch?" Sofern das nicht der Fall ist, erklärt er den Antrag für angenommen.

2. Zu den weitaus meisten Anträgen wird offen abgestimmt, entweder durch Handzeichen oder Zeigen der Stimmkarte.

3. Die geheime Abstimmung kostet mehr Vorbereitung. Sie ist bei Personalentscheidungen üblich. Pro Wahlgang müssen einheitlich gekennzeichnete Stimmzettel ausgegeben werden! Wie viele Wahlgänge erforderlich sind, hängt davon an, wie viele Kandidaten zur Wahl antreten, wie die Mehrheitsverhältnisse sind und ob die Satzung einfache oder absolute Mehrheit vorschreibt.

Was muss ein Versammlungsleiter noch beachten?

Der Versammlungsleiter hat Neutralität zu wahren. Er soll die Diskussion in geordnete Bahnen lenken, aber sie weder dominieren, noch in eine bestimmte Richtung drängen oder abwürgen. Im Einzelnen soll er darauf achten, dass
- Zwischenrufe und Zwischenbemerkungen sich in Grenzen halten,
- ein Redner, der das Wort hat, auch ohne Unterbrechungen sprechen kann,
- die Diskussionsredner beim Thema bleiben
- die vereinbarte Redezeit nicht überschritten wird,
- alle Redner einen sachlichen Ton und einen fairen Umgang miteinander pflegen und persönliche Angriffe und Beleidigungen unterbleiben.

Vereinsleben und Öffentlichkeit

Ehrungen und Würdigungen

Wie wäre anders die Erinnerung an besondere Leistungen und besondere Verdienste zu bewahren, als durch herausgehobene Ehrungen und Würdigungen?

Vereine pflegen die Tradition. Die Vereinsgeschichte ist so etwas wie das Langzeitgedächtnis aller Mitglieder. Besondere Gedächtnisstützen sind dabei Ehrungen und Würdigungen für besondere Leistungen, für langjährige Mitgliedschaft oder die Übergabe von Sportpokalen oder Preisen.

Ehrenurkunden und Ehrennadeln sind oft nur der äußere Ausdruck, um einem verdienten Mitglied Respekt und Anerkennung zu zollen und Dank zu sagen. Die eigentliche – menschliche – Botschaft sollte aber in einer angemessenen Ansprache liegen.

Langjährige Mitglieder sind das lebendige Gedächtnis eines jeden Vereins.

Toast zum Jubiläum

Typus Toast
Anlass Mitgliederversammlung
Dauer ca. 1 Minute
Stil fröhlich

Lieber Martin,

heute jährt sich zum 50. Mal dein Eintritt in den Turnverein „Guts Muths". Ich will das Wort vom goldenen Jubiläum nicht überstrapazieren, und es soll im Grunde auch den Ehepaaren vorbehalten bleiben. Aber wenn ein Turner 50 Jahre seinem Sport und seinem Verein die Treue hält, dann ist das auch eine Leistung, die sich zu feiern lohnt.

Lieber Martin, dass man nach 50 Jahren unermüdlichem Turnen nicht nur selber jung ist, sondern auch weiß, wie man die Jungen ansprechen muss, damit sie an den Klimmzügen am Reck mehr Gefallen finden als an den Glimmzügen an der Zigarette, hast du uns glänzend bewiesen. Jahr für Jahr haben wir über die Anzahl der neuen Mitglieder gestaunt, die du für unseren Sport geworben hast.

Ich möchte dir namens des Vorstandes zu deinem Jubiläum gratulieren und mit dir anstoßen – und zwar mit deinem Lieblingstropfen, einem eisgekühlten Selters-Sprudel. Zum Wohl!

Ehrungen und Würdigungen

Übergabe eines Preises

Typus Ansprache
Anlass Vereinsmeisterschaft
Dauer ca. 1½ Minuten
Stil feierlich

Liebe Sportlerinnen und Sportler,

Friedrich Ludwig Jahn, uns allen besser bekannt als „Turnvater Jahn" schrieb einmal: „Man trägt ein göttliches Gefühl in der Brust, wenn man erst weiß, dass man etwas kann, wenn man nur will."

Ich weiß, dass jeder Einzelne von euch heute sein Bestes gegeben hat, um zu gewinnen. Jeder hat in seiner Disziplin um die schnellsten Zeiten, die größten Weiten und die meisten Punkte gekämpft. Aber wie das bei einem Wettkampf nun einmal ist, auch bei unserer Vereinsmeisterschaft kann nur einer ganz oben auf dem Treppchen stehen. Ich weiß, dass es im Profisport den Satz gibt: Der Zweite hat genauso verloren wie der Letzte. Ich bin aber der Ansicht, dass diese Auffassung dem Geist unseres Sports zuwiderläuft. Ich finde, dass alle gewonnen haben, die Sieger ebenso wie die Platzierten, weil sie nämlich bewiesen haben, dass sie etwas können, weil sie es wollen.

In diesem Sinne beglückwünsche ich euch zu euren großartigen Leistungen. Und wenn ich jetzt die Freude habe, den Erstplatzierten die Preise zu überreichen, dann sollen die Sieger sie entgegennehmen stellvertretend für alle Sportlerinnen und Sportler, die heute im Wettkampf gestanden haben.

Herzlichen Glückwunsch!

Wer freut sich nicht über eine verdiente Ehrung oder einen erkämpften Preis.

Vereinsleben und Öffentlichkeit

Feste und Veranstaltungen – Kunst und Kultur

Viele Vereine haben sich der Förderung und Pflege kultureller Aktivitäten verschrieben. So vielfältig wie das Leben, so vielfältig sind auch die kulturellen Möglichkeiten.

Gesang- und Musikvereine, die sich der Pflege und Ausübung der Musik verschrieben haben, regionale Kulturvereine, die sich besonders mit den Überlieferungen der Volkskultur beschäftigen, Kunstvereine, die Ausstellungen und Seminare organisieren, Fördervereine als Träger und Ausrichter lokaler und regionaler Kulturfeste, Wanderklubs und Heimat- und Traditionsvereine – sie und viele, viele andere beweisen, dass Kultur nicht schlechthin eine staatliche Pflichtaufgabe ist, sondern dass man Kultur auf der lokalen und regionalen Ebene selbst organisieren und gestalten muss. Es genügt nicht, die Hand aufzuhalten und auf staatliche Zuwendungen zu warten. Es genügt nicht, Busfahrten zu einem Musical-Theater oder zu einem Konzert zu organisieren. Ohne die ehrenamtliche Arbeit in den vielen gemeinnützigen Vereinen hätten auch die professionellen und kommerziell erfolgreichen Künstler wahrscheinlich irgendwann kein Publikum mehr.

Die Anlässe, bei künstlerischen und kulturellen Veranstaltungen das Wort zu ergreifen, sind vielfältig. Oft wird zur Eröffnung gesprochen oder ein Gast begrüßt und vorgestellt.

Hierbei ist die Hemmschwelle gerade dann besonders groß, wenn ein prominenter Gast eingeladen worden ist. Ihre Angst ist unbegründet. Wirklich prominente Künstler, Schauspieler oder Experten erwarten von Ihnen kein rhetorisches Feuerwerk, das sie selbst in den Schatten stellte. Sie freuen sich vielmehr über persönliche Worte, mit denen nicht nur sie den Zuhörern, son-

Vielleicht gelingt es auch Ihnen, eine Prominente zur Eröffnung Ihrer Veranstaltung zu gewinnen.

Feste und Veranstaltungen – Kunst und Kultur

dern auch die Zuhörer ihnen vorgestellt werden. Darum empfiehlt es sich immer, einen prominenten Gast auch in wenigen Worten mit dem Anliegen Ihres Vereins vertraut zu machen. Aber bitte wirklich nur in wenigen Worten; halten Sie ihm keinen Vortrag über die Geschichte Ihrer Gemeinde seit der Römerzeit im Allgemeinen und die Bedeutung Ihres Vereins im Besonderen.

Ausstellungseröffnung

Typus Ansprache
Anlass Vernissage
Dauer ca. 2 Minuten
Stil freundlich

Liebe Freunde des Kunstvereins, meine Damen und Herren,

sind es auch sonst eher Künstler aus der näheren Umgebung und aus der Region, die in unserer Kunstscheune ausstellen, so darf ich Ihnen doch heute eine Ausnahme ankündigen: einen Künstler, der eine etwas weitere Anreise hatte, Herrn Wolfgang Zimmermann aus Potsdam.

Es ist, wie Sie sich gleich überzeugen werden, ein Vergnügen, die Bilder dieses Malers auf sich wirken zu lassen.

Ein Vergnügen, die Umgebung Berlins, die Potsdamer Schlösser, den Park von Sanssouci mit den Augen dieses Künstlers zu sehen.

Ein Vergnügen, Motive, die uns von Postkarten und Hochglanzprospekten vertraut scheinen, in der Brechung seiner zarten Pastellbilder ganz neu zu entdecken.

Ein Vergnügen, in seinen Aquarellen den Zyklus der Jahreszeiten in der Märkischen Landschaft mitzuerleben.

Wie Sie sich auf einem ersten Rundgang überzeugen werden, erfüllt sich das Motto unseres Vereins, „Sehen und begreifen", auch mit dieser Auswahl aus dem Werk Wolfgang Zimmermanns wieder mit Sinn.

Herr Zimmermann hat nach einer Schriftsetzerlehre Grafik und Gestaltung studiert und war eine Reihe von Jahren als Werbegrafiker tätig.

Er sieht sich selbst als sehr bodenständigen Menschen, den nach eigener Aussage „die Neugier Theodor Fontanes auf die

Ausstellungen sind immer ein attraktiver Höhepunkt engagierter Vereinsarbeit mit öffentlicher Wirkung.

Vereinsleben und Öffentlichkeit

Landschaften und die Geschichte der Mark Brandenburg umtreibt". Einen Beweis seiner Umtriebigkeit konnte man jüngst in Niedernhausen besichtigen, wo seine Fotoausstellung „Alte Hausinschriften in Brandenburg" in der Alten Kirche großen Widerhall fand.

Meine Damen und Herren, ich darf nun Wolfgang Zimmermann um ein paar einführende Worte zu seinen Arbeiten bitten und Sie anschließend zu einem Rundgang durch die Ausstellung einladen.

Zum Konzert I

Typus   Ansprache
Anlass Konzert des Gesangvereins
Dauer   ca. 2 Minuten
Stil   freundlich

Liebe Musikfreunde,

Ein origineller Vortrag kommt immer gut an und verfehlt seine Wirkung eigentlich nie.

Sie alle kennen das bekannte Gedicht des vielen nicht mehr bekannten Dichters Johann Gottfried Seume:
    Wo man singet, lass dich ruhig nieder
    ohne Furcht, was man im Lande glaubt;
    wo man singet, wird kein Mensch beraubt;
    böse Menschen haben keine Lieder.

Wenn das ein Dichter in wesentlich raueren Zeiten – er schrieb es 1804 – sagen konnte, wie viel mehr Anlass haben dann wir, diesem Sinnspruch in unserer wesentlich friedlicheren Welt zu folgen!

Aber, werden Sie einwenden, haben nicht gerade Gesangvereine in früheren Zeiten auch Liedgut gepflegt, das allzu sehr von kriegerischem Sinn zeugte und von Revanchegelüsten beseelt war? Gab zum Gesang der Männer nicht auch das rhythmische Klappen von Stiefelabsätzen eine unfriedliche Begleitmusik ab?

Sie haben Recht, was diese Erscheinungen betrifft. Jedoch sagte Seume nicht, „wo man marschieret, lass dich ruhig nieder" und auch nicht „dort wo man stramme Lieder grölet, lass dich

Feste und Veranstaltungen – Kunst und Kultur

> nieder". Darum erlaube ich mir, dem strammen Kampflied und dem Marschtritt eine Auffassung von Gesang entgegenzusetzen, die sich an Schubert, Mendelssohn, Carl Friedrich Zelter und Friedrich Silcher hält.
>
> Damit hätte ich schon die Brücke zu unserem Programm geschlagen, denn auf den erwähnten Namen ruht unsere Sangeskunst wie auf sicheren Pfeilern. Ich denke, meine Damen und Herren, dass wir Sie heute Abend überzeugen können, dass – wie Seume schon vor 200 Jahren sagte – das Singen zu den friedlichsten und angenehmsten Beschäftigungen gehört, denen Menschen überhaupt nachgehen können. Oder, wie ein anderer Großer einmal sagte: „Singen ist bestimmt die klangvollste Art auszuatmen." Vielleicht probieren Sie es ja eines Tages auch einmal, meine Damen und Herren, und wechseln von der Seite der Zuhörer auf die Seite der Sänger. Unser Gesangverein wird Sie mit offenen Armen empfangen!

Die Möglichkeiten, die besonderen Leistungen und Fähigkeiten Ihrer Vereinsmitglieder öffentlich ins rechte Licht zu setzen, sollten Sie sich nicht entgehen lassen, sind diese Leistungen doch Beleg für ein reges, produktives Vereinsleben.

Die positive Darstellung der Vereinsaktivitäten wirkt nach innen festigend und nach außen werbend.

Nicht ohne Grund hießen Blasorchester früher Harmonieorchester.

Vereinsleben und Öffentlichkeit

Zum Konzert II

Typus Ansprache
Anlass Konzert eines Blasorchesters
Dauer ca. 2½ Minuten
Stil freundlich

Liebe Freunde der Blasmusik,

die alten Meister wussten schon, dass drei elementare Dinge erforderlich sind, um aus einzelnen Tönen Musik zu formen: Rhythmus, Melodie und Harmonie. Rhythmus hat jedermann; selbst wer die Töne nicht trifft und keine Melodie halten kann, wer schon in der Schulzeit immer als „Brummer" verschrien war und darum im Schulchor nicht mitsingen durfte, kann sich dem Rhythmus des Schlagzeugs nicht entziehen.*

Sehen Sie, es wirkt! Schauen Sie nur auf Ihre Schuhspitzen, wie sie wippen und zucken. Und die etwas Begabteren und Interessierteren wissen den Wert der Melodie zu schätzen, entweder weil sie selbst gern in der Badewanne singen, oder weil sie die Kantilene schätzen, die von einem geeigneten Melodieinstrument hervorgebracht wird. Es muss nicht, wie in der Filmmusik, immer die Violine sein.*

Das dritte Element aber, die Harmonie, ist das wichtigste von allen. Die Harmonie ist gewissermaßen die Kuppel über dem Gebäude der Musik. Sie ruht auf den Säulen von Rhythmus und Melodie und bindet sie zugleich zu einer Einheit. Sie beschirmt die anderen Elemente der Musik und ist zugleich deren Bestimmung und Vollendung. Sie kann nämlich erst dann entstehen, wenn alle Melodien im richtigen Rhythmus zusammenkommen. Und weil das die Musiker, die Töne auf Blasinstrumenten produzierten, besonders schön können, hießen Blasorchester früher auch Harmonieorchester.*

Damit wollten wir Sie nicht erschrecken. Und damit ist mein kleiner Vortrag über das Wesen der Musik auch schon beendet. Quintessenz: Musik ist, wenn ein Blasorchester spielt.

Folgen Sie uns nun durch ein Programm bekannter und weniger bekannter Spielstücke für Bläser. Wir hoffen, dass für jeden Geschmack etwas dabei ist, und wünschen Ihnen bei unserem kleinen Konzert viel Vergnügen.

Ein Schlagzeug spielt – nur mit Besen – einen zurückhaltenden Rhythmus.

Flügelhorn spielt ein Solo; vom Schlagzeug sanft getragen.

Einsatz und Tusch des gesamten Blasorchesters.

Feste und Veranstaltungen – Kunst und Kultur

Nach der Aufführung

Typus Ansprache
Anlass Premierenfeier eines Theatervereins
Dauer ca. 2 Minuten
Stil freundlich

Liebe Freunde,

wie es an jedem Theater üblich ist, so wollen auch wir es halten: Zu einer Premiere gehört eine Premierenfeier. Wenn auch unser Theater nur aus der vorübergehenden Nutzung des Gemeindehauses besteht, so besitzt dieses Gemeindehaus doch eine Bewirtschaftung, die sich geradezu ideal für eine Premierenfeier eignet.

Ich weiß, dass uns manche im Ort nachsagen, wir spielten Theater überhaupt nur wegen der Premierenfeier. Das ist natürlich Unsinn, wie jeder Eingeweihte weiß. Denn wegen der einen Feier im Jahr würde sich keiner von uns in den Monaten zuvor solchen Anstrengungen aussetzen.

Da die Gründungsmitglieder mittlerweile in der Minderheit sind, lohnt es sich, daran zu erinnern, wie vor zwölf Jahren alles begann. Aus dem Gemeinderat kam die Frage, ob nicht auch unser Ort eine Theatergruppe aufbauen solle, denn für solche kulturelle Basisarbeit gab es wohl damals gerade Zuschüsse aus dem Landeshaushalt. Damals trafen die einen, die Goethes Urfaust auf die Bühne stellen wollten, auf die anderen, denen eher eine Art dörflicher Lach- und Schießgesellschaft vorschwebte, und hätten beinahe zwei Theatervereine gegründet. Sehr zum Missvergnügen des Gemeinderates, der am liebsten ein traditionelles Bauerntheater gesehen hätte, denn dafür waren wohl auch die Fördermittel ausgelobt. Indes fanden sich nicht genügend Alteingesessene mit Interesse fürs Bauerntheater. Und die Zugewanderten und Dauerpendler gründeten schließlich doch statt zweier Vereine nur einen, die Lach- und Faustgesellschaft – aus Empörung darüber, dass man uns die Fördergelder vorenthalten wollte. Damals beschlossen wir, dass wir im jährlichen Wechsel ein „richtiges" Theaterstück und ein Kabarettprogramm auf die Bühne des Gemeindehauses stellen wollten. Nach der – wie wir finden – gelungenen „Tell"-Inszenierung ist nun wieder das Kabarettprogramm dran.

Auch kleine Vereine und Theatergruppen tun es gern den großen Staatstheatern nach: Nach der anstrengenden Probenarbeit und dem Stress der ersten Aufführung hat man sich eine zünftige Premierenfeier redlich verdient.

Vereinsleben und Öffentlichkeit

> Ich danke an dieser Stelle sehr, sehr herzlich unserem Gründungsmitglied Dieter Lukowski, dem auch im sechsten Programm seit der Gründung der Kakao noch nicht ausgegangen ist, durch den er die Narreteien der Politiker ziehen kann. Dieter Lukowski – obwohl im Hauptberuf Informatiker – hat sich nicht etwa wochenlang hinter seinen Computer zurückgezogen, um das Ensemble dann mit einem fertigen Stück zu überraschen. Nein, er hat die Anregungen und die Ideen seiner Mitspieler aufgenommen und sie an der Entstehung des Programms teilhaben lassen. So hatte wirklich jeder das Gefühl, ein bisschen auch das eigene Werk aufzuführen.
>
> Ich danke ganz besonders unserem Spielleiter Hans-Werner Plön, dem es gelungen ist, aus allen Mitwirkenden mehr komisches Talent buchstäblich herauszukitzeln, als sie selbst an sich vermutet hätten.
>
> Ich danke allen Mitwirkenden auf, vor und hinter der Bühne und beglückwünsche Sie zu dieser außerordentlich gelungenen Aufführung. Einen von Ihnen hervorzuheben, würde mich zum Theaterkritiker machen, und daran habe ich wirklich kein Interesse. Zu groß wäre auch die Gefahr, im nächsten Programm von Dieter Lukowski als komische Figur vorgeführt zu werden.
>
> Ich wünsche dem Programm noch viele Reprisen, bei denen das Publikum stets so begeistert mitgehen möge wie an diesem Abend. Der Premierenfeier wünsche ich einen guten und fröhlichen Verlauf und den Mitgliedern und Freunden des Theatervereins Lach- und Faustgesellschaft alles Gute!

Künstlerische und kulturelle Veranstaltungen der unterschiedlichsten Art werden sehr häufig von Vereinen getragen. Vereine leisten damit einen unverzichtbaren Beitrag für ein reiches Kulturleben in den Kommunen. Gerade weil die Vereine in der Bevölkerung verwurzelt sind, kommen ihre kulturellen Angebote oft besser an als die „Hochkultur" der großen Metropolen.

Kein Wunder, dass sich Künstler, Schriftsteller und Musiker, aber auch Wissenschaftler immer gern von Vereinen einladen lassen. Die nachfolgende Musterrede anlässlich einer Schriftstellerlesung kann leicht an die Erfordernisse ähnlicher Anlässe angepasst werden, zum Beispiel an Vortrags- und Liederabende oder bunte Programme von Unterhaltungskünstlern.

Feste und Veranstaltungen – Kunst und Kultur

Begrüßung eines Gastes

Typus Ansprache
Anlass Schriftstellerlesung oder Vortrag
Dauer ca. 2 Minuten
Stil freundlich

Liebe Gäste,

ich freue mich, dass heute Johannes Gregor bei uns zu Gast ist, und ich freue mich vor allem, dass so viele Gäste gekommen sind, um Johannes Gregor zuzuhören.

Das Buch, aus dem er heute lesen wird, trägt einen Titel, der einige vielleicht ein bisschen irritieren wird: „Durch Deutschland mit Messer und Gabel". Wer dahinter ein Kochbuch vermutet, liegt falsch, zumindest nicht ganz richtig. Es ist vielmehr ein humorvoller, kulinarischer Reisebericht. Er schildert, was einem widerfahren kann, wenn man es darauf anlegt, sich längere Zeit nur in Gaststätten zu ernähren. Und das in den unterschiedlichsten Regionen Deutschlands. Gregors Buch ist kein Restaurantführer. Aber es verrät, warum die Berliner Currywurst anders schmeckt als ihre Schwester aus dem Ruhrpott, warum man an der Küste viel schwerer frischen Fisch bekommt als im Binnenland und warum die Bäcker außerhalb Sachsens einen vernünftigen Christstollen einfach nicht gebacken kriegen.

Ich hoffe, ich habe Ihnen mit diesen einführenden Bemerkungen etwas Appetit auf die Lesung gemacht. Von Johannes Gregor können Sie in der folgenden Dreiviertelstunde sicher noch viel mehr erfahren. Im Anschluss an die Lesung wird Herr Gregor noch Ihre Fragen beantworten und Ihnen, wenn Sie mögen, etwas über seine kulinarischen Recherchen erzählen.

Ich wünsche uns einen unterhaltsamen Abend.

Vor einer Lesung wird immer eine kleine Begrüßungsrede gehalten, um den Autor und sein Werk vorzustellen.

Smalltalk

Wie Sie plaudern, ohne in die so genannten Fettnäpfchen zu treten.

Sobald Ihr Verein nicht mehr nur im Hinterzimmer einer Gastwirtschaft zusammenkommt, sondern seine Ziele in der Öffentlichkeit präsentiert, sich aktiv ins öffentliche Leben einschaltet, häufen sich die Gelegenheiten zum Smalltalk.

Empfänge, Partys, Sitzungspausen, Theater- und Konzertbesuche, Wohltätigkeitsveranstaltungen, aber auch Geschäftsessen und Vorzimmergespräche – das sind klassische Gelegenheiten zum Smalltalk.

Damit daraus keine Verlegenheit wird, machen Sie sich am besten bewusst, welche Funktion der Smalltalk hat, wie Sie ein Gespräch beginnen und beenden und welche Themen angemessen sind und welche besser vermieden werden.

Was ist Smalltalk?

Laut Wörterbuch bedeutet das englische Wort übersetzt „leichte Unterhaltung".

Smalltalk

Man hat den Smalltalk mit dem Kreuzen beim Segeln verglichen. So wie man beim Segeln nicht immer mit rauem Wind direkt auf sein Ziel losfahren kann, sondern gegen den Wind kreuzen muss, so wird man auch im Gespräch nicht gleich mit dem ersten Satz sein Hauptanliegen aussprechen, sondern sich erst allmählich herantasten.

Beim Smalltalk haben die Gesprächspartner Gelegenheit,
- einander kennen zu lernen,
- Hemmungen abzustreifen,
- sich auf die Sprechweise des anderen einzustellen,
- die Reaktionen des Gegenübers zu testen,

und zwar alles mit einer gewissen Unverbindlichkeit, eben Leichtigkeit. Wichtig ist, dass Sie sich nicht zu absoluten Urteilen über Vorgänge oder Personen verleiten lassen oder weltanschauliche oder politische Bekenntnisse abgeben. Es versteht sich von selbst, dass Sie auch Ihren Gesprächspartner nicht in solche Situationen bringen.

Wie beginnen?

Als Gesprächseinstieg eignet sich erstens die Frage nach dem Befinden des anderen. Dabei sollte man weder allzu salopp („Na, wie läuft's denn so?") noch allzu förmlich („Darf ich mir erlauben, mich nach Ihrem werten Befinden zu erkundigen?") vorgehen. Im ersten Fall könnte der allzu flotte Spruch als Taktlosigkeit empfunden werden; im zweiten Fall würde sich der andere vielleicht veralbert vorkommen. Die neutrale Frage „Wie geht es dir/Ihnen?" lässt sich im weiteren Gesprächsverlauf vorsichtig auf Familie, Beruf, Freizeit usw. ausdehnen.

Für den Gesprächseinstieg empfiehlt es sich zweitens an das anzuküpfen, was sich gerade ereignet oder was Sie für den anderen gerade tun (oder tun wollen). Etwa: „Schön, dass es hier nicht so überheizt ist." Oder: „Haben Sie auch die Ansprache des Vorsitzenden gehört?" Oder: „Soll ich uns noch etwas zu trinken holen."

Ebenfalls geeignet ist drittens das Gespräch über die Anreise oder Anfahrt. Etwa: „Hatten Sie eine gute Fahrt?" Oder: „Sind Sie mit Ihrer Unterbringung zufrieden?" Oder, mit einem Anflug von Selbstironie: „Wie ich sehe, haben Sie uns trotz unserer Wegbeschreibung gefunden." Drücken Sie in diesem Zusammenhang die Freude aus, das der andere Widerstände und Schwierigkeiten überwunden hat. Damit geben Sie ihm die Gelegenheit, einen Gesprächsgegenstand zu bestimmen und mehr von sich und seinem Befinden zu erzählen „Schön, dass Sie es doch noch geschafft haben!"

Wie enden?

Sie beenden den Smalltalk vor allem aus zwei Gründen:
- Sie wollen sich einer anderen Person zuwenden.
- Sie wollen sich einem anderen Thema zuwenden bzw. vom Smalltalk zu einem ernsthaften Problemgespräch übergehen.

Mit der Zuwendung zu einer anderen Person – zum Beispiel bei einem Emp-

Vereinsleben und Öffentlichkeit

fang oder einer Party, leiten Sie zugleich die Abwendung von der Person ein, mit der Sie gerade plaudern. Sie können der anderen Person zuwinken, Sie können ihr sagen „Wir sehen uns gleich", Sie können schließlich auch Ihren aktuellen Gesprächspartner auf eine andere Person aufmerksam machen: „Ach, Frau Dr. Biesenthal ist auch da! Hatten Sie schon einmal das Vergnügen…"

Wenn Ihr aktueller Gesprächspartner auf Ihre Bereitschaft, sich von ihm abzuwenden, nicht reagiert, loben Sie den Verlauf des Gesprächs und teilen Sie dessen Ende mit, indem Sie einfach um eine Fortsetzung zu einem späteren Zeitpunkt bitten: „Ich habe es wirklich genossen, mit Ihnen zu sprechen. Ich würde unser Gespräch sehr gern nachher noch einmal aufnehmen…"

Die Zuwendung zu einem anderen Thema erreichen Sie am besten, wenn Sie immer ein „apropos" (frz. „zum Gesprächsthema") im Hinterkopf haben. Auf diese Weise nutzen Sie die Äußerungen Ihres Gegenübers als Sprungbrett für einen Themenwechsel, ohne dass Sie das Wort apropos jedesmal verwenden müssten. Erzählt Ihr Gesprächspartner, was ihm gerade zugestoßen ist, knüpfen Sie daran an: „Mir ist vergangene Woche Folgendes passiert…" Erzählt der andere von seinem Urlaub, können Sie, daran anknüpfend, zu einem anderen Thema überleiten: „Als ich vorigen Monat aus dem Urlaub zurückkam, stellte ich überrascht fest…"

Den Übergang vom „leichten" zum „schweren" Gespräch erreichen Sie ebenfalls mit der Apropos-Methode. Wird gerade über die Verkehrssituation und die Staulage gesprochen – ein überaus beliebtes Smalltalk-Thema – , setzen Sie dort an: „Man verbringt viel Zeit im Stau, und Sie haben auch noch die Rückfahrt vor sich. Lassen Sie uns deshalb zum Eigentlichen kommen."

Ebenso wie die Abwendung von der Person können Sie auch den Übergang zum „schweren" Gespräch damit einleiten, dass Sie den bisherigen Gesprächsverlauf oder das Gesprächsklima loben: „Ich finde es großartig, dass wir so konstruktiv miteinander reden können. Ich hoffe, dass wir das auch weiterhin tun werden, wenn wir uns jetzt dem … zuwenden."

Welche Themen sind geeignet?

Was „in aller Munde" ist, eignet sich grundsätzlich auch für den Smalltalk. Bei diesem Grundsatz gilt es jedoch immer, Takt zu bewahren und die Situation richtig einzuschätzen. Auch wenn alle Zeitungen gerade vom neuesten Fleischskandal berichten, ist das Thema als Einstieg in eine Unterhaltung ungeeignet, wenn Sie und ihr Gesprächspartner gerade am kalten Büfett stehen.
Klassische Themen für den Smalltalk (Abbildung rechts) sind:
- Reise und Verkehr (Stau, Zugverspätung, Flughafenchaos)
- Haustiere (bei Tierliebhabern)
- Kinder (bei Familienmenschen)
- Probleme mit Behörden
- Urlaub und Hotel
- Essen und Trinken
- Musik, Theater, Kunst und Kino
- aktuelle Bestseller, Titelthemen bekannter Zeitschriften

Smalltalk

Themen, denen Sie besser ausweichen, selbst wenn man Sie zu einer Äußerung verlocken will:
- Religion und Politik
- weltanschauliche Wertvorstellungen
- Finanzen
- Klatsch und Tratsch

Vermeiden Sie es, Ihren Gesprächspartner beruflich in Anspruch zu nehmen. Wenn Sie ihn „als Investmentbanker" „als Zahnarzt" oder „als Anwalt" etwas fragen wollen, nutzen Sie den Smalltalk nur, um einen Termin zu vereinbaren, nicht um eine kostenlose Konsultation zu erzwingen. So verwies der Dichter Ludwig Uhland, der von Hause aus Jurist war, einmal auf einer Gesellschaft einen Gast, der ihm seinen Rechtsfall darlegte, an seine Kanzlei. Als der Gast pikiert anmerkte: „Ich dachte, fragen kostet ja nichts", erwiderte Uhland: „Fragen nicht, aber die Antwort."

Vereinsleben und Öffentlichkeit

Jubiläen und besondere Ereignisse

Nicht nur, wenn der eigene Verein jubiliert, werden Reden gehalten. Auch wenn Sie abgeordnet werden, einem anderen Verein Grüße zu übermitteln, sind Sie als Redner gefragt.

Auch Grußworte sollten nie belanglos ausfallen, sondern erkennen lassen, dass Sie sich intensiv mit dem Thema beschäftigt haben.

Grußworte stellen unter den Reden und Ansprachen eine Besonderheit dar, weil sie nicht im eigenen Namen gehalten werden.

Werden Sie von Ihrem Verein beauftragt, sprechen Sie im Namen des Vereins. Übermitteln Sie Grüße Ihres Unternehmens oder Ihrer Behörde, sprechen Sie im Namen des Betriebes oder der Institution, die Sie vertreten. Diese „Stellvertreterfunkion" erlegt Ihnen größere Zurückhaltung auf, als wenn Sie im eigenen Namen sprächen. Dennoch darf von Ihnen erwartet werden, dass Sie sich nicht nur in allgemeinen Wendungen ergehen, sondern mit Ihren Grüßen auch einen sachlichen Inhalt verbinden, eine Würdigung der Vereinsarbeit oder des Ereignisses, das zu feiern ist. Also, auch in einem solchen Fall ist es unerlässlich, vorher eine gründliche Recherche zu betreiben.

Im folgenden Beispiel hat der Redner, der die Grußansprache hält, die Zeitung aufmerksam gelesen und überdies eine Zahl recherchiert, die eindrucksvoll genug ist, um einen Bezug zum Anlass seiner Ansprache herzustellen.

Grußansprache

Typus Ansprache
Anlass Eröffnung des Verkehrserziehungstages
Dauer ca. 2½ Minuten
Stil freundlich, mahnend

Liebe Gäste, meine Damen und Herren,

ich freue mich, Ihnen die herzlichen Grüße des Gemeinderats und unseres Bürgermeisters anlässlich Ihres Verkehrserziehungstages zu übermitteln.

Als Ihr Schulverein vor zehn Jahren diesen Tag zum ersten Mal ausrichtete, glaubten viele, dass sei ein überflüssiger Luxus. Verkehrserziehung sei Sache der Großstädte und Ballungsräume, in unserem ländlichen Raum könne man sich das sparen.

Jubiläen und besondere Ereignisse

Es wäre Sparsamkeit am falschen Platz gewesen, wie wir heute wissen. Das Verkehrsaufkommen hat sich in den letzten Jahren spürbar erhöht. Der Straßenverkehr macht auch vor unseren Gemeindegrenzen nicht halt. 317 Kinder verunglückten im letzten Jahr im Straßenverkehr tödlich. Anders gesagt: Alle 28 Stunden starb ein Kind auf der Straße. Wir erfahren solche Zahlen, wir erschrecken und gehen zur Tagesordnung über. Wie würden Sie es nennen, wenn auf einen Schlag die Bevölkerung der Stadt Frankfurt ausgelöscht würde? Die größte denkbare Katastrophe. Und wie nennen wir es, wenn die gleiche Anzahl Menschen, nämlich über 600 000, seit Kriegsende auf den Straßen allein des alten Bundesgebietes ums Leben kamen? Wir nennen es Verkehrsunfallstatistik.

Schockierende Zahlen werden benutzt, um das Problem deutlich zu machen.

Meine Damen und Herren, das große Verdienst Ihres Schulvereins besteht darin, dass seine Mitglieder sich geweigert haben, Unfalltote und -verletzte einfach als Statistik hinzunehmen. Da besonders viele Kinder mit dem Fahrrad verunglücken und das Fahrrad traditionell zu den beliebtesten Verkehrsmitteln in ländlichen Regionen gehört, schritten Sie zur Tat. Sie organisierten die Verkehrserziehung, richteten einen Übungsplatz für Kinder ein. Fahrrad fahren soll den Kindern Spaß machen, aber wir können es nicht riskieren, dass die Kinder erst durch Unfälle lernen, dass es Verkehrsregeln gibt. Ein Helm ist nicht immer bequem, besonders im Sommer möchte man sich vom Fahrtwind die Haare zausen lassen. Bei uns gehört es zum guten Ton, dass jeder – nicht nur jedes Kind – beim Fahrradfahren einen Helm trägt. Diesen Durchbruch konnten Sie nur erzielen, weil Sie Ihr Erziehungsprogramm nicht nur auf die Kinder beschränkten, sondern auch die Eltern in die Verantwortung einbezogen. Hin und wieder muss man die Eltern daran erinnern, dass die Anschnallpflicht auch besteht, wenn man nur mal schnell in den Nachbarort einkaufen fährt. Das kann ein Verein, der in der Bevölkerung verwurzelt ist, naturgemäß besser als eine staatliche Behörde mit Vorschriften und Regeln.

Der Verein wird für sein Engagement und sein Konzept gelobt.

Indem ich Ihnen noch einmal die außerordentliche Wertschätzung des Gemeinderats für ihre Arbeit ausdrücke, wünsche ich dem zehnten Verkehrserziehungstag des Schulvereins einen erfolgreichen Verlauf und Ihnen, den Kindern und uns allen allzeit unfallfreie Fahrt!

Vereinsleben und Öffentlichkeit

Gruß an den Gesangverein

Typus Ansprache
Anlass Jubiläum des Gesangvereins
Dauer ca. 3½ Minuten
Stil feierlich

Gesangvereine gehören neben den Schützenvereinen zu den tradtionseichsten Vereinen. Aber immer wieder gibt es auch jüngere Vereine, die ihr Jubiläum zu feiern haben.

Liebe Musikfreunde,

es gibt gewiss Traditionsvereine, die älter sind als der Gesangverein „Cantabile". Aber 50 Jahre, das Jubiläum, das Sie heute feiern, sind auch ein schönes Stück Wegs.

Jubiläen sind nicht nur Anlässe zum Feiern, sie laden auch ein innezuhalten und zurückzublicken. In diesem Rückblick sehen wir ein Nachkriegsdeutschland, das sich anschickte, das Wirtschaftswunder zuwege zu bringen. Es war durchaus nicht so, dass jeder mit einem Lied auf den Lippen die Trümmer beiseite räumte. Im Gegenteil. Die Männer, die damals den Gesangverein gründeten, und die Frauen, die bald dazu stießen, hatten eher weniger Grund zur Fröhlichkeit. Viele von ihnen hatten im Krieg nahe Angehörige verloren, andere verloren bei Kriegsende ihre Heimat. Die materiellen und ideellen Verluste ebenso wie die körperlichen und seelischen Verwundungen prägten die ersten Jahre nach dem Krieg viel stärker, als es uns die alten Wochenschaubilder heute ahnen lassen.

Aber im Neuanfang lag nicht nur für jeden Einzelnen, sondern auch für die Gemeinschaft eine große Chance. Letztlich ist auch der Gesangverein „Cantabile" aus diesem neuen Geist entstanden. Leute aus Ostpreußen zogen in unsere Gegend – und brachten ihre Lieder mit. Leute aus dem Sudetenland ließen sich bei uns nieder – und brachten ihre Lieder mit. Bald darauf kamen die ersten Flüchtlinge aus Sachsen und Thüringen – und mit ihnen ihre Lieder. Kurz: Das Repertoire des Gesangvereins speiste sich aus vielen Quellen.

Menschen, die singen, können einander besser verstehen als Menschen, die nur reden, heißt es. Ein anderer Spruch besagt: Wenn man miteinander singt, kann man nicht miteinander streiten. In unserer Gemeinde haben jedenfalls die sangeslustigen Männer und Frauen die Integration der Zugewanderten schnell und gründlich vollzogen.

Jubiläen und besondere Ereignisse

Heute sind die Probleme der Wirtschaftswunderzeit Geschichte. Aber die Geschichte stellt uns immer wieder neue Aufgaben. Manche Probleme scheinen sich sogar auf höherer Ebene zu wiederholen. So stellt sich uns auch heute die Aufgabe, Zuwanderer zu integrieren. Und wieder erweist sich, dass Singen und Musizieren ein Miteinander zwischen den Kulturen herstellt. Der Gesangverein „Cantabile" hat sich, seinem italienischen Vereinsnamen gemäß, schon in den Siebzigerjahren auch nichtdeutschen Liedern geöffnet, italienischen Kanzonen und Volksmusik aus Griechenland zum Beispiel.

Wir ehren heute einen Bund von Sängern und Musikern, der sich nicht nur als Traditionsverein versteht, sondern der dem modernen Leben und der modernen Musik gegenüber aufgeschlossen ist. Für die Mitglieder ist es keine Frage, dass unter dem Dach des Vereins gerappt werden darf – wenn auch die Ergebnisse nicht ganz so „cantabile" sind, wie sich das die Gründer vor 50 Jahren vorgestellt haben. Mit meinem Glückwunsch zu Jubiläum verbinde ich die Hoffnung, dass wir noch viel Kantables von Ihnen zu erwarten haben. Lassen Sie mich mit den folgenden Zeilen von Franz von Schober enden:

Du holde Kunst, in wie viel grauen Stunden,
wo mich des Lebens wilder Kreis umstrickt,
hast du mein Herz zu warmer Lieb entzunden,
hast mich in eine bessre Welt entrückt!
Oft hat ein Seufzer, deiner Harf' entflossen,
ein süßer, heiliger Akkord von dir
den Himmel bessrer Zeiten mir erschlossen,
du holde Kunst, ich danke dir dafür!

Vereinsleben und Öffentlichkeit

Wettkämpfe, Bälle, Basare und Partys

Wettkämpfe, Bälle und Basare werden meist mit einer kurzen Ansprache eröffnet. Die Teilnehmer müssen begrüßt, der Anlass soll gewürdigt und Danksagungen können ausgesprochen werden.

Auch als Vertreter der Gemeinde oder als Abgeordneter eines Sponsors können Sie in die Verlegenheit kommen, eine Ansprache halten zu müssen. In der Regel erwartet man von Ihnen keine lange Rede, sondern ein paar kurze, knappe Worte zur Sache. Im Grunde geht es dem Gastgeber mehr um Ihre Anwesenheit, als um Ihre rethorischen Fähigkeiten.

Die Musteransprachen können von Ihnen durchaus noch mit konkreten Details aufgefüllt werden. Achten Sie unbedingt darauf, Ihr Publikum nicht allzu lange von den angebotenen Aktivitäten der Veranstaltung fern zu halten. Und missbrauchen Sie die Gelegenheit zu sprechen nicht für Selbstdarstellung und Werbung für Ihr Unternehmen.

Eröffnung der Vereinsmeisterschaften

Typus Ansprache
Anlass Vereinsmeisterschaften, Wettkämpfe
Dauer ca. 1½ Minuten
Stil freundlich, anspornend

Liebe Schwimmerinnen und Schwimmer,

wenn wir heute die Besten ermitteln, stellt es sich manchem so dar, als wäre unser Sport nur für die Sieger und wegen der Bestzeiten da. Ich weiß, dass nachher bei der Siegerehrung nicht alle Starter auf dem Treppchen stehen werden, sondern nur die ersten drei. Und auch von diesen Dreien auf dem Treppchen wird nur einer restlos glücklich, wird nur einer der Allerbeste sein.

Unser Sport lebt aber nicht nur von der Bestzeit. Dann könnte ja gleich jeder allein seine Bahnen schwimmen und seine Zeiten an einen Zentralrechner übermitteln. Der Computer könnte dann aus allen Ergebnissen die Besten herausfiltern.

Dass wir die Bestenermittlung nicht dem Computer überlassen sondern dem Wettkampf, hat Gründe. Ist es doch der direkte Ver-

Leistung und wirklicher Sportsgeist werden beschworen.

Wettkämpfe, Bälle, Basare und Partys

gleich, der Armzug des Schwimmers auf der Nebenbahn, die nicht ganz so perfekte Wende des Führenden, der in jedem Schwimmer Kräfte freisetzt, von denen er im Training noch nichts wusste. Diese Selbstüberwindung, das Freisetzen ungeahnter Kräfte ist in Wahrheit das Wesen unseres Sports. Es enthüllt sich erst, wenn wir im fairen Wettkampf aufeinander treffen.

Darum gibt es unsere Vereinsmeisterschaften. Sie alle werden Ihr Bestes geben. Sie alle werden zu fairen Wettkämpfen beitragen. Ich wünsche Ihnen viel Erfolg!

Ansprache eines Schützenkönigs

Typus Erwiderung
Anlass Königsschießen
Dauer ca. 1 ½ Minuten
Stil freundlich, anspornend

Liebe Schützinnen und Schützen,

entsprechend der guten alten Sitte haben wir heute ermittelt, wer das schärfste Auge, den ruhigsten Atem und die sicherste Hand hat. Schon unsere Väter und Vorväter taten das auf diese Weise, bei einem Königsschießen. König sein ist zwar eine Ehre. Aber es ist auch eine Last. Keiner mag diese Last gern allzu lange tragen, denkt ihr euch. Darum weiß ich, dass ihr alles daran gesetzt habt, für euch diese Ehre zu gewinnen und mir diese Last abzunehmen. Gern wolltet ihr mich als amtierenden Schützenkönig von der drückenden Krone befreien. Leider ist euch das in diesem Jahr nicht gelungen, obwohl ihr mich hart gefordert habt, und so muss ich weiter mit der Last leben – und ihr mit der Gewissheit, dass der alte Schützenkönig auch wieder der neue ist.

In dieser Funktion verspreche ich euch, dass ich unsere Schützengilde bei allen Wettkämpfen und Treffen würdig vertreten werde. Ich werde euch ein König sein, dessen sich die Gilde nicht zu schämen braucht. Und um dieses Versprechen zu besiegeln, habe ich ein Fässchen aus feinster Gerste gebrauten Zielwassers heranrollen lassen. Es möge uns allen munden!

König sein ist nicht nur eine Ehre, sondern auch eine Bürde.

Vereinsleben und Öffentlichkeit

Eröffnung eines Basars

Typus Ansprache
Anlass Jubiläum des Gesangvereins
Dauer ca. 2 Minuten
Stil freundlich

Liebe Gäste, meine Damen und Herren,

ich danke Ihnen, dass Sie heute unser kleines Fest besuchen. Ich weiß, dass Sie alle viele Verpflichtungen haben. Darum schätze ich Ihr Engagement für die Kinder von .... nur umso höher.

Das Privileg, über ein halbes Jahrhundert in Frieden zu leben.

Jeder, der heute gekommen ist, weiß, dass er im Grunde zu den Privilegierten dieser Erde gehört. Nicht dass wir alle mit dem goldenen Löffel im Mund geboren worden wären. Nein, Wohlstand und Anerkennung haben wir uns durch harte Arbeit, Fleiß und manches persönliche Opfer erworben. Aber uns bot sich auch die Chance dazu. Nach zwei verlorenen Kriegen hatte unser Volk die Lektion gelernt. Wir selbst sind schon überwiegend Nachkriegskinder. Unsere Kinder sind nach und nach flügge geworden und schicken sich an, die dritte Generation in die Welt zu setzen, die Krieg nur noch aus dem Geschichtsbuch und vom Fernsehen kennen.

Die moralische Verpflichtung, den vom Krieg betroffenen Kindern zu helfen.

Die Kinder von .... haben diese Chance nicht. Sie hat auch niemand gefragt, ob sie wollen, dass ihre Väter in den Krieg ziehen. Niemand hat sie davor beschützt, dass ihre Mütter von Granaten getroffen, ihre Geschwister von Minen zerrissen werden. Diesen Kindern hat niemand jemals die Chance geboten, sich die Bildung anzueignen, die uns selbstverständlich ist, oder ein Vermögen zu erwerben, die es ihnen möglich machen würde, eine freies Leben ohne drückende materielle Not zu führen. Im Gegenteil, den bescheidenen Wohlstand, den sich ihre Vorfahren in den zurückliegenden Jahrzehnten erarbeitet hatten, zerstörte der Krieg in wenigen Wochen.

Ich freue mich, dass Sie unserem Aufruf gefolgt sind, den Geldbetrag, den Sie für Weihnachtsgeschenke ausgegeben hätten, in diesem Jahr Bedürftigen zuzuwenden. Damit Sie aber nicht ganz ohne Geschenke bleiben müssen, haben wir einen kleinen Basar aufgebaut.

Wettkämpfe, Bälle, Basare und Partys

Was Sie hier erwerben können, stellt hauptsächlich einen ideellen Gegenwert zu Ihrer Spende dar. Aber natürlich haben die Stifter alles mit Bedacht ausgewählt. Und oftmals haben auch Kinder aus Solidarität eigene Handarbeiten beigesteuert.

Ich danke Ihnen für Ihre Bereitschaft, die zu unterstützen, die unsere Hilfe wirklich am nötigsten haben, die Kinder, und wünsche unserem kleinen Fest einen guten Verlauf.

Was Sie auf einem Wohltätigkeitsbasar erwerben, ist oft nur ein ideeller Gegenwert für eine große materielle Hilfe.

Anhang

Zum Nachlesen

Allnach, Konstanze/
Rusch, Caroline:
Compact Handbuch Rhetorik, München 1995.

Axtell, Roger E.:
Nie wieder Redeangst,
München 1994

Axtell, Roger E.:
Reden mit Händen und Füßen: Körpersprache in aller Welt, München 1994

Bonneau, Elisabeth:
Safer Talk – Smalltalk ohne Hemmungen,
Niedernhausen 1999

Felbinger, Dieter:
Moderne Rhetorik,
Niedernhausen 1998

Fischer Olson, Richard:
Erfolgreiche Vorstellungsgespräche, Niedernhausen 1999

Fuchs, Angelika:
Der Falken Bewerber-Knigge, Niedernhausen 1999

Gommlich, Florian/Tieftrunk, Andreas:
Mut zur Auseinandersetzung: Konfliktgespräche,
Niedernhausen 1999

Hofmeister, Roman:
Das neue Handbuch Rhetorik, Weyarn 1999.

Jens, Walter:
Von deutscher Rede, München 1969

Krieger, Paul/
Hantschel, Hans-Jürgen:
Handbuch Rhetorik,
Niedernhausen 1998

Lorenz, Hugh:
Reden halten wie ein Könner, Zürich 1995

Mohler, Alfred:
Die 100 Gesetze überzeugende Rhetorik, Frankfurt a.M./Berlin 1996

Müller, Adam:
Zwölf Reden über die Beredsamkeit und deren Verfall in Deutschland,
Frankfurt a.M. 1967

Pawlowski, Klaus/Riebensahm, Hans:
Konstruktiv Gespräche führen, Reinbek bei Hamburg 1998

Reden, die die Welt bewegten, Essen o.J.

Sarnoff, Dorothy:
Auftreten ohne Lampenfieber, Frankfurt a.M.
1992

Schulz von Thun, Friedemann:
*Miteinander reden 1:
Störungen und Klärungen*,
Reinbek bei Hamburg 1981

Schulz von Thun, Friedemann:
*Miteinander reden 2:
Stile, Werte und Persönlichkeitsentwicklung*,
Reinbek bei Hamburg 1989

Schulz von Thun, Friedemann:
*Miteinander reden 3:
Das „innere Team" und situationsgerechte Kommunikation*, Reinbek bei Hamburg 1998

Zacker, Christina/Grantél, Georges:
Die spontane Rede, Niedernhausen 2000

Stichwortregister

AAAA-Prinzip   60
ABBA-Prinzip   59
Abitur   140 f.
Abschied   144 f.
Abschluss   58 ff.
AEIOU-Prinzip   60 f.
AHA-Prinzip   58 f.
AIDA   54 f.
Andacht   121
Anekdote   16, 60,
Anfang   58 f.
Ansprache   17, 60,
Antike   46 f.
Aufhänger   60 f.
Ausreden   170 f.
Ausstellungs-
   eröffnung   235 f.
Auto   151

Basar   252 f.
Beförderung   145
Behörden   190–193
Beleidigung   166 f.
Bericht   59
Beruf   140–149
Berufsausbildung   142 f.
Betriebsfeier   212 f.
Beweis   59
Bewerbungs-
   gespräch   174 ff.

Dialog   70 f.
Dienstjubiläum   210
Drei-Zeiten-Formel   57
Drohung   166 f.

Ehrungen   232 f.
Einladungen   169
Einstieg   61
Einweihung   222 ff.
Einzelgespräch   203 f.
Erholungsphasen   67
Erwachsenengeburts-
   tag   108–115
Erwiderung   17
Examen   142

Feste   234–241
Formulierung   68–77
Formulierungs-
   regeln   73
Freie Rede   83 f.
Freisprechung   208 f.
Führerschein   150
Fünf-Finger-Formel   55 f.

Geburt   96 ff., 137
Geburtstag   14, 136 f.
Gedächtnisleistung   78
Gehaltsverhand-
   lungen   176 ff.
Gesangverein   248 f.
Geschäftser-
   öffnung   152 f.
Geschäftsordnung   230 f.
Geschichten   61
Gesprächssituation   28
Gestik   82–86
Gestisch schreiben   70
GGGG-Prinzip   61 f.
Gliederung   58–67

Glückwunsch   61
Gratulation   146 ff.
Grund   61
Grundsteinlegung   220 f.
Gruß   61
Grußwort   16

Hauptteil   58 f.
Hilfsmittel   40 f., 53,
Hochzeit   120–129
Hochzeitsjubiläen   128 f.

Information   61
Internet   50 f., 165, 214

Jahreswechsel   135, 139
Jubiläum   184 f., 232,
   246–249
Jugendweihe   103 ff.

Kinder   136–139
Kindergeburtstag   106 f.
Kollegen   180–189
Kommunikations-
   regeln   193
Kommunion   100 f., 105
Konfirmation   102 f., 105
Konfliktgespräch   202 ff.
Konzert   236 f.
Körpersprache   85 f.
Kritik   204 f.

255

Anhang

Lampenfieber 88 f.
Lernen 78 f.
Lesen 80

Meeting 202
Mimik 85 f.
Mind-mapping 51 f.
Mitarbeiter 206–213
Mitarbeiter-
   gespräch 200 f.
Muttertag 132 f.

Nachbarschafts-
   streit 162–165

Offerte 61
Organisation 40

Plusminus-Formel 57
Polterabend 118 f., 138
Premierenfeier 239 f.
Publikum 14 f.

Rechenschafts-
   bericht 226 f.
Recherche 48 f.
Rede 17
Redeangst 88 f.
Redeanlass 12, 38
Redemanuskript
   42 ff., 80

Redephasen 65 ff.
Redezeit 32
Redeziel 39
Rednertyp 28–33
Regeln 46
Reklamation 195
Rhetorik 8
Rhetorische Fragen 71 f.
Richtfest 139, 153 f.
Richtsprüche 153 f.
Roter Faden 57
Ruhestand 149

Schachtelsätze 69 f.
Schriftstellerlesung 241
6-W-Methode 56 f.
Smalltalk 242–245
Spannung 65 ff.
Steigerung 65 ff.
Stilfiguren 74–77
Stoffsammlung 48 f.
Strukturelemente
   54 ff., 64

Taufe 96 ff., 137
Temperament 28
Thema 38
Tierkreiszeichen
   111–115
Toast 16 f., 130 f.
Trauerfall 156–161
Trauzeuge 127
Trinksprüche 130 f.

Üble Nachrede 167
Umsatz 61
Unsitten 81

Verabschiedung
   187 ff., 211 f.
Vereinsgründung 218 f.
Verleumdung 167
Verlobung 116 f.
Versammlun-
   gen 226–231
Versammlungs-
   leitung 230 f.
Vertrag 194
Vertragsabschluss 207
Vorbereitungszeit 36 f.
Vorgesetzte 180, 182 ff.
Vorstellungs-
   gespräch 198 f.
Vortrag 17, 80–89

Weihnachten
   134 f., 139
Wettkampf 250 f.